KB042305

CAPITALISM AND DEMOCRACY IN THE EU

EU 자본주의와 민주주의

• 이연호 외 •

박영사

이 책은 유럽연합(EU)으로부터 재정지원을 받아 출간되었습니다.
This book has been published by the Yonsei−SERI EU Centre with the
funding of the European Union.

머 리 말

EU는 정치경제학의 보고이다. 현대경제학을 주도하는 미국에서 정치학과 경제학이 서로의 경계를 명확하게 하는 경향이 있었다면 유럽에서는 양자를 뒤섞어 이해하려는 전통이 여전히 강하게 존재한다. 정치적 요인이 시장의 성장이나 운용에 영향을 주는가 하면 역으로 경제적 요인이 선거나 국가경영에 영향을 미치기 때문이다. 현실적으로 양자간의 관계는 칼로 자르듯 분명한 경계를 나누기 어렵다. 개발도상과정에 있는 나라들에서 이러한 경향이 더하지만 선진자본주의 국가에서도 정치와 경제의 뒤섞임이 없다고 보긴 어렵다.

필자가 보기에 정치경제학의 궁극적인 주제는 민주주의와 자본주의간의 관계이다. 경제발전 초기에는 경제성장을 도출하기 위한 정치적 조건 또는 국가의 역할에 초점이 맞추어지는 경향이 있다. 한 나라의 가용한 인적·물적 자원을 경제성장을 위해 국가가 어떻게 효율적으로 동원하는가의 문제가 핵심이 된다. 그러나 중진발전국 이상의 단계로 진화하고 나면 국가의 역할만을 가지고는 더 이상 지속적인 경제성장을 도모하기 어려워진다. 경제성장에 개입되는 국내외적 요인이 다양화되기 때문이다. 따라서 학자들의 관심사는 자연히 질적으로 높은 수준의 자본주의와 민주주의를 어떻게 확보할 것인가의 문제로 전환된다. 양자는 상호 갈등적이기도 하지만 상호 보완적인 관계를 가지고 있다. 자본주의는 자본의 효율적인 축적방식을 추구한다. 이 과정에서 자본의 집중이 도모되기도 하는데 이러한 경향은 분배를 추구하는 민주주의적 속성과 충돌을 일으킨다. 하지만 다른 한편에서는 이러한 자본주의의 발전이 있었기에 민주주의의 발전이 가능했다. 자본주의의 발전은 경제적 부를 증대시켰고 이는 교육의 확대 그리고 교양을 갖춘 시민계층의 등장을 가져왔다. 그리고 부를 동등하게 나누자는 욕구는 민주주의 발전의 중요한 동기가 되었다.

따라서 모름지기 선진국이라는 것은 자본주의와 민주주의 간의 관계 그리고 자유와 평등이라는 가치간의 균형을 잘 유지하는 나라를 일컫는다. EU의 회원국들은 이러한 경험이 풍부한 나라들이다. 그리하여 지속적인 경제성장과 정치적 안정을 향유하는 나라들이다. 그들의 경험과 정치경제적 강점을 분석하면 선진국진입의 문턱에 서 있는 우리나라가 얻을 수 있는 교훈이 많을 것이다.

이러한 관점에서 본서는 EU의 회원국들이 현재 경험하고 있는 다양한 정치경제적 주제들을 선별하여 그들이 어떻게 대응하고 있는지를 분석하고 있다. 우선 임유진과 권혁용은 EU의 민주주의 체제가 자본주의의 불평등 문제에 어떻게 대처해 왔는지를 살펴보고 있다. 유럽 선진민주주의 국가들에서 급격하게 증가하고 있는 경제적 불평등의 현황과 함께 이를 완화시키기 위한 복지국가의 노력을 역사적 발전과정을 통해 통시적으로 분석한다. 유럽 복지국가를 유형별로 논의하면서 각 복지국가의 특징과 함께 자본주의 시장경제체제에서 필연적으로 발생할 수밖에 없는 소득불평등과 복지국가의 관계에 대한 다양한 관점들을 소개한다. 또한 복지국가의 수립과 발전과정에서 나타난 경제적 불평등에 대한 복지국가의 대응을 역사적으로 설명하고 1980년대 이후 신자유쥬의의 확산과 경제적 불평등의 악화에 대한 복지국가의 대응을 분석하고 있다.

김득갑은 2008년 금융위기 이후 유럽의 금융산업이 어떻게 변화했는지 소개하고 있다. 글로벌 금융위기와 재정위기의 후유증이 유럽 은행들의 건전성에 부정적 영향을 미치고 있다. 게다가 경제에 자금을 공급하는 유럽 은행들이 경제성장과 기업투자를 가로막는 장애요인으로 작용하고 있다. 유럽 경제회복을 위한 중장기 전략으로 EU는 자본시장동맹(Capital Market Union)을 추진하고 있다. 은행의 허약해진 자금중개 기능을 보완하기 위해 직접금융의 색채를 강화하는 것이다. 자본시장동맹은 회원국별로 쪼개져 있는 자본시장을 법제도의 정비를 통해 하나로 통합하여 규모의 경제, 범위의 경제를 실현하는 것을 주된 내용으로 하고 있다. 그러나 추진 일정 및 장애요인이 만만치 않다. 2020년까지 실현한다는 목표를 세우고 있지만 회원국들의 자국이기주의가 걸림돌로 작용하고 있다.

이연호는 유럽의 시민과 시민사회에 관하여 살펴보고 있다. 유럽은 시민이라는 개념이 처음 등장한 곳이다. 유럽적 시민사회론은 국가와 시장에 이은 제3의 세력으로 자리매김한 시민사회가 양자간의 균형을 유지시키면서 보다 공정한 사회적 이익을 정의할 수 있다고 보고 있다. 그러나 전제는 있다. 가장 중요한 덕목으로서 시민은 책임감을 가져야 한다는 것이다. 이것이 없이는 시민사회 역시 타락의 길을 걸을 가능성이 높기 때문이다. 이러한 맥락에서 유럽의 시민사회가 상정하는 시민의 참여는 이익집단의 참여 이상의 것을 의미한다. 다원주의에서 논의하는 참여는 이익집단이 정치과정에 참여하여 이익을 표출하는 행위를 가리킨다. 시민의 직접적인 정치참여는 최소한의 것으로 상정하는 경향이 있다. 그러나 시민사회론이 상정하는 참여는 한 사회집단이 아니라 사회 전체의 이익을 제고하기 위한 시민의 적극적인 참여이다. 국가와 시장을 감시하기 위한 참여이자 사회집단의 불필요한 집단행동을 예방하기 위한 참여이다. 유럽의 시민사회가 성립하기 위해서는 성숙한 시민사회의 존재가 선결되어야 한다. 미국이나 아시아 지역보다 강한 강도의 참여수준을 유지할 수 있는 것은 그만큼 시민교육의 수준이 높기 때문에 가능하다고 볼 수 있다.

이재묵은 민주주의 발전과 도약이라는 측면에서 어떤 정치제도가 필요한가라는 물음에 답하기 위해 합의와 형평을 위한 민주주의 정치제도를 분석하고 있다. 합의제와 다수제라는 레이파트의 민주주의 분류에 따라 각각의 모델을 간략히 살펴보고 두 유형의 상대적 장단점에 대해서도 알아보고 있다. 특히 EU회원국 중 서유럽 선진민주주의 국가들을 사례로 하여 다수제와 합의제 민주주의가 각각 어떻게 현실적으로 운용되고 있는지 비교분석하고 있다. 그는 합의제가 다수제에 비해 반드시 질적으로 더 안정된 민주주의를 수반하는 것은 아니며, 또한 다수제 민주주의에서만 보다 책임성 있는 민주주의를 기대할 수 있는 것은 아니라고 설명한다. 문제의 본질은 각각 장단점을 갖고 있는 두 유형의 민주주의가 어떤 정치사회적 맥락과 결합해서 현실적으로 운용되는가에 달려 있다고 주장한다.

이정훈은 EU내에서 전개되고 있는 기업의 사회적 책임에 관한 논의를 소개한다. 빈부격차 심화와 사회 양극화 문제는 글로벌 경제의 지속가능성에도 커다란 위협이 될 뿐만 아니라 개별 국가 차원에서 균형적인 경제성장과 조화로운 사회 발전에 걸림돌이 되고 있으며, 사회 구성원 모두에게 유익한 공공선의 달성을 목표로 두어야 한다는 기업의 사회적 책임에도 어긋나는 것이다. 이에 대한 대응책으로 UN이나 OECD 등의 국제기구와 EU의 적극적인 활동이 이루어지고 있으며 아울러 기업의 사회적 책임에 대한 요청이 더욱 강화되어 장애인·취약계층의 고용 향상, 빈곤퇴치 등의 전략적 사회공헌 활동이 수행되고 있다. 또한, 최근 유럽 기업의 사회공헌활동이 비영리 단체에 수익을 기부하던 전통적인 방식을 넘어 스스로 비즈니스화하는 방식으로 재구성되고 있다. 예컨대 공익성을 지향하면서도 이윤 창출을 위한 경영을 중시하는 '사회적 경제기업 육성'이 유럽에서 확산되고 있다. 유럽의 영국, 프랑스 그리고 독일의 사례를 분석하여 빈부격차와 사회적 양극화 문제 해결을 위한 대안을 모색하고 있다.

김인춘은 세계화 시대에 EU의 사회협약(social pacts) 정치가 어떻게 전개되고 어떤 변화를 보이는지 검토하고 있다. 세계화 시대의 사회협약은 경제적 조정 또는 협의에 기반하여 개혁을 달성하기 위한 주요 수단으로 작동한다. 사회협약 정치가 작동하지 않는 환경은 노사 대립구조를 더욱 심화시킬 것이며 이는 정책결정의 민주화를 약화시키고 사회적 갈등과 불평등을 고착시키게 될 것이다. 따라서 협상 과정과 행위자간 상호작용의 동학이 중요한 요인이 된다. 선행조건과 구조에 의존하기보다 행위자들의 적극적인 전략과 상호작용, 기존 제도의 내생적 진화와 새로운 변화를 통해 사회 통합적·협력적 사회조정을 실현할 수 있다. 세계화 시대의 사회협약은 역동적이며, 사회협약이라는 제도가 제공하는 임금과 공공정책의 안정성, 예측가능성은 세계화 시대의 불안정성과 불확실성을 해소할 수 있게 해준다. 바로 EU국가들이 그러한 사례를 제공하고 있다.

홍지영은 유럽의 여러 국가에서 2000년 이후 강화되고 있는 '시민통합' 아젠다에 기반 한 이민자 통합 정책을 소개하고 아울러 EU국가들의 이민자 통합 정책에는 어떠한 변화가 생겼는지 독일, 네덜란드, 스페인, 스웨덴의 사례를 통해 살펴보고 있다. 유럽 각국에서 수용국의 언어와 사회에 대한 지식 습득을 의무화하는 것을 주된 내용으로 하는 '시민통합' 정책이 도입되자, 많은 연구자들은 유럽 국가들의 이민자 통합 정책이 동일한 방향으로 수렴하고 있다고 주장하고 있다. 그러나 독일, 네덜란드, 스페인, 스웨덴의 사례를 통해 각국의 이민자 통합 정책을 살펴본 결과, 이민자 통합 정책에 있어 주요 EU국가들 간에 뚜렷한 차이가 나타나고 있다. 물론, 최근 프랑스에서 발생한 테러 사건으로 인한 이슬람 혐오 현상, 난민의 대거 유입으로 인한 이민자들에 대한 반감 등으로 인해 앞으로 많은 유럽 국가에서 이민자 정책이 훨씬 규제적인 방향으로 수렴될 가능성도 높다. 그람에도 불구하고 유럽 각국의 정치문화, 각국 이민의 역사적 배경, 경제 상황 등 여러 요인을 고려할 때 EU국가 간 차별성은 사라지지 않을 것으로 보인다.

고주현은 EU의 지역정책과 개방형조정방식(QMC)에 관해 소개하고 있다. 유럽연합의 개별회원국 정부들은 문제해결을 위해 고유한 정책을 시행하면서 동시에 정부 간 협력을 병행한다. 상호학습과 정책이전 메커니즘을 통해 국가수준에서 정책 조정을 수행하는 것이다. 개별적인 정책과정에서 볼 때 EU수준의 정책과정은 주로 집행위와 같은 초국가적 행위자와 회원국이 깊이 개입하나 국내수준의 다양한 선호 와 압력, 사적 기업과 같은 행위자들이 광범위하게 개입하여 EU차원에서 수평적인 정책결정이 이루어지기도 한다. EU는 권위를 하나의 중심에 축적시키지 않고 여러 층위의 정치적 자원들 간에 상호의존적인 협력 관계를 구축하려는 노력을 지속적으 로 보여 왔다. 이는 EU가 직면한 여러 가지 도전들에 대한 극복의 과정으로 볼 수 있으며, 한편으로 민주성 결핍의 해소를 위한 노력의 일환으로도 볼 수 있다. 특히 사회·지역 결속 강화를 위해 혁신 네트워크를 강화하고 지역혁신정책을 도입하였 으며 파트너십의 원칙하에 OMC를 적용하여 유럽 기구와 회원국 및 다양한 정책 참여자들 간 수평적 정책 조정을 이루어내고 있다.

끝으로 이대식은 EU의 에너지 안보문제를 소개한다. EU가 처한 이러한 에너지 안보와 민주주의 간의 복잡한 관계 현황을 러시아 가스 공급 문제를 통해 조망하고 이 문제가 2009년에 체결된 리스본 조약의 구조 하에서 해결될 가능성에 대해서 살펴보고 있다. 이를 위해서 먼저 러시아 천연가스를 둘러싼 EU의 에너지 안보의 심각성을 살피고 이 문제를 해결하기 위해 EU가 추진하고 있는 수입선 다변화, 역 내 가스 재분배, 러시아 가스기업에 대한 규제 강화 등의 정책들을 고찰한다. 이어 에너지 공급안정화를 위해 EU가 추진하고 있는 역내 독점 규제 법안과 러시아 천 연가스 수입 규제 정책 등을 둘러싼 EU 회원국 간의 갈등을 조망한다. 끝으로 리 스본조약 체제 이후 에너지 관련 EU의 법제를 살펴보고 복잡한 에너지 안보 및 민 주주의 문제를 해결할 수 있는 제도적 가능성에 대해 알아본다.

이 책을 구상하고 출판하는 과정에서 연세−SERI EU 센터의 임유진 박사와 김 문영 간사의 고생이 많았다. 아울러 기꺼이 출판을 승낙해준 박영사의 조성호 상무 께도 감사를 표한다. 본서가 정치경제적으로 선진단계에 있는 EU에 대한 우리 독 자들의 이해를 제고하고, 나아가 우리의 문제해결을 위한 대안을 모색하는데 다소 나마 기여할 수 있기를 기대한다.

2017년 1월
연세−EU Jean Monnet Centre 센터 소장
이 연 호

차 례

제1장

유럽 복지국가의 발전과 경제적 불평등

제1장

유럽 복지국가의 발전과 경제적 불평등*

임 유 진 (경희대학교) · 권 혁 용 (고려대학교)

유럽 선진민주주의 국가에서 경제적 불평등과 관련하여 두 가지 현상이 동시에 발생하고 있다(Pontusson 2005). 하나는 소득불평등이 1980년대를 기점으로 하여 그 이전 시기보다 증가하는 추이를 보인다는 것이다. 1980년대 이후 대부분의 유럽 선진민주주의 국가에서 소득불평등은 시장임금과 가처분 소득 모두에서 증가하는 것으로 나타난다. 가처분 소득에 대한 지니계수(Gini coefficient)의 경우 영국은 1985년 0.309의 수준에서 2010년 0.341로 증가하였으며, 스웨덴에서조차 1983년 0.198에서 2010년 0.269로 증가했다(OECD 2014). 다른 하나는 유럽 선진민주주의 국가들에서 소득불평등의 증가라는 공통적 현상에도 불구하고 여전히 국가 간 편차는 여전히 존재하고 있다는 것이다(〈그림 1-1〉 참조).

자본주의 경제에서 시장에 의한 경제적 불평등의 발생은 필연적이다. 그러나 시장의 자기조절능력에 기반한 자본주의가 방치될 때 심각한 사회경제적 불평등과 경제공황이 발생할 수 있으며, 결국 자본주의 성장 동력 자체가 소진되는 자기파괴적 결과를 초래한다(Polanyi 1944). 경제적 불평등은 사회적으로는 빈곤계층을 만들어 내며, 계층 간 갈등과 위화감을 초래하여 사회통합을 저해한다. 또한 장기적인 경제성장을 저해할 뿐만 아니라 정치적인 신뢰와 정치적 참여에도 부정적 영향을 미치는 등 정치적 불안정을 야기한다. 반면, 경제적으로 평등한 사회일수록 경제성장률이 높으며 오랜 기간 동안 경제성장이 지속되며, 경기침체에서 보다 빠른 속도

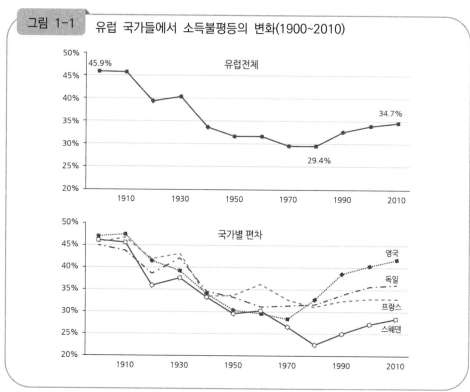

그림 1-1　유럽 국가들에서 소득불평등의 변화(1900~2010)

주: 소득불평등은 전체소득 대비 소득 상위 10%의 비율로 측정
출처: 피케티(2014), http://piketty.pse.ens.fr/capital21c

로 회복되기도 한다(Birdsall, Ross and Sabot 1995; Forbes 2000; Cramer and Kaufman 2011; Solt 2008).

경제적 불평등은 자본주의 시장경제로 인한 결과의 문제라는 점에서 결과의 불평등을 의미한다. 그러나 결과의 불평등은 (다음 세대의) 기회의 평등에도 영향을 주기 때문에 사회적 문제가 된다. "오늘 사후적으로 나타난 결과는 내일 경기의 사전적인 조건이 된다. 오늘 결과의 불평등에서 이득을 얻는 이들은 내일 자녀들에게 불공평한 이익을 물려줄 수 있다. (…) 현세대가 지닌 결과의 불평등은 다음 세대에 주어지는 불공평한 혜택의 원천"인 것이다(앳킨슨 2015: 27). 따라서 내일의 "기회의 평등"을 위해서는 반드시 오늘의 결과의 불평등을 완화시키기 위한 노력을 경주해야하는 것이다.

본 연구는 유럽 선진민주주의 국가들에서 급격하게 증가하고 있는 경제적 불평등이라는 현상에 대한 실태를 이해하고, 복지국가의 발전과정 속에서 나타난 경제적 불평등의 완화를 역사적으로 분석하고자 한다. 우선 복지국가에 대한 유형화 논의를 통해 각 복지국가의 특징과 함께 자본주의 시장경제체제에서 필연적으로 발생할 수밖에 없는 소득불평등과 복지국가의 관계에 대한 다양한 관점들을 이해한다. 그리고 유럽 선진민주주의 국가에서 복지국가가 새롭게 수립되고 발전되며, 재편되어온 과정 속에서 경제적 불평등의 변화 양상을 역사적으로 이해한다. 마지막으로 유럽 선진민주주의 국가들에서 나타난 복지국가의 경험을 통해 한국의 복지국가에 대한 함의를 도출하고자 한다.

1 복지국가의 정치경제

1) 복지국가

복지국가는 자산의 시장가치에 관계없이 개인과 가족에 최소한의 소득을 보장하고, 질병, 고령, 실업과 같은 사회적 사건들에 의한 위협의 정도를 축소시킴으로써 모든 시민들이 일정하게 합의된 정도의 사회적 서비스를 제공받는 것을 보장하는 국가이다(Briggs 1961: 228). 즉 복지국가는 자본주의가 시장을 통해 발생시키는 불평등을 조직화된 권력을 통해 수정하려는 노력을 의도적으로 사용하는 국가인 것이다. 역사적으로 유럽의 선진민주주의 국가들은 1930년대 대공황의 과정에서 시장의 파괴적 힘을 경험했다. 따라서 소득재분배를 포함한 다양한 복지제도를 통해 자본주의의 시장이 파괴적으로 변화되지 않기 위한 다양한 방법을 모색해왔던 것이다. 그리고 복지국가는 자본주의에서 시장이 필연적으로 발생시키는 불평등을 교정하는 역할을 수행함으로써 국민들의 존엄과 능력을 신장시키는 데 기여했다. 이러한 사회적 권리는 전후 경제발전에 기초하여 시장의 불평등을 교정하는 힘으로서 20세기 시민권에서 분리할 수 없는 부분이 되었다(Marshall 1955).[1]

복지국가의 사회복지비는 그 자체로 소득재분배의 기능을 가지고 있기 때문에 소득불평등을 완화시키며 유효수요의 증대를 통해 경제성장에 긍정적인 영향을 미친다(Pressman 2002). 특히 복지국가의 공적 소득이전 체계는 왜곡된 시장의 분배상태를 개선시키고 사회적 위험에 처한 개인과 가구들이 빈곤상태에서 벗어날 수 있게 하는 주요한 원천이 되어 왔다. 이전 소득(income transfer)은 사회보험, 공적급여, 사회부조 등 사회보장 이전(social security transfer)을 의미하며, 주로 국가에서 제공하는 사회보험, 보편적 소득이전, 부조적 소득이전 등을 포함한다. 결국 복지국가는 결과적인 측면에서 소득이전을 통해 상당한 정도의 소득불평등 및 빈곤 감소 효과를 성취해왔다(Atkinson et al. 1995). 경험적으로도 시장소득에 비해 이전소득을 포함한 가처분 소득에서 불평등 정도가 완화되고 있음을 증명되고 있다(〈표 1-1〉 참조).

표 1-1 세전 가구소득 불평등과 재분배의 추이

국가	1979년 전후				최근 자료			
	연도	시장 소득	가처분 소득	재분배	연도	시장 소득	가처분 소득	재분배
오스트리아	1981	0.511	0.322	0.189	2010	0.475	0.274	0.201
벨기에	1979	0.254	0.224	0.030	2010	0.378	0.251	0.127
덴마크	1979	0.488	0.265	0.223	2010	0.544	0.270	0.273
핀란드	1979	0.383	0.216	0.167	2010	0.471	0.255	0.216
프랑스	1979	0.413	0.293	0.120	2010	0.504	0.289	0.215
독일	1979	0.416	0.257	0.159	2010	0.555	0.303	0.252
이탈리아	1979	0.443	0.328	0.115	2010	0.436	0.326	0.111
네덜란드	1979	0.389	0.252	0.137	2010	0.461	0.268	0.193
노르웨이	1979	0.377	0.223	0.154	2010	0.404	0.222	0.182
스웨덴	1979	0.469	0.220	0.248	2010	0.449	0.219	0.230
스위스	1980	0.446	0.313	0.134	2009	0.465	0.302	0.163
영국	1979	0.411	0.270	0.141	2010	0.517	0.365	0.151

출처: OECD

2) 복지국가의 유형화

2차 대전 이후 서구 선진자본주의 사회에서 국가는 노령, 질병, 재해, 실직 등 삶을 위협하는 각종 사회적 위험으로부터 개인들을 보호하기 위한 각종 복지제도를 확립해 나갔다. 그러나 서구의 각 국가들은 국민의 사회권 보장이라는 같은 목적을 위해 제도적 복지국가를 수립하는 과정에서 형태와 수준이 서로 다른 복지국가를

발전시켜왔다.

이러한 유럽 선진복지국가들의 다양한 형태와 수준을 이해하기 위해 많은 학자들은 복지국가의 유형화를 시도했다. 가장 먼저 윌렌스키와 르보(Wilensky and Lebeaux)는 복지국가가 국민들의 생활에 개입하는 정도를 기준으로 잔여적(residual) 복지국가와 제도적(institutional) 복지국가로 분류했다. 잔여적 복지국가는 복지제공에 있어 가족, 시장과 같은 사회의 자연적이고 정상적인 제도들이 개인들의 복지에 대한 욕구를 제대로 충족시키지 못할 경우에만 국가가 시혜적이고 자선적인 의미에서 최소한으로 개입한다. 반면, 제도적 복지국가는 보편적 사회권의 관점에서 모든 국민들에게 각 개인이 만족할 수 있는 정도의 삶의 수준을 영위하고 자신의 능력을 최대한 개발할 수 있도록 조직적으로 복지를 제공한다(Wilensky and Lebeaux 1965: 138-140).

반면, 에스핑-앤더슨(Gøsta Esping-Andersen)은 복지지출의 양적 규모만을 중심으로 하던 기존의 단선적이었던 복지국가 비교연구에서 벗어나 새로운 차원의 유형화를 시도했다. '탈상품화(decommodification)'와 '계층화(stratification)'라는 두 가지 변수를 중심으로 서구의 복지국가를 자유주의 복지레짐(liberal welfare regime), 조합주의 복지레짐(corporatist welfare regime), 그리고 사회민주주의 복지레짐(social democratic welfare regime)이라는 세 가지의 체제로 유형화했다(Esping-Andersen 1990; 1999). 특히 에스핑-앤더슨은 국가복지 또는 개별 사회정책만을 대상으로 복지국가를 유형화한 것이 아니라 복지 공급에 있어서 시장과 가족의 역할까지 고려한 복지레짐(welfare regime)으로 유형화함으로써 1970년대 중반 이후 탈산업화, 세계화, 인구고령화와 같은 사회경제적 변화에 대한 압력으로 나타난 복지국가의 재편 경로의 차이까지도 설명할 수 있는 이론적 틀로 평가되고 있다.[2)]

탈상품화란 개인이나 가족이 시장에의 참여 여부와 관계없이 일정한 생활수준을 유지하도록 할 수 있는 정도를 의미한다.[3)] 예컨대, 짧은 기간 동안 제공되는 낮은 수준의 급여와 복지수혜 자체를 낙인찍는 엄격한 자산조사 등은 복지수혜자를 노동시장으로 몰아내는 역할을 하기 때문에 탈상품화 정도가 낮다. 그러나 단순히 사회지출의 양적 수준만으로는 탈상품화의 정도를 측정할 수 없기 때문에 실질적 차원에서 수급자격, 소득대체율, 그리고 수급권의 보장범위 등에 대한 보다 자세한 분석이 요구된다. 한편, 계층화는 복지국가의 결과로서 복지제도를 통해 사회적 불평등이 유지 또는 감소되는 정도이다. 즉, 복지국가의 역사적 형성과정과 정치경제, 계급연합 구조에 따라 복지국가의 결과는 다양하게 나타날 수 있다고 하겠다. 따라서 에스핑-앤더슨에게 있어 복지국가는 집권정당의 이데올로기와 좌파 세력의 강도 등에 의해 결정되는 종속변수이면서, 동시에 계층화와 노동시장, 고용체계 등 다른 분야에 영향을 미치는 독립변수였다(Esping-Andersen 1990).

먼저 자유주의 복지국가에서 복지는 엄격한 자산조사와 소득조사에 기반한 공공부조의 형태로 운영된다. 국가는 자유주의적 노동윤리 규범을 바탕으로 개인이 무조건적으로 복지에 의존하는 것을 막기 위해 보편적 소득이전과 사회보험을 낮은 수준으로 유지시킨다. 그리고 열등수급의 원칙(less eligibility)에 따라 복지를 청구할 수 있는 자격을 국가복지에 의존할 수밖에 없는 사람들만으로 엄격하게 제한한다. 따라서 자유주의 복지국가에서 복지수혜는 그 자체로 수치스럽게 여겨질 뿐만 아니라 국가복지에 의존하는 사람들 사이의 빈곤의 평등은 지속될 수밖에 없다. 대신에 국가는 시장을 활성화시킴으로써 개인이 시장에서 사적 보험이나 사적서비스를 통해 복지를 구매하도록 만든다. 결국 자유주의 복지국가에서는 국가복지에 의존하는 사람들과 복지를 시장에 의존하는 대다수 국민들이 나란히 병존하는 계급-정치적 이중구조가 유지되며 복지의 탈상품화 효과는 최소화된다.

조합주의 복지국가는 사회보험을 중심으로 복지를 제공함으로써 사회적 지위의 차이를 유지시킨다. 후기 산업사회적 계급구조에 적응하는 과정에서 조합주의-국가주의적 유산은 시장의 효율성을 제고하고 복지를 상품화시키기보다는 기존의 사회경제적 지위가 반영되는 복지 수급권을 설계했으며, 민간보험은 복지에 있어 주변적인 역할만을 담당하도록 하였다. 또한 복지제도는 한 명의 남성 가장(male breadwinner)이 온 가족의 생계를 책임지는 전통적 가족의 가치와 형태를 유지시키기 위한 것이었다. 예컨대 조합주의 복지체제는 여성이 경제활동에 참여하기보다는 가정에서 주부로서의 역할을 수행할 것을 전제로 하기 때문에 일하지 않는 주부는 원칙적으로 사회보험의 대상에서 제외된다. 대신 여성들은 남성 가장을 매개로하여 가족급여를 제공받으며, 여성의 경제활동을 높이는 탁아 서비스와 같은 가족 서비스의 발전을 기대하기는 어렵다. 물론 조합주의 복지국가는 스스로 복지공급자로서 시장을 대체할 수 있는 충분한 능력을 가지고는 있으나, 보충성(subsidiary)의 원리에 따라 전통적 가족의 가장이 가족구성원들에 대한 복지를 제공할 능력을 상실한 경우에만 개입한다(이연호 2009: 119).

마지막으로 사회민주주의 복지국가는 전 국민을 대상으로 보편적인 복지를 제공할 뿐만 아니라 탈상품화 원리를 신중간계급으로까지 확대시킴으로써 강력한 사회적 연대(solidarity)를 구축하고자 한다. 사회민주주의 복지국가에서는 국가－시장 또는 노동자－중산층과 같은 사회적 이중구조를 용인하지 않으며 전 계층에게 보편주의적인 단일 보험 체계에 기반하여 통상적인 소득에 비례한 급여를 제공하기 때문에 형평성과 탈상품화 효과가 높다. 또한 사회적 서비스와 급여가 신중간계급을 만족시킬 수 있는 수준으로 확대되며, 노동자들 역시도 부유층 수준의 권리를 누릴 수 있는 평등이 완전하게 보장된다. 뿐만 아니라 사회민주주의 국가들은 가족 정책에 있어서도 가족의 복지제공 능력이 소진되기 전에 국가가 복지를 제공함으로써 가족이 유지되도록 한다. 그러나 이는 개인의 가족에 대한 의존을 극대화하기 위한 것이라기보다는 개인의 자립능력을 극대화시키기 위한 것이다. 예컨대, 공공 부문이 주도하는 보육서비스는 여성들이 가정에서 주부로서의 역할만을 담당하기 보다는 직접 경제활동에 종사하도록 유도할 뿐만 아니라 그 자체가 여성의 주요한 일자리로서 기능한다. 나아가 사회민주주의 복지국가들은 연대주의적이고 보편주의적이며 탈상품화를 추구하는 복지체계를 유지하는데 소요되는 엄청난 비용을 적극적 노동시장에 기반한 완전고용을 통해 복지와 노동을 완벽하게 결합시킴으로써 충당해왔다.

요컨대 에스핑－앤더슨은 자유주의 복지레짐, 조합주의 복지레짐, 그리고 사회민주주의 복지레짐이 각각 서로 다른 노동시장제도와 조화를 보인다는 것을 경험적으로 증명함으로써 자본주의 경제체제와 복지체제의 연계성을 논의하고자 했다. 그리고 제도주의 이론에 기반하여 역사적으로 형성된 제도가 만들어낸 정치는 제도 개혁의 방향과 정도를 제한하는 고착효과를 가진다고 보았다. 따라서 세 가지 복지레짐은 세계화의 위협과 국내적 변화에도 불구하고 하나의 체제로 수렴해 가기보다는 세 가지 체제의 발전 경로를 크게 이탈하지 않고 경로의존적으로 발전해왔음을 경험적으로 설명할 수 있었다(Esping-Andersen 1990, 1999).

3) 자본주의 다양성(varieties of capitalism)

자본주의 다양성은 산업구조와 산업정책, 금융시장구조와 금융정책, 노동시장구조와 노사관계, 직업훈련시스템과 노동시장정책, 기업 지배구조, 거시경제정책 등 생산에 영향을 주는 다양한 제도들을 모두 포함하는 생산레짐(production regime)으로 분석의 수준을 확장시켰다. 또한 생산레짐을 구성하는 하위 제도들은 서로 제도적 보완성(institutional complementarities)을 가지며, 경쟁우위를 가지는 자본주의 체제의 제도적 설계를 역사적으로 발전시켜왔다. 따라서 다양한 유형의 제도적 관행들이 여러 국가에 무작위로 분포되는 것이 아니라 서로 다른 영역에서 복지레짐과의 선택적 친화성(elective affinity)의 메커니즘을 바탕으로 경로의존적으로 발전해왔는지를 보여주었다(Ebbinghaus and Manow 2001).

자본주의 체제는 경제행위자들 간의 조정(coordination)기제를 기준으로 시장기제에 의해 조정되는 자유시장경제(LMEs: liberal market economies)와 정치적 협상을 포함하여 합의, 계층화와 권위 등과 같은 다양한 시장 외적인 제도를 통해 조정되는 조정시장경제(CMEs: coordinated market economies)로 구분된다. 자유시장경제에서는 임금, 직업훈련, 교육, 연구개발 등과 관련하여 기업 간 상호 협력을 가능하게 하는 조정기구가 존재하지 않기 때문에 기업 간의 관계(inter-company)는 시장기제에 기초한 경쟁관계를 특징으로 한다. 기업은 근로자들과 단기고용을 체결하고, 기업의 재정은 주식시장의 단기 자본을 중심으로 조달된다. 반면, 조정시장경제에서 기업들은 산업별로 협력 가능한 긴밀한 연결망을 바탕으로 근로자들과 장기 고용계약을 체결하며 은행의 장기투자자금(patient capital)을 통해 기업의 자본을 조달한다(Hall and Soskice 2001).

나아가 자본주의 다양성론은 자본주의 체제의 제도변화와 지속, 그리고 경제적 성과의 차이를 행위자 중심(actor-centered) 접근법에 기반한 미시적 논리를 통해 설명하고자 했다. 경제는 다른 행위자와의 전략적 상호작용의 과정에서 자신의 이익을 합리적인 방식으로 제고하려는 다양한 행위자로 구성된다. 개인, 생산자, 정부 등과 같은 다양한 행위자 가운데 기업은 이윤을 위해 재화와 서비스를 개발하고 생산하며 분배할 수 있는 핵심적 역량과 역동적 능력을 가진 행위자라는 점에서 자본주의 경제의 가장 핵심적인 제도이다(firm-centered). 예를 들어, 자유시장경제의 대표적인 국가인 미국에서 기업은 단기고용계약을 중심으로 자유롭게 노동자들을 고용하거나 해고할 수 있다. 따라서 노동자와 기업은 특정 기업이나 산업에서만 활용될 수 있는 특수한 기술보다는 이직에 직면했을 경우 언제든 즉각적으로 활용이 가능한 일반적인 기술을 중심으로 하는 직업훈련을 추구한다. 그리고 이러한 생산레짐을 구성하는 제도들의 자기강화적 발전과정을 통해 자유시장경제는 저급기술의 균형(low skill equilibrium)에 기반한 포디즘적 대량생산체계를 발전시켜왔다. 반면, 조정시장경제를 대표하는 독일에서 기업들은 장기적 자본(patient capital)을 통해 경제침체기 동안에도 숙련 고용을 유지하고 장기적 수익을 창출할 수 있는 프로젝트에 투자할 수 있었다. 또한 산업별로 직업훈련을 공동으로 실시하기 때문에 기업들은 적극적으로 직업훈련을 제공하며, 근로자들 역시 숙련 고용에 대한 보호 수준이 높기 때문에 직업훈련에 적극적이다. 따라서 조정시장경제에서는 고급기술 균형(high skill equilibrium)을 통해 고품질의 특화된 상품생산을 중심으로 하는 자본주의 체제를 유지할 수 있었다(Hall and Soskice 2001; 신동면 2009).

4) 불평등과 복지국가

유럽 선진민주주의 국가들에서 2차 대전 이후 1970년대 중반까지 '자본주의의 황금기' 동안 복지제도의 확충과 함께 경제적 불평등의 정도가 점차 감소했다. 그러나 1980년을 기점으로 두 차례의 오일쇼크를 거치면서 자본주의적 경제성장이 침체됨에 따라 경제적 불평등이 다시 악화되기 시작했으며 세계화, 탈산업화, 기술발전, 노동조합의 쇠퇴 등 다양한 사회경제적 요인들로 인해 경제적 불평등은 더욱 증가하고 있다. 그리고 2008년 글로벌 금융위기 이후 전 세계적인 수준에서 경제적 불평등은 더욱 악화되고 되고 있다.

그러나 기존 연구들은 소득불평등에 대한 복지국가의 대응에 대해 상반된 이론을 주장하고 있다. 중위투표자 모델에 기반하여 소득불평등이 높을수록 정부의 재분배 노력도 증가한다는 주장이 있다(Meltzer and Richard 1981). 보편적 참정권을 가진 민주주의 국가에서 정치적 경쟁은 중위투표자를 결정적인 투표자(decisive voter)로 만든다. 또한 일반적으로 산업화된 사회의 소득분포는 중위소득이 평균소득보다 왼쪽에 위치하는 분포의 형태를 이루는 경향이 있다(skewed to the right). 그런데 소득불평등의 증가는 소득분포에서 중위소득(median)과 평균소득(mean)의 차이를 더욱 크게 만든다. 따라서 소득불평등이 증가하면 중위소득은 더욱 더 작아지며 중위소득과 평균소득 간 차이는 더욱 증가하게 된다. 한편, 정부지출(government spending)은 모든 국민들에게 같은 정도의 소비를 제공한다. 그런데 정부지출은 시장 임금이 증가할수록 세금이 증가하는 비례적인 소득세(proportional income tax)에 기반하기 때문에 중위소득과 평균소득 간 차이가 커질수록 중위소득 유권자들이 받는 재분배 정책의 편익이 비용보다 커진다. 따라서 저소득층의 재분배 정책에 대한 선호가 커지는 경향을 보이며, 양당경쟁에서 결정적인 중위소득자를 포함하여 더 많은 수의 유권자의 선호가 재분배 정책으로 이어지면서 재분배 정책에 대한 정부지출이 증가하게 된다는 것이다(권혁용 2007; 백승주, 금현섭 2012; Iversen and Soskice 2001).

반면, 불평등이 심한 국가일수록 정부의 사회복지지출의 규모가 작은 '재분배의 패러독스(Paradox of redistribution)'가 나타나기도 한다(Moene and Wallerstein 2001, 2003). 이들은 정부의 사회복지지출이 재분배(redistribution)와 보험(insurance)의 기능을 모두 포함하고 있다는 것에 주목했다. 그리고 소득이 증가할수록 보험에 대한 요구가 증가하기 때문에 소득불평등과 정부지출이 부(negative)의 상관관계임을 증명했다. 즉 평균소득이 변하지 않는다면 소득불평등의 증가는 중위소득을 감소시킨다. 따라서 복지정책을 보험으로 인식하는 유권자들은 저소득 계층을 대상으로 하는 복지징책에 대한 선호를 줄이게 되며, 결과적으로 이는 복지지출의 감소로 이어진다는 것이다. 소득불평등의 수준이 낮은 북유럽 국가들에서 복지제도가 잘 갖추어져 있을 뿐만 아니라 사회복지비 지출 비율이 높으며 경험적 연구에서도 소득불평등이 증가할수록 복지지출이 감소하는 경향이 나타난다(Korpi and Palme 1998; Bassett et al. 1999; De Mello 2006).

2 복지국가의 발전과 경제적 불평등의 완화

1883년 독일에서 비스마르크가 강제적인 사회보험제도를 수립한 이후 근대적 의미의 복지국가가 시작된 것으로 이해된다. 그러나 비스마르크의 사회보험제도 이전에도 유럽 국가들은 14세기 이후 국민들의 복지문제에 개입하면서 복지국가의 원형을 형성해 왔다.

영국의 엘리자베스 구빈법(Elizabeth Poor Law, 1601)은 14세기 이후 확립된 빈민구제에 대한 국가의 법적·재정적 책임을 재확인하고 빈민구제를 위한 전국적 행정체계를 수립했다(김태성, 성경륭 2014). 엘리자베스 구빈법은 빈민들을 특성에 따라 집단화하고 차별적으로 대처하는 구빈행정의 원칙을 바탕으로 빈민을 1) 근로능력이 있는 건강한 빈민, 2) 근로능력이 없는 무능력한 빈민, 3) 빈민 아동으로 구분했다. 그리고 2)와 3)과 같이 구제할 가치가 있는 빈민(deserving poor)만 구빈원(almshouse)에 수용하여 보호했다. 반면, 구제할 가치가 없는 빈민(근로능력이 있고 건강한 비민)은 작업장(workhouse)으로 보내져 극소한의 구호만 제공했으며, 작업장 입

소를 거부할 경우 교정원이나 감옥으로 보내져 일반 범죄자와 같은 처벌을 받게 했
다. 당시 빈곤의 원인은 개인들의 미숙함과 무지, 그리고 나태로 인한 것이었기 때
문에, 빈민들은 모든 악의 근원으로 취급되었다. 따라서 구빈법에서 빈민에 대한
관심은 소득불평등을 해소하고 자선을 실천하기 위한 것이라기보다는 빈민의 증가
로 인한 사회적 무질서를 방지하고 법과 질서를 유지하기 위한 것이었다.

　　19세기 후반 유럽 선진민주주의 국가들은 자본주의적 산업화로 인한 다차원적
인 사회구조의 변화를 경험하게 되었다. 산업화는 도시로의 대규모 이동 및 인구집
중, 노동계급의 증가 등을 발생시켰다. 그리고 이는 빈곤, 실업, 주택 및 환경, 건강
등의 문제를 초래했다. 점차 산업화와 도시화에 따른 다양한 문제들이 사회적 문제
로 인식되기 시작했으며 대규모 빈민폭동과 노동파업이 빈번하게 발생함에 따라 경
제적 불평등의 악화에 대해 분배적 형평을 요구하는 압력 역시 점차 강해져갔다.

　　정치적으로도 민주주의 정치체제의 발전과 확산으로 정치적 지배과정으로부터
배제되었던 일반 국민들에게 자유권과 참정권이 부여되었다. 이에 따라 일반 국민
들 스스로가 국가권력을 구성하고 행사하는 전 과정에 참여하기 시작했으며 각 국
가들에서는 이들 노동자의 이익을 보호하기 위한 사회주의 정당이 창당되었다. 예
컨대 독일에서 1863년 라살레(Lassale) 주도의 독일노동자 총연맹(ADAV: Allgemeiner
Deutcher Arbeiterverein)이 등장했고, 1869년 리프크네히트와 베벨이 창당한 독일사
회민주노동당과 함께 1875년 고타(Gotha)에서 통합하여 독일의 사회민주당이 창당
되었다. 그리고 독일 사회민주당은 1877년 선거에서 제국의회 397석 가운데 12석
에 그쳤으나 1890년 선거에서 19.7%를 득표하는 등 사회민주당의 정치력이 급격하
게 성장해갔다(김태성, 성경륭 2014).

　　이러한 과정에서 복지국가는 자본가-중간계층과 노동자 간의 대립과 계층 간
갈등을 치유하기 위한 정치적 타협의 결과로서 새롭게 등장했다. 노동계층의 정치
적 능력의 향상은 자본계층으로 하여금 노동계층의 요구를 적극 수용하여 복지국가
수립에 동의하도록 만들었다. 복지는 더 이상 사회적 안정을 위해 빈민들을 위해
지급되는 소모성 경비가 아니라 소비 증대와 포드주의에 기반한 대량생산체계의 유
지를 위해 반드시 요구되는 수요창출을 위한 수단으로 인식되기 시작했던 것이다
(이연호 2009).

　　그리고 독일에서 최초로 1884년 산업재해보험법이 모든 산업노동자를 대상으
로 하는 국가에 의한 강제적 사회보험으로 도입된 이후 19세기 말~20세기 초의 기

간 동안 유럽의 각 국가들에서 다양한 복지제도가 차례로 도입되었다(〈표 1-2〉 참
조). 1891년 덴마크가 비기여 고령연금제도를 도입한 데 이어 1889~1907년 사이의
기간 동안 일련의 입법을 통해 모든 사고, 질병, 실업, 고령보험 등에서 정부의 개
입을 보장했다. 프랑스는 1905년 정부의 보조를 받는 자발적인 전국적 실업보험을
도입했으며, 영국은 1911년 노동자, 고용주, 그리고 국가가 공동으로 부담하는 전국
적인 강제보험제도를 시행하기 시작했다(이안 버렌드 2008: 299-300). 이후 13개의 유
럽 국가들 가운데 11개 국가에서 건강보험을 지원하는 조치들이 도입되었으며, 9개
국가에서 노령연금법이 제정되었다(피어슨 2007: 152).

표 1-2   유럽 각 국가의 사회보험제도 도입과 정치적 변화

	사회보험					사회당 창당	남성 선거권
	산재보험	건강보험	연금	실업보험	가족수당		
스웨덴	1901	1891	1913	1934	1947	1889	1907
덴마크	1898	1892	1891	1907	1953	1878	1849
독일	1884	1883	1889	1927	1954	1867	1871
프랑스	1898	1898	1895	1905	1932	1879	1876
이탈리아	1898	1886	1898	1919	1936	1892	1907
영국	1897	1911	1908	1911	1945	1893	1918

출처: Pierson(1990: 108), Flora(1987: 454)

더욱이 1942년 영국에서 발표된 베버리지 보고서(Beveridge Report)는 모든 국민
들을 대상으로 남녀 모두에게 혜택이 돌아가는 사회보장제도를 제시하면서 보편적
복지제도의 등장을 가져왔다. 그리고 영국은 1945년 가족수당, 1946년 전국민의료
보험(NHS: National Health Service), 나아가 전국민보험법(National Insurance Act)과 산
업상해법(Industrial Injuris Act) 등을 입법화함으로써 '요람에서 무덤까지(from cradle
to grave)'라는 영국의 사회보장체계의 기반을 완성했다. 이에 따라 영국에서 사회서
비스에 대한 지출 역시 1938~39년 5억 2천만 파운드에서 1947~48년 10억 1천 파
운드, 1949~1950년 14억 1천 파운드 등으로 크게 증가했다(Pollard 1983: 266-272).
그리고 복지제도의 확충에 따른 복지국가의 수립과 함께 20세기 이후 유럽의
선진민주주의 국가들에서 소득불평등이 점차 완화되어갔다. 사실 20세기 초까지 유

럽에서 소득불평등은 상당히 높은 수준이었다(〈그림 1-1〉 참조). 또한 1900~1910년 기간 동안 영국, 프랑스, 독일 뿐만 아니라 스웨덴, 덴마크까지도 국민소득에서 소득 상위 1%가 차지하는 비율은 20%를 넘었다. 더욱이 소득 상위 10%로 확대하면 1차 대전 직전 모든 유럽 국가들에서 소득 상위 10%는 국민소득의 40~50%를 차지할 정도로 유럽에서 소득불평등은 심각한 수준이었다. 예컨대, 1900년 당시 소득 상위 10%가 차지하는 비율은 영국 47.1%, 독일 45.0%, 프랑스 45.5% 등으로 기록되고 있다(피케티 2014: 386). 그러나 1900년대 이후 소득불평등은 점차 감소했으며 1930년대 대공황으로 인한 불황과 급격하게 증가한 대량실업에도 유럽에서 소득불평등은 비슷한 수준이 유지된 것으로 나타난다.[4]

　더욱이 나아가 전후 복구의 과정에서 유럽의 선진민주주의 국가들은 경제적으로 높은 경제성장률, 낮은 인플레이션, 그리고 낮은 실업률을 기반으로 사회복지비 지출 및 복지국가의 재분배 기능의 급격한 확대 등을 통해 복지국가의 황금기를 향유했다. 또한 〈그림 1-2〉에 나타나는 것처럼 대부분의 유럽국가에서 사회보험의 적용 범위가 더욱 급격하게 확대되어 복지제도는 누구에게나 적용되는 포괄적인 것으로 변화되어 갔다(Flora and Heidenheimer 1981). 1930년대 초 서유럽에서 노동인구의 약 절반 정도만이 재해, 질병, 폐질, 노령 등에 의한 수입상실에 대비한 보험 등에 의해 보호를 받았으며, 약 20%만이 실업보험의 혜택을 받았다. 그러나 1970년대 중반에 이르면 노동인구의 90% 이상이 수입상실에 대한 보험혜택을 누리고 있었으며, 80% 이상이 재해보험, 60%가 실업보험의 적용을 받게 되었다. 또한 유럽 선진복지국가들에서 사회보험의 적용범위 확대와 함께 사회복지 급여 역시 급격하게 증가했다. 사회복지지출의 연평균 증가율은 1950~55년 0.9%에서 1970~74년 3.4%로 가속화되었다. 특히 1960년에서 1975년 사이 GDP 대비 복지비 지출은 프랑스 14.4%에서 26.3%, 독일 17.1%에서 27.8%, 이탈리아 13.7%에서 20.6%, 영국 12.4%에서 19.6% 등으로 급격하게 증가했다(피어슨 2007: 173-174).

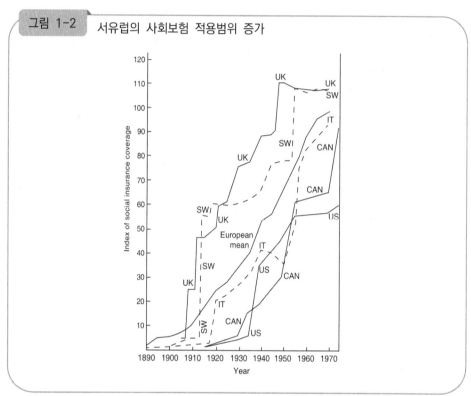

그림 1-2 서유럽의 사회보험 적용범위 증가

주: UK＝영국, SW＝스웨덴, IT＝이탈리아, CAN＝캐나다, US＝미국
출처: Flora and Heidenheimer(1981)

2차 대전 이후 1980년대 중반까지 복지국가의 확대와 함께 유럽 자본주의의 황금기 동안 경제적 불평등 역시 완화되어 갔다. 유럽에서 1939년에서 1964년의 기간 동안 전체 소득에서 하위 60% 소득계층이 차지하는 소득비중은 증가했던 반면, 상위 5% 고소득 계층의 소득비중은 감소했다. 덴마크에서 하위 60% 소득계층의 소득비중이 27%에서 33%로 증가하는 동안 상위 5%의 고소득 계층의 소득비중은 27%에서 17%로 줄어들었으며, 스웨덴에서도 하위 60%의 소득비중이 23%에서 33%로 증가한 반면 상위 5%의 소득비중은 28%에서 18%로 감소했다. 마찬가지로 영국에서도 하위 60%의 소득이 33%에서 37%로 증가하는 동안 상위 5%의 비중은 30%에서 19%로 급격하게 줄어들었다(Kraus 1981: 215-218). 뿐만 아니라 1980년대까지 소득 상위 1%가 차지하는 비율이 점차 하락함에 따라 경제적 불평등이 점차 축소되었다. 영국에서 소득 상위 1%의 소득비중은 1949년 12%에서 1970년대 초 6%로 감소했다. 또한 상당한 기간 동안 소득 상위 1%의 소득비중이 "꽤 안정적"으

로 유지되어왔던(Piketty 2003) 프랑스에서조차 소득 상위 1%의 소득비중은 1961년 9.9%에서 1983년 7.0%로 감소했다. 마찬가지로 영국에서도 1949년 12%에서 1970년대 초 6%로 감소했다.

요컨대 전후 복지국가의 황금기의 기간 동안 실업률의 하락과 함께 경제의 시장기능은 그대로 유지되었지만, 복지국가는 시장의 산출에 개입하여 시장의 한계를 수정했다(Barr 2001: 14). 복지제도에 기반한 무상 또는 국가가 보조하는 각종 서비스가 소득의 불평등으로 인한 격차를 줄여주었기 때문에 서유럽 복지국가들에서 소득불평등이 더욱 완화될 수 있었던 것이다. 즉 1980년대 중반까지 유럽 국가들에서 나타난 경제적 불평등의 감소는 전례없는 경제성장과 번영을 기반으로 한 복지국가의 급격한 발전에 기인한 것이었다(앳킨슨 2015). 그리고 복지국가는 자본주의의 시장이 필연적으로 발생시키는 불평등을 교정하는 역할을 담당함으로써 국민들의 존엄과 능력을 신장시켰다.

3 복지국가의 위기와 경제적 불평등의 심화

1970년대 중반 발생한 두 차례의 오일쇼크는 서유럽의 자본주의 발전에 한계를 가져왔다. 서유럽 국가들의 경제성장률은 급감했으며 인플레이션과 실업률은 급격하게 상승했다. 특히 영국은 1974년 28.7%, 1975년 24.2% 등 극심한 인플레이션을 경험했으며, 실업률 또한 1975년 4.2%에서 1978년 6.1%로 급격하게 증가했다(Wilson 1992: 5). 스웨덴에서조차 1963~72년과 1973~82년의 기간 동안 경제성장률은 3.9%에서 1.8%로 하락했던 반면, 인플레이션은 5.4%에서 10.0%, 실업률은 1.9%에서 2.2% 등으로 상승했다(Scharpf 1984: 258).

이러한 경제적 환경의 변화에 따라 서유럽 국가들은 더 이상 과거와 같은 복지지출을 감당할 수 없게 되었으며 복지국가의 한계와 문제점들이 점차 표면화되기 시작했다. 특히 복지국가는 비생산적인 공공부문의 확대를 가져오기 때문에 민간부문에 부담이 되며, 높은 조세부담과 관대한 급여로 인해 만들어진 노동시장의 경직성은 자유로운 시장경제의 작동을 방해하기 때문에 정상적인 시장의 메커니즘을 이끌어 낼 수 없다는 비판에 직면하게 되었다(김진구 2010: 90). 즉 전후 자본주의의 황금기 동안 복지국가는 자본주의가 가진 문제점을 효율적으로 해결하는 메커니즘으로서 작동했으나 오일쇼크 이후에는 오히려 서유럽 국가가 직면한 경제위기의 원인으로 비판받기 시작했다(Olsson 1990: 249).

더욱이 정치적인 차원에서 전후 복지국가의 발전을 주도해오던 진보적인 성향의 정당들의 쇠퇴가 나타났다. 1981년 덴마크의 사민당과 노르웨이의 노동당이 선거에서 패배했으며, 1982년 독일의 사민당도 재집권에 실패하는 등 1945~75년의 기간 동안 복지국가의 황금기를 주도했던 정당들이 연속적으로 패배했다. 대신 보수적인 정당들이 선거에서 승리하여 우익 또는 중도우익 정부를 수립하고 정부의 경제개입을 비판하면서 공공지출과 세금 삭감 등을 통해 복지국가 황금기 동안 왜곡되었던 시장원리의 복원 및 재도입을 주장했다. 그리고 대처리즘과 레이거노믹스에 기반한 신자유주의적 구조조정의 과정에서 복지국가의 축소 가능성에 대한 논의는 더욱 확대되었다(Pierson 1994; Mishra 1999).

그러나 전후 복지국가의 황금기를 이끌었던 경제적, 정치적 조건이 침식됨에 따라 '바닥으로의 질주'가 예고되는 시기였음에도 불구하고 유럽에서 복지정책의 변화는 상대적으로 제한적이었으며 프로그램에 따라 오히려 복지정책은 확대되기도 했다(Pierson 1994). 즉 복지국가 축소의 정치(politics of retrenchment)는 복지국가 팽창기의 역상 이미지(mirror image)가 아니라 전혀 다른 성격을 가지기 때문에 축소의 정치에서는 정치적 저항을 최소화하기 위한 세 가지 전략을 사용할 수밖에 없었다. 눈가리기(obfuscation), 분할(division), 보상(compensation). 그리고 복지의 축소는 제도적 구조와 기존의 정책 설계가 유리할 경우에만 성공적일 수 있었다.

결국, 복지국가 재편기 동안 유럽 복지국가의 사회적 지출은 감소하지 않았으며, 서로 다른 복지국가의 유형들은 복지비 지출항목에 따른 구분이 지속되었다(캐슬 2008: 101-103). 자유주의 복지레짐은 시장에 대한 적극적인 규제완화를 통한 사회보장제도의 축소를 단행했다. 1979년 영국에서 대처 정부에서 시작된 사회보장제도 축소에 대한 노력은 1982년 영국 실업보험의 동액급여 폐지 등으로 이어졌다. 보수주의 복지레짐에서는 노동감소형 접근(labor-reduction route)을 통해 가족 내 주소득자(breadwinner) 이외에 가족구성원들이 노동시장에 참여하는 것을 억제하는 방법을 모색했다. 따라서 가장이 실업상태에 처하게 되었을 때 다른 가족 구성원들의 생계까지 충분히 보장할 수 있을 정도로 사회보장제도가 발전되어 있어야 하며, 동시에 다른 가족 구성원들의 노동시장 참여가 가능하지 않도록 사회복지서비스의 미발달이 전제가 되어야 한다. 그러나 대량의 실업을 발생시킴으로써 사회보험제도의 재정적 부담을 가중시킴으로써 오히려 사회보장제도의 재정위기를 촉발시키는 문제를 가져오기도 했다. 마지막으로 사민주의 복지레짐에서는 공공부문에서의 고용 확대를 통해 대량실업의 문제를 해결하고자 했다. 스웨덴과 덴마크에서 1970~80년대 중반까지 확대된 고용의 약 80%는 공공부문에서 이루어졌다(김진구 2006: 90-93). 이에 따라 복지국가 재편 이후 유럽의 복지국가들에서 역설적으로 복지지출이 오히려 증가했으며, 복지국가 역시 확대되었던 것이다(〈표 1-3〉 참조). 예컨대 유로존(eurozone) 11개국의 경우 사회보장수당 지출은 1980년대 중반에서 1990년대 중반까지의 기간 동안 약 13% 증가하기도 했다.

　이러한 과정에서 복지국가는 위기와 재편에도 불구하고 나름의 생명력을 가지고 기존의 경로를 유지해 왔다(Pierson 1994; Esping-Andersen 1999). 우선 자유주의 복지레짐은 기타 사고 대응적 지출의 비중이 50% 이상을 차지하고 있으며, 정부서비스 지출에 대한 지출이 거의 이루어지지 않고 있다는 점에서 잔여적 또는 자유주의적인 복지국가의 성격이 유지되었다. 보수주의 복지레짐은 총 사회적 지출 가운데 소득대체를 위한 지출이 절반 이상을 차지하는 반면 빈곤완화와 건강보호 등에 대한 지출이 낮은 수준이었다. 사민주의 복지레짐은 사고 대응적인 지출이 소득대체적인 지출을 초과하고 있으며 특히 고령자, 장애인, 가족 등에 대한 정부서비스와 관련된 지출이 다른 복지국가 유형에 비해 상당히 높은 수준으로 유지된 것으로 평가된다(〈표 1-3〉 참조). 또한 각 국가들에서 복지레짐에 따른 재분배 수준의 차이 역시 지속되고 있다. 덴마크(0.273), 스웨덴(0.230), 핀란드(0.216) 등 사민주의 복지레짐에서는 높은 수준이며 자유주의 복지레짐의 가장 대표적인 국가인 영국(0.151)에서의 재분배 수준은 상당히 낮은 정도였음이 나타난다(〈표 1-1〉 참조).

표 1-3　복지국가의 유형과 복지비 지출 변화

	복지비 지출변화				사회보장		기타사고 대응적 지출비중			
							빈곤 및 건강		정부서비스	
	1980	1985	1990	1995	1980	1998	1980	1998	1980	1998
자유주의	13.1	13.6	14.9	16.8	45.9	43.7	51.4	52.9	2.7	3.3
보수주의	22.6	24.4	23.7	26.1	56.3	54.8	39.8	38.9	4.0	6.3
사민주의	24.1	24.9	27.3	29.3	45.7	43.2	41.1	38.7	13.2	18.1

출처: OECD(2001), 캐슬(2008), pp.100-1 재인용

그러나 복지제도의 유지와 사회복지 지출 증가에도 불구하고 유럽 선진민주주의 국가에서 복지국가의 재분배 기능은 점차 약화되어 갔다. 1980년대 중반에서 1990년대 중반까지의 기간 동안 증가한 시장소득불평등 가운데 세금과 소득이전 등으로 상쇄된 수준이 60% 정도로 추정되던 것에서 2000년대 중반이 되면 20% 정도로 급격하게 축소되었다(OECD 2011). 이 결과 1980~90년대 독일과 네덜란드에서 중산층의 5분의 1 정도가 빈곤선 아래로 추락했다(Goodin et al. 1999). 또한 유럽의 선진복지국가들에서 복지의 급여수준과는 구분되는 소득이전을 받을 수 있는 적용 대상이 감소했다는 점도 영향을 미쳤다. 예컨대 1995~2005년의 기간 동안 유럽의 대부분의 국가들에서 실업급여의 대상이 감소했다. 이는 자격 조건에 대한 규정이 더욱 엄격해진 것과 함께 비표준적 근로자(non-standard workers)의 비중이 급증했기 때문이었다(Immervoll, Marianna and D'Ecole 2004).

결과적으로 유럽 선진 복지국가들에서 경제적 불평등은 역시 급격하게 증가하기 시작했다(앳킨슨 2015; 피케티 2014). 또한 소득불평등의 정도 확대라는 수렴과 동시에 2000~2010년 사이에는 소득불평등의 정도는 복지국가 유형별로 점차 구분되기 시작했다(〈그림 1-1〉참조). 그리고 복지국가 유형별 격차는 더욱 확대되어 2010년을 기준으로 소득 상위 10%가 전체소득에서 차지하는 비율로 측정되는 소득불평등 정도에서 영국(자유주의 복지레짐)은 상위 10%가 전체 소득의 40%를 차지하면서 소득불평등이 가장 높은 수준이었으며, 독일(보수주의 복지레짐)은 상위 10%가 전체소득의 35%, 스웨덴(사민주의 복지레짐)은 30% 미만 등으로 나타났다(피케티 2014: 387-8).

4 결론: 한국 복지국가에 대한 함의

유럽의 선진민주주의 국가들은 19세기 말 경제적 불평등이 급격하게 악화되는 시기에 복지국가를 통해 시민들의 안전과 품위있는 삶을 보장하고 경제적 불평등을 완화시켜 갔다. 그리고 20세기 이후 자본주의 경제발전의 황금기 동안 복지국가를 통해 유럽 선진복지국가들에서 경제적 불평등은 더욱 완화될 수 있었다. 그러나 1970년대 중반 오일쇼크와 경제위기 이후 복지국가의 재편과정을 거치면서 유럽 선진민주주의 국가에서 다시 경제적 불평등이 증가하기 시작했다. 결과적인 측면에서 볼 때 복지국가가 확대되던 시기에는 경제적 불평등이 완화된 반면, 복지국가가 재편 또는 개혁되는 시기에는 경제적 불평등이 증가하는 부의 관계가 나타났다. 즉 유럽 선진민주주의에서 복지국가는 전후 자본주의 시장이 필연적으로 창출할 수밖에 없는 경제적 불평등을 완화시키는 메커니즘으로 작동했던 것으로 평가될 수 있을 것이다.

이러한 점에서 유럽 선진복지국가들의 경험은 한국의 경제적 불평등의 심화가 급격하게 진행되고 있는 한국적 현실에 시사하는 바가 상당히 크다고 하겠다. 한국은 상대적으로 평등한 사회로 출발했으며 오랜 기간 동안 경제성장과 분배적 평등을 함께 이룬 예외적인 국가로 평가 받아왔다(Koo 2007). 그러나 한국의 경제적 불균형은 1990년대 중반 이후 급격하게 증가하기 시작했으며 1998년 외환위기를 겪으면서 경제적 불평등의 증가는 더욱 빠르게 진행되고 있다.5) 또한 유럽 선진복지국가에서 복지가 확대되는 기간 동안 불평등이 감소했던 경험과는 달리 한국은 1990년대 중반 이후 복지지출의 증가와 복지국가의 제도화에도 불구하고 경제적 불평등이 오히려 증가하고 있다. 물론 2000년대 중반 이후 복지정책의 확대로 인한 재분배 정책으로 인해 시장소득과 가처분소득의 차이는 점차 확대되고 있으나 유럽 선진복지국가와 비교해 볼 때 여전히 낮은 수준이다. 뿐만 아니라 한국에서 경제적 불평등을 완화시키기 위한 정부의 재분배 정책은 여전히 미흡한 수준에 머물고 있다.

경제적 불평등의 심화는 장기적인 경제성장을 저해하고 시민들의 불만을 증가시킴으로써 정치적 신뢰와 정치적 참여의 저하를 가져올 뿐만 아니라 정치적 불안정을 야기하기도 한다. 따라서 유럽의 선진복지국가의 경험을 바탕으로 한국에서는 경제적 불평등을 완화시킬 수 있는 복지제도의 확충을 통해 지속가능한 발전이 가능하도록 해야 할 것이다.

▌ 미주

* 임유진·권혁용. 2016. "유럽 선진민주주의의 경제적 불평등과 복지국가,"『동서연구』 제28권 1호에 게재된 논문을 수정 보완한 것이다.

1) 시민권의 개념은 세 단계를 통해 발전해왔다. 18세기 공민권(civil right)는 법 앞에서 모든 개인의 자유와 평등을 보장하는 것으로 재산권, 계약·신체·종교·사상과 표현 및 결사의 자유 등이 강조되었다. 19세기 정치권(political right)은 선거권 및 피선거 권을 보장하는 권리를 확립했다. 마지막으로 20세기 사회권(social right)은 "최소한의 경제적 복지(economic welfare)와 안전(security)에 대한 권리로부터 사회적 기준에 부합되는 품위 있는(civilized) 삶을 영위할 수 있는 권리"에 이르는 전반적인 권리로 서 재분배를 요구할 수 있는 권리까지 포함한다(Marshall 1977).

2) 에스핑－앤더슨의 복지국가 유형화 이후 1990년대에 수행된 비교복지국가 문헌들은 대부분 에스핑－앤더슨의 연구에 대한 부연 설명으로 평가되기도 한다(Pierson 1998: 175).

3) 이러한 점에서 볼 때 에스핑－앤더슨에게 복지국가는 노동력의 상품화를 전제하는 자본 주의 시장경제에 대한 제도화된 반대원칙(institutionalized counte-principle of capitalism) 또는 시장에 반하는 정치(politics against market)였다(Esping-Andersen 1990, 1999).

4) 피케티는 프랑스에서 1914~1945년의 기간 동안 발생한 소득불평등의 축소가 복지제 도의 확충에 의한 것이 아니었다고 평가한다. 오히려 이 기간 동안 프랑스에서 발생 한 소득불평등의 완화는 1, 2차 대전이라는 충격으로 인해 상위 소득자의 소득이 총 소득에서 차지하는 비중이 최하점에 이른 뒤 전쟁시기의 극심한 충격으로부터 회복되 지 못했기 때문이라는 것이다. 즉 20세기 불평등을 감소시킨 것은 조화로운 민주주의 의 합리성 또는 경제적 합리성이 아니라 상당 부분 전쟁의 혼란과 그에 뒤따른 경제 적, 정치적 충격이었음을 주장했다(피케티 2014: 331).

5) 2008년 이후 시장소득 지니계수가 낮아진 것은 2007년 글로벌 금융위기가 고소득층 에게 더 많은 영향을 미쳤기 때문이다(OECD 2015).

▌ 참고문헌

권혁용. 2007. "한국의 소득 불평등의 정치경제: 탐색적 분석."『아세아연구』, 50(1).

김진구. 2010. "사회보장의 역사." 이인재·류진석·권문일·김진구.『사회보장론』, 개정3판. 파주: 나남.

김태성·성경륭. 2014.『복지국가론』, 개정2판. 서울: 나남.

백승수.금현섭. 2012. "소득 불평등과 복지정책선호."『한국사회와 행정연구』, 22(4).

신동면. 2009. "생산레짐과 복지체제의 선택적 친화성에 관한 이론적 검토," 정무권 편,『한 국 복지국가 성격논쟁 II』. 서울: 인간과 복지.

이연호. 2009.『발전론』. 서울: 연세대학교 출판부.

Atkinson, Anthony B. 2015. *Inequality: What Can Be Done?* Cambridge: Harvard University Press. 장경덕 역.『불평등을 넘어: 정의를 위해 무엇을 할 것인가』. 서울: 글항아리.

Barr, Nicholas. 2001. *The Welfare State as Piggy Bank, Information, Risk, Uncertainty and the Role of the State.* Oxford: Oxford University Press.

Bassett, William F., John P. Burkett and Louis Putterman. 1999. "Income Distribution, Government Transfers and the Problem of Unequal Influence." *European Journal of Political Economy*, 15(2).

Birdsall, Nancy, David Ross and Richard Sabot. 1995. "Inequality and Growth Reconsidered: Lessons from East Asia." *World Bank Economic Review*, 9(3).

Cramer, Brian and Robert Kaufman. 2011. "Views of Economic Inequality in Latin America." *Comparative Political Studies*, 44(9).

Castles, Francis G. 2008. *The Future of the Welfare State: Myths and Crisis Realities.* 우 명동·우기동 역.『복지국가의 미래: 위기론의 허구와 실제』, 서울: 해남.

Ebbinghaus, Berhard and Philip Manow. 2001. "Introduction: Studying Varieties of Welfare Capitalism," in Bernhard Ebbinghaus and Philip Manow, *Comparing Welfare Capitalism: Social Policy and Political Economy in Europe, Japan, and the USA.* New York: Routledge.

Flora, Peter and Arnold J. Heidenheimer. 1981. "Modernization, Democratization and the Development of Welfare State in Western Europe." in Peter Flora and Arnold J. Heidenheimer, eds. *The Development of Welfare State in Europe and America.* New Brunswick: Transaction Books.

Forbes, Kristine J. 2000. "A Reassessment of the Relationship between Inequality and

Growth." *American Economic Review*, 82(2).

Esping-Andersen, Gosta. 1990. *The Three Worlds of Welfare Capitalism*. Cambridge: Cambridge University Press.

_____. 1999. *Social Foundations of Postindustrial Economies*. Oxford: Oxford University Press.

De Mello, Luiz and Erwin R. Tiongson. 2006. "Income Inequality and Redistributive Government Spending." *Public Finance Review*, 34(3).

Hall, Peter and David Soskice. 2001. "An Introduction to Varieties of Capitalism." in Peter Hall and David Soskice. *Varieties of Capitalism: The Institutional Foundations of Comparative Advantage*. Oxford: Oxford University Press.

Immervoll, Herwig, Pascal Marianna and Marco Mira D'Ecole. 2004. "Benefit Coverage Rates and Household Typologies: Scope and Limitations of Tax-Benefit Indicators." *OECD Social, Employment and Migration Working Paper*, 20.

Ivan T. Berend. 2006. *An Economic History of Twentieth-Century Europe: Economic Regimes from Laissez-faire to Globalization*. New York: Cambridge University Press. 이헌대·김흥종 역. 『20세기 유럽경제사』. 서울: 대외경제정책연구원.

Iversen, Torben and David Soskice. 2006. "Electoral Institutions and the Politics of Coaltions: Why Some Democracies Redistribute More Than Others." *American Political Science Review*, 100(2).

Koo, Hagen. 2007. "The Changing Faces of Inequality in South Korea in the Age of Globalization." *Korean Studies*, 31.

Korpi, Walter and Joakim Palme. 1998. "The Paradox of Redistribution and Strategies of Equality: Welfare State Institutions, Inequality and Poverty in the Western Countries." *American Sociological Review*, 63.

Kraus. Franz. 1981. "The Historical Development of Income Inequality in Western Europe and the United States." in Peter Flora and Arnold J. Heidenheimer, eds. *The Development of Welfare State in Europe and America*. New Brunswick: Transaction Books.

Marshall, T. H. 1950. *Citizenship and Social Class*. Cambridge: Cambridge University Press.

Meltzer, Alan H. and Scott Richard. 1981. "A Rational Theory of the Size of Government." *Journal of Political Economy*, 89(5).

Mishra, Ramesh. 1999. *Globalization and the Welfare State*. Cheltenham: Edward Elgar Publishing.

Moene, Karl Ove and Michael Wallerstein. 2001. "Inequality, Social Insurance, and Redistribution." *American Political Science Review*, 95(4).

_____. 2003. "Earning Inequality and Welfare Spending." *World Politics*, 55.

Olsson, Sven E. 1990. *Social Policy and Welfare State in Sweden*. Lund: Akiv.

Pierson, Christopher. 1998. "Contemporary Challenges to Welfare State Development," *Political Studies*, 46.

Pierson, Christopher. 1998. *Beyond the Welfare State? The New Political Economy of Welfare*. University Park: Pennsylvania State University Press.

Pierson, Paul. 1994. *Dismantling the Welfare State? Ragan, Thatcher and the Politics of Retrenchment*. Cambridge: Cambridge University Press.

Piketty, Thomas. 2013. *Capital in the Twenty-first Century*. London: The Belknap Press of Harvard University Press. translated by Arthur Goldhammer.

_____. 2003. "Income Inequality in France, 1901~1998." *Journal of Political Economy*, 111(5).

Pollard, Sidney. 1983. *The Development of the British Economy, 1914~1980*. Caulfield East: Edward Arnold.

Pontusson, Jonas. 2005. *Inequality and Prosperity: Social Europe vs. Liberal America*. Ithaca, NY: Cornell University Press.

Scharpf, Fritz. 1984. "Economic and Institutional Constraints of Full-employment Strategies: Sweden, Austria and West Germeny, 1973~1982." in John H. Goldthorpe, ed. *Order and Conflict in Contemporary Capitalism*. Clarendon Press.

Solt, Frederick. 2008. "Economic Inequality and Democratic Political Engagement." *American Journal of Political Science*, 48.

Tomka, Bela. 2013. *A Social History of Twentieth-Century Europe*. New York: Routledge.

Wilensky, Harold and Charles Nathan Lebeaux. 1965. *Industrial Society and Social Welfare*. New York: Free Press.

Wilson, Edgar. 1992. *A Very British Miracle: The Failure of Thatcherism*. London: Pluto Press.

OECD. 2014. OECD StatExtracts. (http://stats.OECD.org).

Solt, Frederick. 2014. Standardized World Income Inequality Database.

제2장

유럽 금융산업의 현황 및 과제
- 은행동맹과 자본시장동맹을 중심으로

제2장

유럽 금융산업의 현황 및 과제
- 은행동맹과 자본시장동맹을 중심으로

김 득 갑 (삼성경제연구소)

1 유럽 경제위기와 유럽 금융산업

2015년 하반기 들어 유럽경제가 정책당국의 노력에 힘입어 완만한 회복세를 보이고 있다. 그러나 유럽경제가 위기의 충격에서 완전히 벗어나려면 보다 많은 시간이 필요할 것으로 전망된다. 이는 본격적인 경기회복에 힘입어 금리인상에 나선 미국과 대조적인 모습으로, 유럽의 저금리 기조가 상당기간 지속될 수 있음을 의미한다.

위기 전후로 하여 미국과 유럽의 경제규모를 비교해 보면, 유럽의 경제위기가 여전히 지속되고 있음을 알 수 있다. EU 전체 GDP(불변가격 기준)는 위기 이전(2008년 1분기)에 비해 2015년 4분기 현재 1.9% 증가했으나, 유로존 19개국의 GDP 규모는 위기 이전 수준을 밑돌고 있다. 반면, 2015년 4분기 현재 미국의 GDP는 위기 이전(2007년 4분기)보다 9.8% 증가하였다.

유럽경제는 미국發 금융위기의 여파로 어려움을 겪어 왔다. 은행의 부실 확대가 정부재정 악화와 더불어 실물경제 침체로 이어졌다. 글로벌 금융위기 이후 유럽 국가들은 부실 은행 지원을 위해 약 1조 6,000억 유로에 달하는 정부 재정을 투입하였다. 이중 자본 확충에 3,000억 유로, 정부 보증에 1조 1,000억 유로, 자산 상각에 1,000억 유로, 유동성 지원에 1,000억 유로를 사용하였다. 국가별 지원액을 살펴보면, 영국(8,733억 유로), 독일(6,461억 유로), 덴마크(6,126억 유로), 스페인(5,753억 유로), 아일랜드(5,713억 유로) 등 5개국에 집중되었다.

경기침체에 따른 실업 증가와 세수 감소로 인해 정부 재정이 악화된 일부 국가는 국가채무위기에 직면하였다. 그리스(2010.5), 아일랜드(2010.12), 포르투갈(2011.5), 키프로스(2013.3)가 EU/IMF로부터 잇달아 구제금융을 지원받았고, 은행위기에 처한 스페인(2012.7)도 390억 유로의 구제금융 자금을 지원받기에 이르렀다. 특히 그리스의 경우, 1차에 이어 2012년 3월에 2차, 2015년 8월에 3차 구제금융을 지원받았다.

유럽경제 위기는 2012년 상반기에 최고조에 달했다. 재정 취약성이 부각된 스페인과 이탈리아에서 국가채무위기가 고조되면서 유로존의 존립 위기마저 제기되었다. 투자자들이 스페인과 이탈리아의 국채 매입을 꺼리면서 이들 국가의 국채금리가 위험수준까지 상승하였다. 시장에서는 스페인과 이탈리아의 10년물 국채금리가 6%를 넘어서자 위험 경고등이 켜진 것으로 받아들여졌다. 이는 재정 악화와 은행부실 확대(스페인), 과도한 국가채무(이탈리아)라는 내부요인과 더불어, 그리스의 디폴트 및 유로존 탈퇴 위기로 스페인과 이탈리아에 대한 우려감이 고조된 것(외부요인)이 복합적으로 작용한 결과다.

경제규모가 작은 그리스, 포르투갈 등 주변국의 위기와 달리 유로존의 3, 4위 경제대국인 이탈리아와 스페인의 위기는 유로존 전체의 존립과 직결되는 중대한 사안으로 인식되어 EU 차원에서 본격적인 대응책이 모색되었다. 2012년 6월 EU 정상회의에서 위기 확산을 막기 위한 방화벽 구축이 합의되었으며, 그해 7월부터는 최후의 보루로 여겨져 왔던 유럽중앙은행(ECB)이 본격 나서면서 시장 내 불안감이 빠르게 진정되었다. ECB는 회원국들의 긴축정책으로 인한 경기침체를 막기 위해 적격 담보물 확대, 장기 유동성 공급(TLTRO), 외화 유동성 공급, 증권시장프로그램(SMP), 무제한 국채매입(OMT), 다양한 자산매입프로그램 등 비전통적인 통화정책 수단을 동원하여 유동성 공급 확대에 나섰다. 특히 2014년 들어 ECB가 디플레이션 우려 해소를 위해 동원한 금리인하 및 양적완화(QE)정책이 경기 진작에 기여하였다. 그 결과 그리스를 제외한 아일랜드(2013.12), 포르투갈(2014.6)은 구제금융 지원 프로그램을 예정대로 종료할 수 있었다.

현재 지난 수년간 도입된 다양한 위기 대응 조치들이 작동하고 있어 유로존 존립을 위협할 만한 위기가 더 이상 발생할 가능성은 낮다. 하지만, 유럽경제의 체질이 허약해 언제든지 불안이 재연될 가능성은 상존해 있다. 은행위기와 재정위기, 실물경제위기 간에 형성되어 있는 악순환 고리(vicious circle)를 끊는 것이 유럽 경제위기의 근본 해법이다. 가장 시급하면서도 중요한 과제는 재정 취약국들이 독자적인 채무상환능력을 확보하는 것이다. 채무상환능력을 확보하기 위해서는 GDP 대비 국가부채를 지속가능한 수준으로 낮추는 것이 중요하며, 이를 위해서는 긴축 정책과 부채 축소는 물론 경제성장률을 끌어올리는 노력이 필요하다.

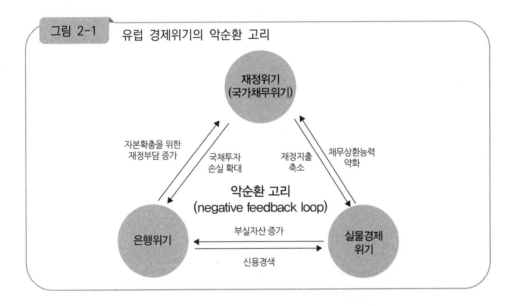

그림 2-1   유럽 경제위기의 악순환 고리

안정된 경제성장을 위해서는 EU GDP의 60% 이상을 차지하는 내수경기가 살아나야 한다. 대외 여건 변화에 민감한 수출에 의존하는 경제성장만으로는 한계가 있을 수밖에 없다. 특히 재정 악화로 재정건전성이 엄격히 요구되는 현 상황에서 정부의 역할이 제한될 수밖에 없어 내수경기 회복을 위해서는 소비(가계)와 투자(기업)가 살아나야 한다. 하지만 유럽 국가들의 가계부채와 기업부채가 2014년 기준으로 GDP 대비 각각 70%와 217%에 달해 소비와 투자의 강한 회복을 기대하기 어렵다. 더군다나, 은행들의 민간대출 기피 현상이 내수 주도의 경제성장을 가로막고 있어 상황을 더욱 어렵게 하고 있다. 따라서 은행의 자금중개기능을 정상화하고 자본시장의 기능을 강화하는 것이 위기 극복의 관건이라 하겠다.

유럽 금융산업은 자금, 채권, 주식, 은행서비스(뱅킹) 부문으로 구성되어 있다 (ECB 2015). 본 장에서는 소비와 투자 회복에 걸림돌이 되고 있는 유럽 금융산업의 문제점과 이를 개선하기 위한 EU 차원의 정책적 노력을 살펴보고자 한다. 이를 위해 미국 등 경쟁국들과 비교하여 은행 중심의 유럽 금융산업이 안고 있는 문제점을 살펴보고, 금융산업의 경쟁력 제고를 위해 EU 차원에서 추진되고 있는 은행동맹과 자본시장동맹을 고찰하고자 한다.

2 유럽 은행산업과 자본시장 현황

1) 유럽 은행산업

가. 유럽 은행산업 현황

유럽은 중소기업이 경제성장과 고용 창출을 주도하는 사회적 시장경제(Social Market Economy) 체제를 채택하고 있다. 유럽의 중소기업은 전체 기업수의 99%, 고용의 67%, 총부가가치(GVA)의 58%를 차지하고 있다.

대부분의 중소기업들은 가족 중심으로 운영되어 왔으며, 필요 자본을 자본시장을 통해 조달하기보다 주로 내부자본이나 은행대출에 의존해 왔다. 이러한 역사적 배경을 바탕으로 유럽에는 은행 중심의 금융산업 구조가 발달하였다. 은행 중심의 금융시스템이 사회적 시장경제체제의 특징 중 하나라 할 수 있다. 유럽의 금융산업은 경쟁국인 미국에 비해 전통적인 은행 중개기능에 절대적으로 의존하고 있다. 금융위기와 재정위기를 거치면서 유럽 은행산업이 큰 타격을 입었음에도 불구하고 그 규모는 여전히 非금융산업을 능가하고 있다.

2016년 2월 현재 EU에는 약 8,000개의 금융기관(MFIs)이 있으며, 이 가운데 6,200여 개의 금융기관이 유로존에서 활동 중이다. 대출기관(시중은행 및 투자은행)만 보더라도 EU 전체적으로 6,900개, 유로존에 5,500여 개가 존재하고 있다. 1999년 유로화 출범 당시에 비해 은행 수가 계속 줄고 있으나 경쟁국들보다 경제규모에 비해 은행 수가 여전히 많다.

유럽의 경우, 은행의 전체 보유자산 규모가 명목 GDP의 3배 이상에 달하는 반면, 미국은 은행 보유 자산이 GDP의 115%에 불과하다. 유럽의 비율은 은행산업 비중이 큰 일본, 중국보다 높다. 은행 보유 자산은 주식시장과 회사채 시장, 그리고 국채 시장을 모두 합한 규모보다 크다. 이러다보니 중앙은행의 감독기능 강화를 추진해온 유럽시스템리스크위원회(ESRB)는 지나치게 은행 의존적인 금융시스템에 변화를 줄 것을 촉구한 바 있다(Pagano 2014).

　유럽 기업들은 전체 자금의 70%를 은행 대출에 의존하고 있다. 하지만, 미국 기업들은 필요 자금의 30%만을 은행을 통해 조달하고 있다. 유로존 은행들의 기업대출 규모는 유로존 GDP의 50%에 육박하고, 기업부채에서 70%를 차지하고 있다. 반면, 직접금융이 발달해 있는 미국은 은행의 기업대출이 미국 GDP의 15%, 기업부채의 30%에 불과하다.

표 2-1　주요국의 금융산업 구조 현황(2010~2014년 평균)　　(단위: GDP 대비 %)

	단위	EU	미국	일본	중국
은행 자산	%	316	115	187	256
회사채 및 국채	%	81	134	198	25
주식시장	%	64	127	76	84
합계	조 유로	61.7	43.9	19	23.5

출처: Valiante, D. (2016). Europe's Untapped Capital Market: rethinking financial integration after the crisis. CEPS

　한편, 유럽 은행들의 수익성은 경쟁국들에 비해 취약하다. 2014년 유로존 은행들의 자기자본이익률(ROE)을 보면 2.3%로, 북미(9.2%), 아시아 및 태평양(9.0%)은 물론 영국(3.6%)에도 못 미친다. 스페인 은행들의 자기자본이익률은 5.7%로 양호한 반면, 이탈리아(−3.2%), 포르투갈(−21.8%) 은행들의 수익성은 극히 우려할 만한 수준이다. 스페인 은행들이 비교적 건실한 재무구조를 갖고 있는 이유는 글로벌 금융위기의 충격을 가장 크게 받았지만, 은행의 부실자산이 부동산에 집중되어 부실자산 처리가 상대적으로 용이했고, EU로부터 구제금융을 지원받아 부실자산의 신속한 처리 등을 통해 은행 구조조정을 단행했기 때문이다.

나. 은행의 민간대출 현황

　2007년 미국의 서브프라임 모기지 사태가 발생하기 전까지만 하더라도 은행의 기업대출금리 격차는 회원국들 간에 그리 큰 문제가 되지 않았다. 스페인의 기업대출금리는 2011년에 은행 부실문제가 불거지기 전까지만 하더라도 독일의 금리 수준

보다 오히려 낮았다. 하지만 2008년 글로벌 금융위기 이후 은행의 기업대출금리 격차가 북유럽 국가와 남유럽 국가 간에 다시 확대되었다. 남북 회원국 간 금리차 확대는 거래상대방 리스크(counterparty risk)의 차이에 기인한다. 실제로 2008년 이래 남유럽 주변국들의 누적 회사 부도율은 16%에 육박하는 반면, 북유럽 핵심국들의 부도율은 2%에 불과한 것으로 집계되었다. 이는 글로벌 금융위기 이후 자금 흐름을 중심으로 유럽 금융시장의 통합이 훼손되는 '금융 분절화(financial fragmentation)' 현상을 보여준다(OECD 2014). 2012~2013년에 가장 심했던 금융 분절화 현상이 이후 다소 완화되었으나 여전히 위기 이전 수준으로 회복되지 못하고 있는 실정이다(김위대 2015).

현재 유럽 은행들의 민간대출(특히 기업대출) 금리가 전반적으로 하락하였으나, 회원국 간 기업대출금리의 격차는 위기이전 수준으로 좁혀지지 않고 있다. 유럽 주요국의 차입비용을 비교해보면, 2016년 1월 말 기준으로 독일이 2%인 반면, 그리스 5.2%, 포르투갈 3.7%, 이탈리아 2.5%, 스페인 2.4%를 기록하고 있어 독일과의 금리차가 여전히 큰 실정이다. 이는 유럽 은행시스템의 취약성을 반영한 현상이라 할 수 있다.

대출규모별로 은행의 기업대출금리를 살펴보면, 100만 유로 이상의 고액 대출보다 25만 유로 미만의 소액 대출에서 회원국 간 금리차가 현저하다는 사실을 알 수 있다. 일반적으로 중소기업이 소액대출을 주로 이용한다는 점을 감안한다면 회원국 간 금리차 확대는 대기업보다 중소기업에 더 큰 타격을 주고 있는 것으로 판단된다.

2013년 유로존에 소재하는 중소기업의 35%는 은행에 신청한 신용자금을 모두 확보하지 못한 것으로 파악되고 있다. 금융위기의 충격을 많이 받은 남유럽 국가일수록 중소기업의 은행 대출비용이 대기업보다 비싸 어려움을 겪고 있다. 은행에 요청한 신용자금 전액을 확보하지 못한 중소기업의 비율을 국가별로 비교해 보면, 유로존 35%, 그리스 67%, 독일 13%, 네덜란드 68%, 핀란드 19% 등으로 차이를 보인다. 중소기업이 남유럽 경제에서 중요한 역할을 하고 있다는 점을 감안한다면, 이들 중소기업 대출에 적용되는 높은 은행 금리는 남유럽 국가들의 경기 회복에 걸림돌이 되고 있다.

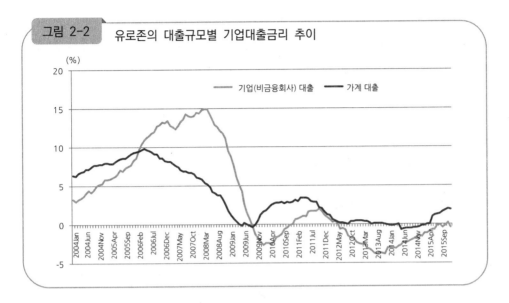

그림 2-2   유로존의 대출규모별 기업대출금리 추이

한편, 은행의 민간대출 위축도 문제다. 2015년 말 현재 유로존 은행들의 가계대출은 1.9%, 기업대출은 0.1% 증가에 그치고 있다. 경제위기가 시작되기 이전에 한때 기업대출 증가율은 15%(2008년 4월), 가계대출 증가율은 10%(2006년 4월)를 기록하기도 하였다.

경제위기가 진행되는 동안 은행의 기업대출은 남유럽 국가는 물론 독일 등 북유럽 국가에서도 마이너스 증가율을 기록하였다. 2011년 11월 이래 꾸준한 증가세를 보였던 독일 은행들의 기업대출은 2013년 6월부터 감소세로 돌아섰다. 스페인 은행들의 기업대출 증가율은 2009년 8월부터 마이너스를 보였으며, 이후 감소세가 계속 확대되는 모습을 보였다. ECB가 시중 은행을 상대로 장기 저리 대출자금 (LTRO: long-term refinancing operation)을 대거 공급했음에도 불구하고 은행들의 자금중개기능은 별로 활성화되지 않았다. 은행위기 당시 ECB는 두 차례에 걸쳐 3년 만기 超저금리(1%) 대출을 실시하여 유럽 은행들에 약 1조 유로 이상의 유동성을 공급하였다. 1차(2011.12)에는 523개 은행에 4,892억 유로를 공급했으며, 2차(2012.2) 에는 800개 은행에 5,295억 유로를 공급하였다. 스페인과 이탈리아 은행들이 전체 대출자금의 약 60%를 차지하였다. 유로존 은행들은 ECB의 기대와 달리 LTRO 대출자금을 민간대출보다 채무상환과 국채 매입에 주로 사용하였다.

은행들의 대출기능이 약해진 이유는 민간의 자금수요가 줄어든 측면도 있지만, 은행 간 대출시장의 위축으로 은행의 자본조달비용이 상승하고 은행들의 디레버리징(de-leveraging)이 지속되었기 때문이다(김효진 2015).

간접금융 의존도가 높고 중소기업 중심의 경제구조를 감안한다면 은행의 기업 대출 기능이 정상화되지 않고서 본격적인 경기회복을 기대하기는 어렵다.

한편 은행의 가계대출은 독일, 프랑스 등 북유럽 국가를 중심으로 점차 회복되었으나, 남유럽 국가에서는 감소세가 지속되었다. 그동안 플러스 증가율을 기록했던 이탈리아 은행들의 가계대출도 2012년 10월부터는 마이너스로 전환되었다.

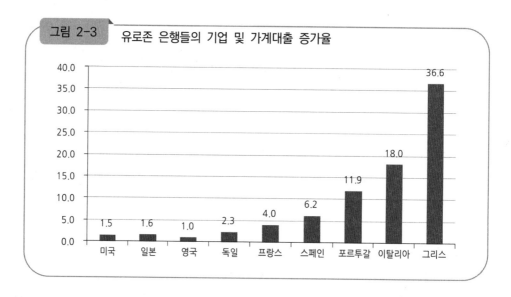

그림 2-3 유로존 은행들의 기업 및 가계대출 증가율

다. 은행의 취약한 재무 건전성

은행의 자금중개기능 특히, 민간대출이 위축된 데는 은행의 취약한 재무 건전성이 한몫했다. 유럽 금융시장의 분절화와 신용경색 문제를 해소하기 위해서는 은행의 재무 건전성을 강화해야 한다는 필요성이 제기되었다. OECD는 2014년 9월 수정 경제전망 보고서에서 '유럽의 금융 취약성이 경기회복을 가로막고 있으므로 유로존은 은행동맹의 출범과 함께 은행 건전성을 시급히 확보하고 추가 개혁을 지속적으로 추진해야 한다고 했다. 이를 위해서는 유로존 은행들에 대한 포괄적인 평가를 통해 신뢰할 만한 자본 부족액을 산정하고 신속한 자본 확충과 더불어 은행 구조조정을 단행할 것'을 권고한 바 있다(OECD 2014). RBS(Royal Bank of Scotland)는 유럽 은행들이 강화된 자본요건(바젤 Ⅲ)을 충족하려면 오는 2018년까지 약 3조 2천억 유로의 자산을 감축해야 할 것으로 추산하였다(Thompson 2013).

글로벌 금융위기 이후 유럽의 실물경기 회복이 지연되면서 기업 실적이 악화되어 유럽은행들의 無수익여신(NPL: non-performing loan)이 지속 증가하였다(박선욱 2015). IMF는 글로벌 금융안정보고서(2014.4)에서 유로존 전체의 無수익여신 규모를 8,000억 유로 이상으로 추정한 바 있다. IMF는 향후 2년간 스페인, 이탈리아, 포르투갈 은행들의 기업대출 손실이 2,820억 유로에 이를 것으로 전망하였다. IMF는 경제 및 금융시장 여건이 개선되지 않은 상황에서 부채의 부도율을 45%로 가정하고, 2014~2015년에 유럽은행들의 기업대출 관련 손실을 추정하였다. 추정 결과 기업대출 손실이 이탈리아 1,250억 유로, 포르투갈 200억 유로, 스페인 1,040억 유로로 예상되었다. 특히 경기 사이클에 민감한 업종(부동산, 해운업, 자원개발 등)에 대출이 집중된 은행들이 가장 큰 타격을 입을 것으로 전망되었다. 실제로 기업부채의 부실화에 대비해 쌓아놓은 충당금이 부족한 은행들의 기업대출 능력이 약화되었다. 높은 NPL 비율과 평균 이하의 충당금 수준을 고려할 때, 이탈리아와 포르투갈 은행들이 가장 고전할 것으로 예상되었다.

시장은 유럽 은행들의 재무 건전성이 강화되면 은행시스템의 신뢰성이 제고되고, 이로 인해 신용경색 해소 및 실물경기 회복에 일조할 것으로 기대해왔다. 또한 은행의 재무 건전성이 확보되면 은행위기와 재정위기 사이에 형성되어 있는 '악순환 고리'를 차단할 수 있을 것으로 예상하였다. 하지만, 유럽 정책당국의 노력은 시장의 기대에 미흡하였다. ECB는 은행동맹(Banking Union)의 첫 번째 단계인 단일감독기구(SSM: Single Supervisory Mechanism)의 출범(2014.11.4)을 앞두고 유럽은행들의 재무 건전성을 종합 평가하여 2014년 10월에 130개 대형은행에 대한 평가 결과를 발표하였다(ECB 2014). 평가 결과 시장의 예상과 달리 유럽 은행들의 재무 건전성은 당초보다 양호한 것으로 나타났다. 전체 불합격 은행은 25개로 이탈리아 9개, 그리스 3개, 키프로스 3개, 포르투갈 1개, 스페인 1개 등 주로 남유럽 국가에 집중되었다. 자본부족액도 246억 유로로 당초 시장의 예상치(510억 유로)를 크게 밑돌았다.

ECB의 은행 평가와 이후 추진된 자본 확충 및 은행 구조조정 작업은 은행위기의 근본 원인을 제거할 것이라는 당초 기대에 크게 못 미쳤다(김득갑 외 2014). 유럽 은행들은 ECB의 은행 종합평가를 전후로 하여 자본 확충 작업에 나섰으나, 실제 자본 확충 내용은 미흡하였다(김위대 2014). 도이체방크 등 유럽 대형은행들은 자산 매각이나 인력 감축, 비핵심사업 정리 등 과감한 구조조정 대신 우발전환증권(Coco bond: Contingent Convertible Bond) 등 전환사채 발행을 통해 자본을 확충하는 선에서 그쳤다. 우발전환증권은 자본비율이 일정 수준 이하로 하락할 경우 자본으로 전환되거나 상각되어 투자자가 손실을 떠안게 되는 고위험 채권으로 평균 금리가 5~6%에 이른다. 은행의 자본 건전성에 대한 신뢰 약화 시 투자자 손실이 초래된다. 유럽 은행들은 자본 확충 과정에서 1,000억 달러 이상의 우발전환증권을 발행했는데, 현재 우발전환증권이 잠재적 불안요인이 되고 있다.

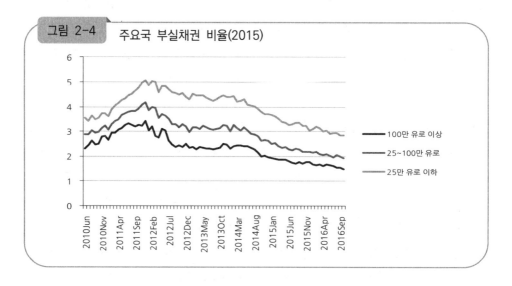

그림 2-4 주요국 부실채권 비율(2015)

2015년 9월 현재 유럽 은행들은 8,260억(ECB)~1조 유로(EBA)의 부실채권을 갖고 있는 것으로 추정된다. 2009년 대비 2배 이상 증가한 규모다. 유로존의 부실채권 비율을 보면, 2008년 2.8%에서 2015년 6.7%로 상승하였다. 이는 미국, 일본 등 주요 경쟁국에 비해 매우 높은 수준이다. 건실한 경제성장을 하고 있는 북유럽 국가들에 비해, 경기침체가 장기화되고 있는 이탈리아, 포르투갈 등 남유럽 국가에서 부실채권이 빠르게 증가하였다. 국제 신용평가 회사인 피치(Fitch)는 이탈리아 은행들의 부실 문제를 가장 심각한 것으로 평가하고 있다(Fitch 2016). 이탈리아의 무수익여신(NPL) 규모는 2008년 1월 1,310억 유로에서 2015년 9월 3,450억 유로로 증가하였다. 이탈리아의 NPL 비율은 같은 기간에 12%에서 17.1%로 상승하였다. 경기침체 지속, 저금리 장기화, 제도 미흡으로 인한 은행들의 부실자산 처리 지연 등이 부실채권 증가의 주요 요인으로 지적된다.

유럽 은행들의 취약한 재무구조는 경기 회복을 제약하고 금융 불안을 야기할 것으로 우려된다. 자본규제 대응 차원에서 추진되는 자본 확충 작업이 완료될 때까지 유럽 은행들의 디레버리징이 지속되고 자본 확충 과정에서 금융 불안이 초래될 수 있다. 또한 은행위기와 재정위기를 잇는 악순환 고리도 여전히 작동하고 있다. 2016년 1월 현재 유로존 은행들은 총자산의 5.9%에 해당되는 약 1조 8,500억 유로의 회원국 국채를 보유하고 있다. 만약 은행들이 국채 매입 여력을 상실하거나 국채 투매에 나설 경우 유로존은 또 다시 재정위기에 직면할 수 있다.

2) 유럽 자본시장 현황

유럽은 은행 중심의 금융시스템을 갖고 있어 미국에 비해 자본시장이 취약하다 (Coeure 2015). 2013년 기준으로 자본시장 규모를 비교해보면, 유럽이 GDP 대비 236%인 반면, 미국은 GDP의 349%에 달한다. 2013년 말 기준으로 유럽의 채권시장 규모는 GDP의 171%(22.3조 유로)로 미국(211%)에 비해 열세다. 국채와 금융기관 발행채권의 시장규모는 유럽과 미국이 대체로 비슷하지만, 유럽의 회사채 시장과 주식시장은 미국, 일본 등 경쟁국들에 비해 규모가 현저히 작다. 채권 및 주식 투자가 국별 시장리스크를 분산할 수 있는 주요 수단이라는 점을 감안한다면, 유럽의 시장리스크 분산메커니즘이 취약하다는 반증이기도 하다.

유럽은 금융기관의 회사채와 국채가 중요한 역할을 하고 있어 채권시장 규모가 크다. 흥미로운 사실은 자본시장 규모가 경제규모에 비해 큰 국가라 할지라도 은행 산업이 반드시 영세한 것은 아니라는 점이다. 대형 은행산업도 얼마든지 활성화된 자본시장과 공존할 수 있다.

맥킨지 자료에 따르면, 2011년 기준으로 유럽 대기업들(매출액 5억 달러 이상)의 채권 발행을 통한 자금조달 비중은 프랑스 64%, 독일 55%, 이탈리아 32%, 영국 25%, 스페인 7%로 파악되고 있다. 이는 미국의 99%에 비해 크게 낮은 수준이다 (Dund, Daruvala, Dobbs, Kwek and Falcon 2013).

유럽의 주식시장은 채권시장에 비해 역할이 미미하다. EU의 주식시장 시가 총액은 금융위기 직전인 2007년 GDP의 85% 규모에서 2013년에는 64.5%로 감소하였다(2010~2014년 평균 64%). 이는 미국(127%), 중국(84%), 일본(76%) 등 다른 경쟁국들에 비해 낮은 비율이며, EU 내에서도 국가별 편차가 존재한다.

표 2-2 주요국의 자본시장 구조 현황(2010~2014년 평균) (단위: GDP 대비 %)

	단위	EU	미국	일본	중국
주식시장	%	64	127	76	84
국채시장	%	69	86	182	16

출처: Valiante, D. (2016). Europe's Untapped Capital Market: rethinking financial integration after the crisis. CEPS

유럽의 자본시장은 규모 면에서 열세일 뿐만 아니라 시장구조 측면에서도 불리하다. 유럽 자본시장은 하나로 통합되어 있는 것이 아니라 국가별로 혼재되어 있다. 유럽국가 중 자본시장이 상대적으로 잘 발달되어 있는 네덜란드, 덴마크, 영국과 달리, 최대 경제대국 독일은 은행 의존도가 높아 주식시장과 채권시장이 경제규모에 비해 미흡하다. 독일의 채권시장 규모는 GDP 대비 150%에 달한 반면, 네덜란드와 덴마크의 채권시장은 GDP의 3배에 이른다. 한편, 주식시장도 미국과 비교하면 열세다. 2014년 말 기준으로 영국을 제외한 유럽 주식시장의 총규모(7.6조 달러)는 미국(26.3조 달러)의 29%에 불과하다. 또한 1999년 경제통화동맹(EMU) 출범이후 유럽 증권거래소 간 통합 노력이 추진되어 왔으나 유럽 주식시장은 국가별 소규모 시장으로 쪼개져 있다.

표 2-3 주식시장 시가총액과 발행채권 총액(2013년 말 기준) (단위: GDP 대비, %)

	시가총액	채권총액	합계
네덜란드	90	290	380
덴마크	80	270	350
영국	110	230	340
스웨덴	120	160	280
스페인	80	170	250
프랑스	70	170	250
이탈리아	20	190	210
포르투갈	20	180	200
독일	30	150	180
폴란드	18	70	100

출처: ECMI Statistical Package (2014)

유럽의 중소기업들은 자본조달에 어려움을 겪어 왔다. 특히 개발단계에서 자금조달처를 찾지 못해 경영난에 직면한 중소기업들이 많다. 유럽금융시장협회(AFME)의 보고서에 따르면, 유럽 중소기업의 은행 대출을 통한 자금조달 비율은 미국보다 3배나 높다(AFME and BCG 2015).

표 2-4 유럽과 미국의 중소기업 자금조달 현황 (단위: 10억 유로)

		누계(잔액)		플로우(2013년 신규 조달)	
		EU	미국	EU	미국
은행	대출	1,425	464	712	281
	증권화 대출	118	30	36	5
	소계	1,543	494	748	286
비은행	뮤추얼펀드	88	107	7	10
	사모펀드	32	59	9	14
	벤처캐피탈	22	104	5	26
	가족 및 친구	168	371	84	186
	클라우드 펀딩	1	3	1	1
	엔젤투자	11	39	6	20
	소계	332	688	112	258
합계		2,007	1,236	926	571

출처: AFME and BCG. 2015. Bridging the growth gap

유럽의 자본시장이 열악한 것처럼 창업과 스타트업 육성에 중요한 벤처캐피탈 시장도 미흡하기는 마찬가지다. 유럽의 벤처캐피탈 시장은 투자금액 기준으로 미국의 5분의 1에 불과하다. 만약 유럽의 벤처캐피탈 시장이 미국만큼 발달했더라면 2008~2013년에 약 900억 유로의 펀드자금이 유럽 기업에 공급되고, 4,000건 이상의 거래가 성사되었을 것으로 추정된다. 글로벌 금융위기 이전인 2007년에는 전체 벤처캐피탈 자금 중 공공자금이 차지하는 비중이 15%에 불과했으나, 2013년에는 그 비중이 40%로 크게 상승하였다. 이는 유럽 벤처캐피탈 시장에 민간자금이 제대로 유입되지 않아 공공자금의 의존도가 그만큼 증가했음을 뜻한다.

이와 같이 중소기업의 자금조달 여건과 벤처캐피탈 시장은 미국에 비해 열악하다. 2013년 유로존에서 중소기업의 35%는 은행에 요청한 신용자금 전액을 다 확보하지 못했으며, 특히 금융위기의 충격이 큰 국가일수록 중소기업의 은행 차입비용이 대기업보다 비싸다. 중소기업의 신용정보에 대한 접근은 대체로 쉽지 않으며, 이 점이 자본시장에서 중소기업에 대한 투자나 파이낸싱을 어렵게 하는 요인으로 작용하고 있다.

3 은행동맹과 자본시장동맹의 추진

유럽 국가들은 금융시장 분절화를 해소하기 위해 은행동맹(Banking Union)과 자본시장동맹(Capital Markets Union)을 추진하고 있다. 은행동맹은 은행의 재무 건전성을 제고하여 자금중개기능을 정상화하는 것이 목적인 반면, 자본시장동맹(CMU)은 회원국별로 쪼개져 있는 자본시장을 하나로 통합해 효율적인 시장을 만드는 것이 주된 목적이다. EU 정책당국자들은 효율적인 자본시장이 은행의 취약해진 자금중개기능을 보완해줄 것으로 기대하고 있다. 은행 중심의 간접금융에 의존해 왔던 유럽 국가들이 직접금융을 활성화하기 위해 미국과 유사한 자본시장을 만드는 것이 자본시장동맹의 궁극적인 목표라 할 수 있다.

1) 은행동맹

ECB는 유로존의 금융 안정성을 회복하기 위해 유로존 국가들의 은행시스템을 하나로 묶는 작업을 추진하고 있는데, 이를 '은행동맹'이라 부른다. 은행동맹은 금융위기 재발을 방지하고 은행 파산이 국가시스템 리스크로 전이되는 것을 차단하기 위해 추진되는 프로젝트다(ECB 2015).

은행동맹은 ① 단일규범(Single Rule Book) 제정, ② 은행 감독권한의 통합(단일감독기구 설립), ③ 은행 구조조정기금 설립, ④ 단일 예금보장제도 도입 등으로 구성되어 있으며, 현재 3단계로 추진되고 있다.

은행동맹의 1단계 조치로 2014년 11월에 단일감독기구(SSM)가 출범하였다. 유로존 내 모든 은행들은 개별 국가가 아닌 유럽중앙은행(ECB)의 감독 대상이 되었다. ECB는 은행의 거시 건전성, 자기자본, 유동성 조달 등 모든 분야에서 감독권한을 행사한다. 다만, 위기 상황에서 파급효과가 큰 129개 대형 은행들은 ECB가 직접 감독하고, 나머지 5,400여 개 은행들에 대해서는 ECB를 대신해 회원국 당국이 감독권한을 갖게 된다.

은행동맹의 2단계는 2015년 1월 단일정리기구(SRM: Single Resolution Mechanism)의 출범이다. 단일정리기구는 은행의 재무 건전성을 평가하고 부실은행이 발생할 경우 구제금융 집행여부와 은행 회생 혹은 청산 여부를 결정한다. SRM 출범과 동시에 은행 예금자는 1인당 10만 유로까지 보호를 받게 된다.

표 2-5   유럽(은행동맹)과 미국 비교

구분		유럽(은행동맹)	미국
은행 수 및 은행자산	은행 수	5,516	5,643
	전체 자산 (10억 달러)	33,234	13,349
중앙은행의 직접 감독 은행	은행 수	129	31
	전체 자산 비중	82%	81%
은행 감독기관		ECB의 단일감독기구(SSM)	연준, OCC, FDIC, OTC
대차대조표 심사		포괄적 평가	포괄적 자본 분석 및 심사(CCAR)
직접 감독대상 은행		320억 달러 이상 자산의 130개 은행	500개 지주 은행회사
스트레스 테스트		EBA(유럽은행감독청)	Dodd-Frank Act
은행정리		단일정리기구(SRM)	FDIC에 의한 질서정연한 청산
예금 보장		유럽예금보험제도, 국별 예금보장제도(DGS), 최대 10만 유로까지 예금보장	FDIC, 은행당 최대 25만 달러까지 예금보험

출처: European Stability Mechanism

마지막 3단계는 2016년부터 단일정리기금(SRF: Single Resolution Fund)이 발족되어, 은행 구제 금융을 지원하게 된다. 유로존 국가들은 향후 8년간(2016~2023년) 550억 유로의 단일정리기금을 조성하되 우선적으로 그 40%를 2016년까지 마련하여 구제금융 지원기금으로 활용할 예정이다.

은행동맹과 관련하여 상세한 설명이 필요한 사항들은 다음과 같다.

첫째, 단일감독기구(SSM)는 ECB에 은행 감독권한을 부여하고, 참가국 감독당국과 협력체제를 구축하는 내용이다. 유럽 은행시스템의 안전과 건전성을 도모하고 금융 통합 및 안정을 제고하기 위해 설립되었다. 은행 감독권한의 통합은 유럽안정화기구(ESM)의 은행 자본 확충 지원을 위한 전제조건이기도 하다. 2014년 6월 EU정상회의에서 ESM이 부실은행을 직접 지원할 수 있도록 하는 대신, 회원국들의 은행 감독권한을 ECB로 이양하기로 합의하였다. 은행 감독권한의 통합을 계기로 ECB는 유로존 은행들의 재무 건전성을 강화해 시장의 신뢰를 회복하는 작업을 추진해왔다. 2014년 11월부터 단일감독기구가 정식 출범하면서 ECB가 유로존 대형은행들에 대한 감독권한을 갖게 되었다. ECB는 은행 감독기능을 수행할 전담조직(Supervisory Board)을 신설하고 1,000여 명의 전문 인력을 채용하였다.

둘째, EU는 은행의 재무 건전성 강화에 필요한 자본 확충 및 구조조정을 위해 관련 법안들을 제정하였다. 민간 투자자들의 손실분담 원칙을 규정한 은행 회생 및 정리지침(BRRD: Bank Recovery and Resolution Directive), 단일정리기구(SRM), 개정된 예금보장제도(DGS) 등이 새로 제정되었다. 3개 법안의 승인은 재정 악화를 초래하지 않으면서 은행 자본 확충 및 구조조정을 할 수 있는 EU 차원의 제도적 장치를 마련했다는 데 의의가 있다. 2015년부터 은행 자본 확충 및 구조조정 시 은행 회생 및 정리지침과 단일정리기구, 개정된 EU 예금보장제도가 시행되었다. 은행 회생 및 정리지침은 은행 자본 확충 및 구조조정 과정에서 납세자(정부재정 투입)의 부담을 최소화하기 위해 민간 투자자에게 손실을 우선적으로 부과(bail-in)하는 것을 주요 골자로 하고 있다. 민간 투자자의 손실 분담(bail-in) 규정이란, 부실은행의 주주와 채권자들이 전체 은행부채의 최소 8%까지 손실을 우선적으로 분담하도록 의무화하고 있다. 10만 유로 미만의 소액 예금자는 전액 보호되지만, 10만 유로 이상의 고액 예금(uninsured deposit)은 보호 대상에서 제외된다. 다만, 자연인과 중소기업의 고액 예금은 특별대우를 받는다.

은행 회생 및 정리지침은 2015년 1월부터 발효되었지만, 민간 손실분담(bail-in)과 은행정리 방식은 2016년 1월 1일부터 시행되었다. 한편 EU 차원의 예금보장제도도 개정되었다. 은행 구조조정 과정에서 발생할 수 있는 예금자 피해를 막기 위해 규정을 강화한 것이다. 유럽 국가들은 유로존 위기로 인해 2009년 3월 예금보장 한도를 5만 유로로 인상했으며, 이후 2010년 말까지 10만 유로로 일괄 상향 조정한 바 있다. 하지만 회원국들은 보증기금 및 보증기금 지급일 등에서 상이한 규정을 두고 있어 예금자 보호 규정을 조화시킬 필요가 있었다. 회원국 정부는 은행에 대한 부과금으로 10년간 예금보증기금을 조성하여 은행 파산 시 10만 유로 미만의 소액 예금주를 보호할 방침이다. 유로존 전체적으로 조성될 기금 규모는 소액예금 (covered deposits) 총액의 최소 0.8%(약 550억 유로)이나, 국가에 따라 기금 조성규모를 2~3%로 늘릴 수 있도록 규정하였다.

2) 자본시장동맹

EU 집행위원회는 글로벌 금융위기 이후 고용, 성장, 투자를 촉진하기 위한 핵심 정책의 하나로 역내 자본시장 통합을 목표로 하는 자본시장동맹(Capital Markets Union)을 추진 중이다. 기존의 은행 중심의 기업 자금조달 체계에서 벗어나 자본시장을 통한 직접 금융을 강화함으로써 기업의 자금 공급원을 다변화하는 한편 금융시스템 안정을 제고하는 것이 추진 목적이다. 자본시장동맹은 역내 자본시장을 통합하여 중소기업 및 신생기업의 자금조달을 지원하고, 장기·인프라 투자를 확대하며, 국경 간 투자를 활성화하는 것을 궁극적인 목표로 하고 있다(양효은 2015).

유럽은 기업자금 조달의 약 70%가 은행을 통해 이뤄지지만 미국은 기업조달 자금의 약 80%가 자본시장을 통해 공급된다. 자본시장동맹 논의는 유럽의 자산유동화시장 인수 위험을 미국처럼 자본시장으로 옮기는 시스템으로 전환하는 데 초점을 맞추고 있다. 2014년 5월 ECB와 영국 영란은행은 역내 유동화시장의 활성화를 위해 은행의 유동화증권 인수비율 규제 완화, 보험회사의 유동화증권 자본금 규제 완화 등을 공동으로 제시한 바 있다(BOE and ECB 2014).

2014년 11월 장-끌로드 융커(Juncker) 룩셈부르크 총리가 EU 집행위원회의 새로운 위원장으로 취임하면서 취임 일성으로 자본시장동맹의 필요성을 역설하였다. 그는 유럽 자본시장이 고용과 성장을 위한 자금조달의 원천이 되어야 한다는 인식을 갖고 있다. 이에 따라 2015년 2월 EU 집행위원회는 2019년까지 자본시장동맹의 완성을 목표로 단계별 세부 일정을 제시하였다.

가. 자본시장동맹의 핵심 내용

2015년 2월 EU 집행위원회는 이해관계자들의 의견을 수렴해 자본시장동맹의 향후 추진과제를 담은 녹서(Green Paper)를 발표하였다(European Commission 2014).

녹서에 제시된 자본시장동맹의 목표는 첫째, 투자 국경을 폐지하여 단일자본시장을 구축하고, 둘째, 유럽 전역의 모든 기업들이 자본에 더 쉽게 접근할 수 있는 환경을 조성하며, 셋째, 자금조달방식의 다양화와 함께 자금조달비용을 낮추고, 넷째, 자본시장의 혜택을 극대화해 경제성장과 고용 창출을 지원하며, 다섯째, 중소기업의 자금 조달을 지원하며, 여섯째, 전 세계 자금의 투자활성화 및 투자처로서 EU 지역의 경쟁력을 강화하는 것이다.

표 2-6 자본시장동맹의 주요 시행계획

목표	과제
신규기업 및 비상장기업 자금조달 지원	• 벤처캐피탈 및 주식금융 지원 • 중소기업 투자를 위한 정보장벽 제거 • 기업금융의 혁신 촉진(크라우드 펀딩)
기업의 공공시장을 통한 자금조달 지원	• 공공시장 접근성 강화(사업설명서 지침 개정안 제출) • 주식금융 지원
장기·인프라 투자 확대	• 인프라 투자 지원(보험회사의 인프라 및 유럽 장기투자펀드(ELTIF)에 대한 투자 촉진을 위한 재무건전성규제 완화) • EU 금융서비스 규제단일화 강화
소매투자 및 도매투자 촉진	• 소매투자의 선택폭 확대 및 시장경쟁력 강화 • 소매투자자의 투자역량 지원 • 은퇴자금 조성 지원 • 기관 투자자 및 펀드매니저 지원
은행의 자금 공급요건 개선	• 지역금융네트워크 강화 • EU 증권화시장 구축 • 은행 자금공급 지원(EU 차원의 커버드본드 체제 구축)
역내 국경 간 투자 촉진	• 국경 간 투자장벽 제거 • 국경 간 투자촉진을 위한 시장인프라 개선 • 파산절차 통합 추진

출처: European Commission(2015.9.30.). Action Plan on Building a Capital Markets Union. COM (2015) 468 final

EU 집행위원회는 2015년 5월 중순부터 유럽의회, 회원국 의회, 회원국 정부, 시민단체, 중소기업, 금융업계는 물론 비정부 섹터로부터 의견을 광범위하게 수렴하여 9월 30일에 자본시장동맹을 위한 액션플랜을 제시하였다(European Commission 2015).

액션플랜에는 향후 5년간 추진할 20여 개의 구체적인 과제가 포함되어 있다.

2015년 말까지 추진할 단기과제로 사업설명서 지침 개정안 제출 및 소매금융서비스 활성화 조치가 포함되어 있다. 그리고 2016~2019년에 추진할 중장기 과제로는 금융접근성 향상, 투자 확대, 국경 간 투자장벽 제거를 목표로 한 다수의 과제들이 포함되어 있다.

나. 자본시장동맹의 기대효과

자본시장동맹은 단일시장 완성은 물론 통화동맹(EMU)의 핵심요소인 은행동맹을 보완하는 역할을 한다. 다만 차이라면, 은행동맹이 유로존 19개국을 대상으로 하는 프로젝트인 반면, 자본시장동맹은 영국 등 비유로존 회원국들을 모두 포함하는 EU 차원의 프로젝트라는 점이다. 또한 자본시장동맹은 유로존 경제의 복원력(대외충격에 대한 저항력) 향상에도 기여할 것으로 기대된다.

자본시장동맹이 완성되면 유럽 산업계, 특히 중소기업이 가장 큰 혜택을 누리게 될 것이다. 자본조달 루트가 다양화되고 규모가 확대되면 벤처기업과 스타트업(Start-up)들은 은행뿐만 아니라 자본시장을 통해서도 저렴한 자금을 손쉽게 조달할 수 있게 된다. EU 집행위원회는 유럽의 벤처캐피탈 시장이 미국처럼 활성화되었더라면 유럽 기업들은 지난 5년간 900억 유로를 추가로 조달할 수 있었을 것으로 추정하고 있다. 또한 유동화 시장이 활성화되면 EU 경제는 1,000~1,500억 유로의 자금이 새로 창출될 것으로 예상된다. 자본시장동맹이 완성될 경우, 유럽의 자본시장 규모는 2,300~3,700억 유로로 증가할 전망이다.

기업들은 EU 전역에서 조성되는 다양한 자본조달원에 접근할 수 있어 투자자와 예금자들의 자금이 유용하게 사용될 수 있는 시장 기반이 조성될 전망이다. 또한 역내 국경 간 투자를 가로막는 장벽이 제거되어 규모의 경제가 가능해지고 자본조달비용이 낮아지는 효과도 기대할 수 있게 된다. 자본시장이 예상대로 작동될 경우 EU 차원에서 추진될 예정인 중장기 유럽투자전략(Investment Plan for Europe)에도 민간자본이 대거 유입되어 투자 확대를 통한 경기활성화가 가능할 전망이다. 중장기 유럽투자전략은 EU 예산(160억 유로)과 유럽투자은행(EIB)의 출연금(50억 유로)으로 총 210억 유로의 유럽전략투자펀드(EFSI)를 조성하여 이를 토대로 15배의 레버리지를 일으켜 향후 3년간 총 3,150억 유로를 인프라 구축(브로드밴드 등), 혁신, 중소기업 지원 등에 투자하는 계획이다.

다. 자본시장동맹의 장애요인

EU가 자본시장동맹을 실현하기 위해서는 해결해야 할 과제들이 만만치 않다. 자본시장동맹을 추진해야 할 당사자가 다름 아닌 유럽 국가들이라는 사실은 EU의 희망과 달리 앞으로의 추진 작업이 결코 만만치 않음을 예고한다. 과거 유럽 차원에서 자본시장 통합을 추진하려던 시도가 전혀 없었던 게 아니다. 유럽 자본시장 통합의 첫 번째 논의는 1980년대 초로 거슬러 올라가며, 두 번째 시도는 1992년 단일시장 통합프로그램 추진을 계기로 1990년대 말까지 이루어졌으며, 글로벌 금융위기와 재정위기를 계기로 세 번째 통합 논의가 시작되었다.

자본시장동맹을 위해서는 28개 회원국들의 세법과 회계기준은 물론 증권거래법, 기업도산법 등을 대대적으로 정비해야 한다. 그런데 이 과정에서 회원국 간 합의가 쉽지 않을 전망이다. 특히 유럽에서 자본시장이 가장 발달해 있는 영국이 EU에 자본시장 감독권한을 넘겨줄 리 만무하다. 이 때문에 EU 차원의 자본시장 통합이 순탄치 않을 것으로 예상된다. 런던의 금융거래 기득권을 지키려는 영국은 자본시장동맹에 부정적인 입장을 보이고 있다. 특히 영국의 EU 탈퇴(브렉시트) 여부를 결정할 국민투표가 2016년 6월에 치러질 예정이어서 그 결과에 따라 국제금융센터로서 런던시티의 위상에도 변화가 예상된다. 이러한 정치적 불확실성을 고려할 경우 EU의 자본시장동맹이 더디게 추진될 가능성도 있다(Kaya 2015). 또한 독일과 프랑스 등 10여개 유로존 국가들은 금융거래세(FTT: Financial Transaction Tax) 도입을 추진 중이다. 금융거래세는 금융거래에 일정 수준의 세금을 부과하는 것으로, 은행지원을 위한 자금을 마련하고 투기적 거래를 막고자 2011년부터 추진되었다. 10개 유로존 국가들은 2015년 12월 회의에서 금융거래세 도입에 합의하였고, 2016년 중반까지 부과세율을 비롯한 나머지 쟁점들을 타결하기로 합의한 상태다. 금융거래세 도입 문제도 자본시장동맹에 직간접적으로 영향을 줄 수 있는 사안이다.

이러한 이유 때문에 자본시장동맹의 필요성과 EU 집행위원회의 강한 의지에도 불구하고 자본시장동맹의 실현 가능성에 회의적인 시각을 갖는 전문가들이 적지 않다. 모든 회원국들이 경제위기 극복을 위한 근본 해법을 마련해야 한다는 강한 의지를 갖고 자본시장 통합에 나서지 않는 한, 자본시장동맹은 과거 여타 프로젝트와 마찬가지로 추진동력을 잃고 용두사미로 끝날 가능성도 있다는 견해가 없지 않다. 런던 금융시장을 대표하는 TheCityUK의 크리스 커밍스(Chris Cummings) 최고경영자(CEO)

는 "EU가 2019년까지 자본시장동맹의 기본 골격을 만들 수는 있겠지만, 미국과 같
은 세련된 자본시장을 운영하기까지 오랜 시간이 걸릴 것"으로 예상하고 있다. 영
란은행(BoE)은 자본시장동맹 구축작업을 '단거리 경주가 아닌 마라톤'으로 비유하고
있을 정도다.

3) 유럽 금융산업의 새로운 트렌드

가. 금융산업 구조 변화

유로존 금융기관들의 자산 규모는 역대 최대 수준인 약 60조 유로로 증가하였
다. 은행, 보험회사, 연기금, 그림자금융(shadow banking)으로 구성된 유럽 금융산업
은 지난 15년간 규모가 2배 이상 증가하였다. 특히 자산 규모가 24조 유로로 추정
되는 그림자금융이 가장 빠르게 성장하여 전체 금융산업의 40%를 차지하게 되었
다. 그림자금융이란, 사모펀드, 헤지펀드, 구조화된 투자회사, 투자은행 등 중앙은행
으로부터 규제나 감독을 받지 않는 금융기관에 의해 주도되는 금융 유형을 통칭한
다. 규제와 통제를 덜 받으면서도 은행과 유사한 일을 한다는 측면에서 그림자금융
이라 지칭한다.

2008년 이래 유로존의 금융자산 증가는 금융기관마다 차이를 보였는데, 이러한
차이로 인해 금융시스템 구성에도 변화가 있었다. 2008년 이전에만 하더라도 은행
이 금융산업의 전체 자산의 55%를 차지하였으며, 그림자금융은 약 30%를 차지하
고 있었다. 이후 은행 자산은 일시적인 증감이 있었으나 약 30조 유로로 그다지 큰
변화가 없었다. 반면, 최근 들어 그림자금융이 유로존 경제에 중요한 자금줄 역할
을 수행하고 있다. 2015년에 그림자금융 기관들은 대출, 회사채, 지분투자 방식으로
유로존 기업들에게 3.2조 유로의 자금을 공급하였다. 또한 유로존 금융기관들에게
도 똑같은 방식으로 3.5조 유로를 지원하였다. 이와 같이 그림자금융은 지속적인
사업 확대를 통해 자산 규모를 24조 유로로 키울 수 있었다. 그 결과 전체 금융산
업에서 은행이 차지하는 비중은 48%로 감소한 반면, 그림자금융의 비중은 38%로
증가하였다. 보험회사와 연기금은 전체 금융산업에서 12~14%로 비중에 큰 변화가
없다. 금융위기 이래 투자펀드가 그림자금융의 급성장에 크게 기여한 반면, 금융회
사(은행이 운영하는 특수목적회사)와 MMF(Money Market Fund)는 지난 수년간 자산이
줄고 역할이 축소되었다.

초저금리가 지속되는 한 앞으로도 투자펀드의 자산은 계속 증가할 전망이다. 반면, 대출기관들의 자산은 크게 증가할 가능성이 낮다. 저금리, 유로존 경제 부진, 엄격한 규제 등이 은행들의 비즈니스를 제약할 것으로 예상된다.

나. 그림자금융 증가

유럽 은행들의 자금 중개기능이 약화되면서 그림자금융에 대한 의존도가 심화되고 규모도 빠르게 증가하고 있다. ECB에 따르면, 유로존의 그림자금융 규모는 2003년 10조 유로에서 2014년 23.9조 유로로 2.4배 증가하였다. 금융기관 총자산 대비 그림자금융 비중은 2003년 16.4%에서 2014년 38%로 증가했으며, 전체 기업 대출에서 그림자금융이 차지하는 비중도 1999년 45%에서 2014년 53%로 증가하였다. 은행 규제 강화와 ECB의 건전성 평가에 대비한 유럽 은행들의 디레버리징으로 자금 중개기능이 약해져 그림자금융에 대한 의존도가 심화되고 있는 것이다.

은행 건전성 확보 과정에서 은행의 역할이 축소되고 EU의 새로운 성장 재원 확보의 필요성 등으로 그림자금융이 지속 증가할 전망이다.

그림자금융의 가장 큰 문제점은 규모(size), 전이(Contagion), 미스매치(Mismatch)로 시스템 리스크가 발생할 가능성이 높다는 것이다(김위대 2014).

우선, 그림자금융의 규모가 급증하고 있어 우려를 낳고 있다. 은행의 자금중개 기능 약화로 유럽의 GDP 대비 그림자금융의 증가세가 여타 지역을 크게 상회하고 있다. 그림자금융에 따른 차입 과다 문제도 우려된다. 유로존의 경우, 그림자금융 규모가 2011년 GDP의 166.4%에서 2012년 말 183.7%로 17.3%p 증가하였다.

두 번째 문제는 부문 간 리스크 전이 가능성이다. 그림자금융이 대부분의 은행 시스템과 연계되어 있어 부문 간 위기 전염 및 시스템 위기가 발생할 우려가 커지고 있다. 그림자금융 상품인 MMF의 경우 은행 발행 단기채권의 38%, 정부와 기업 발행 단기채권의 22%를 차지하고 있다.

세 번째 문제는 만기 불일치 문제이다. 그림자금융을 통한 차입은 주로 단기로 이루어지는 반면, 조달된 자금은 장기채권과 부동산 등에 투자되는 경향이 강해 정책당국의 우려를 낳고 있다.

2013년 말 EU 집행위원회는 그림자금융 리스크를 제어하기 위한 제도 개선 및 감독 강화 방안을 내놓았다. MMF 시장의 건전성 강화와 5개 주요 감독 방향을 제시하였다. 그림자금융 부실화에서 비롯된 미국발 금융위기 등 과거 사례를 감안할 때 금융기관의 익스포저 조절 필요성이 대두되고 있다. 하지만 2014년 들어 EU는 감독 강화에 다소 소극적인 입장을 보이고 있다. 2013년의 그림자금융 규제안 발표에도 불구하고 2014년 들어 EU는 성장 재원 마련 및 은행 의존도 축소 등을 이유로 그림자금융에 대한 규제 강화에 소극적인 입장으로 선회하였다. 하지만, 그림자금융의 가파른 증가와 은행권과의 연계 심화를 감안한다면 그림자금융을 억제할 필요성이 제기된다.

다. 투자은행 시장의 판도 변화

최근 바클레이즈, RBS, 크레딧스위스(Credit Suisse), UBS 등 기존의 투자은행 분야의 강자들이 투자은행 사업을 축소하고 있는 반면, 이전에 잘 알려지지 않았던 대형 은행 소속의 투자은행들이 급속히 부상하고 있다.

유럽의 대형 은행들은 규제비용 증가, 거래량 감소 등으로 인해 투자은행 사업부문을 구조조정하고 있다. 바클레이즈, RBS 등은 대대적인 IB부문 구조조정을 추진 중이며, 크레딧스위스, UBS 등도 IB부문 비중을 축소하고 자산관리 등 안정적인 사업을 중심으로 재편 중이다.

반면 그동안 IB 부문에서 주목받지 못했던 HSBC, BNP 파리바, 소시에테 제네랄, 우니크레딧(UniCredit) 등 대형 은행들의 IB사업이 급속히 부상하고 있다. HSBC는 IB사업을 확장해 시장점유율을 늘리고 있으며, BNP 파리바도 RBS로부터 IB자산을 인수한 후 주식파생상품, 구조화금융 등의 사업부문에서 영향력을 키우고 있다. 소시에테 제네랄은 아시아 및 유럽에 자원을 투입해 사세 확장을 도모 중이며, 우니크레딧 역시 지난해 37억 유로였던 기업투자금융(CIB: Corporate and Investment Banking) 부문의 수익을 2018년에 2배 수준(70억 유로)까지 늘릴 계획이다. 기업투자금융(CIB)이란, 일반 상업은행(commercial bank)과 투자은행(investment bank)을 합친 개념으로, 기업금융과 IB업무를 연계하는 업무를 일컫는다.

신흥 강자들의 부상은 기존 기업고객과의 관계를 바탕으로 IB딜을 수행하는 CIB 모델이 주류로 부상한 데에 주로 기인한다. HSBC, BNP 파리바, 우니크레딧 등 대형 은행들은 현지 기업들과의 관계를 꾸준히 강화해 왔으며, 이에 시장상황 변화 등으로 IB서비스 수요가 증가한 기업들이 기존 거래가 활발한 대형 은행들을 선택하는 경우가 늘면서 CIB 모델이 부상하고 있는 것이다.

HSBS는 수익성을 상품 기준이 아닌 고객과의 관계를 기준으로 판단하고 있으며, 소시에테 제네랄 역시 IB사업에서 규모보다 고객과의 관계를 중시하고 있다. BNP 파리바는 IB업무를 기존 기업 사업부에 통합하였으며, 우니크레딧 역시 기존 진출시장 고객을 대상으로 한 자문 사업을 강화하는 성장전략을 추구하고 있다. 유럽은행의 기존 기업고객과의 관계를 통한 IB부문 경쟁력 강화 전략을 벤치마킹할 필요가 있다.

4 결론

전통적으로 유럽의 은행 중심 금융시스템이 미국의 자본시장 중심 시스템보다 안정적인 것으로 여겨져 왔다. 하지만, 경제위기를 거치면서 유럽 금융시스템이 안고 있는 문제점(금융 분절화)이 노출되면서 유럽 금융산업의 구조 변화가 진행되고 있다. 가장 두드러진 특징은 유럽 금융산업 구조가 은행 중심의 직접금융에서 시장 중심의 간접금융으로 점차 변모하고 있다는 것이다. 여기에는 EU 차원에서 추진되고 있는 은행동맹과 자본시장동맹이 주요 동인으로 작용하고 있다.

유럽경제의 부진과 저금리 기조가 지속되는 가운데 자본규제도 강화될 전망이어서 은행의 사업여건은 당분간 개선되기 어려울 것으로 보인다. 이에 따라 은행의 자금중개기능이 정상화되는 데도 상당한 시간이 걸릴 전망이다. 은행 중심의 금융시스템이 변화하는 과정에서 은행의 수익성 악화 문제가 대두될 가능성도 있다. 은행위기 가능성에 대비하기 위해 마련된 것이 은행동맹이라 할 수 있다. 앞으로 시장 충격을 최소화하면서 은행 구조조정을 무리 없이 단행하는 것이 중요하다. 군소은행들을 통합해 은행시스템의 효율성과 안정성을 제고하는 과정에서 발생할 수 있는 위험 요인들을 사전에 평가하고 차단할 수 제반 조치들이 마련되어야 한다.

한편, 자본시장동맹이 은행 중심의 기업금융 체계를 벗어나 자본시장 활성화를 통해 자금조달원의 다변화를 도모한다는 측면에서 유럽 금융시장에 큰 변화가 예상된다. 앞으로 중소기업이 주식 및 채권 발행 등을 통해 자금을 직접 조달할 수 있도록 제도적·기술적 지원책이 마련될 예정이다. 자본시장 활성화가 성공적으로 추진될 경우 기업 자금조달의 은행 의존도가 낮아져 은행 리스크로 인한 기업의 취약성이 개선될 수 있을 것이다. 중소기업이 유럽경제에서 차지하는 비중이 크다는 점을 감안한다면, 중소기업과 신생기업의 자본력 강화가 경제회복 및 고용창출을 견인할 수 있을 것으로 기대된다.

유럽경제가 저성장과 디플레이션 위기에서 벗어나기 위해서는 투자 확대가 절실히 요구된다. 하지만 은행 중심의 금융시스템으로는 기업들의 자금조달이 여의치 않을 것으로 전망된다. 따라서 유럽 국가들은 은행 중심의 금융시스템을 보완할 수 있는 시장 중심의 금융시스템을 서둘러 구축해야 한다.

▌ 참고문헌

김득갑 외, 2014. "유로존 리스크: 은행 자본 확충과 구조조정." 서울: 삼성경제연구소.

김위대. 2014. "ECB의 은행 종합검사 결과와 시장 영향." 국제금융센터 Issue Briefing.

_____. 2014. "유럽의 그림자 금융 현황과 리스크, 대책." 국제금융센터 Issue Briefing.

_____. 2015. "위기 이후 미·영과 비교한 유로존 대출의 특징과 전망." 국제금융센터 Issue Briefing.

김효진. 2015. "유럽기업 자금조달 방식 변화 및 시사점." 국제금융센터 Issue Briefing.

박선욱. 2015. "글로벌 위기 이후 주요국 은행산업의 수익성 변화와 시사점."『국제경제분석』. 제2015-10호. 서울: 한국은행.

양효은. 2015. "EU의 자본시장동맹(CMU) 추진 배경 및 주요 내용."『오늘의 세계경제』. 서울: 대외경제정책연구원.

AFME and BCG. 2015. Bridging the Growth Gap.

BOE and ECB. 2014. The Case for a Better Functioning Securitisation Market in the European Union.

Coeure, B. 2015. What is the Goal of the Capital Markets Union? ILF Conference (2015.3.18).

Dixon, H. 2014. "Unlocking Europe's Capital Markets Union." Centre for European Reform.

ECMI. 2014. Statistical Package

European Banking Authority. 2015. Risk Assessment of the European Banking System.

European Central Bank. 2014. Aggregate Report on the Comprehensive Assessment.

_____. 2015. Financial Integration in Europe.

_____. 2015. Survey on the Access to Finance of Enterprises in the euro area.

_____. 2015. Report on Financial Structures.

_____. 2016. The Euro Area Bank Lending Survey.

European Commission. 2009. "Economic Crisis in Europe: Causes, Consequences and Responses." European Economy 7.

_____. 2014. Green Paper: Building a Capital Markets Union. COM(2015) 63 final.

_____. 2014. EU Bank Recovery and Resolution Directive (BRRD): Frequently Asked Questions.

_____. 2014. A Single Resolution Mechanism for the Banking Union-Frequently Asked Questions.

_____. 2015. "Action Plan on Building a Capital Markets Union." COM(2015) 468 final.

_____. 2015. "Banking Union: Restoring Financial Stability in the Eurozone." Memo.

Fitch. 2016. EU Bank North/South Asset Quality Divide Persists.

Galles, C. and Vallas, A. 2014. "Eurozone: Corporate Financing via Market: An Uneven Development within Eurozone." EcoNote, No. 24. Societe Generale.

Goodhart. C. and Schoenmaker, D. 2016. "The United States dominated global investment banking: Does it matter for Europe?" Bruegel Policy Contribution. Brussels: Bruegel.

Kaya, O. 2015. *Capital Markets Union. EU Monitor*. Deutsche Bank Research.

Lund. S., Daruvala. T., Dobbs. R., Harle. P., Kwek. J-H. and Falcon. R. 2013. "Financial Globalization: Retreat or Reset?" McKinsey Global Institute.

Mai, H. 2016. *Euro-area Financial Sector: Growing and Changing*. Deutsche Bank Research.

Nahmias, L. 2015. Corporate Financing in the Eurozone: Recent Trends and Prospects. Conjoncture.

OECD. 2014. *OECD Economic Outlook*.

OECD. 2014. Interim Economic Assessment.

Pagano, M. 2014. Is Europe Overbanked?. Report No.4 of the European Systemic Risk Board's Advisory Scientific Committee.

TheCityUK. 2015. Capital Markets for Growing Companies.

Thompson, C. 2013. "Eurozone Banks Need to Shed €3.2tn in Assets to Meet Basel III," *Financial Times* (2013.8.11).

U.S. Department of the Treasury. 2013. The Financial Crisis Five Years Later—Response, Reform and Progress.

Valiante, D. 2016. Europe's Untapped Capital Market: Rethinking Financial Integration after the Crisis. CEPS

Veron, N. and Wolff, G. B. 2015. Capital Markets Union: A Vision for the Long Term. Bruegel Policy Contribution, Issue 2015/05.

제3장

EU의 시민과 시민사회

제3장

EU의 시민과 시민사회

이 연 호 (연세대학교)

EU 28개 회원국을 묶어주는 연결고리는 무엇일까? 바로 EU의 시민이다. 개별 국가들의 정부가 이사회의 멤버로서 여전히 중요한 역할을 하고 있지만 궁극적으로 EU를 하나의 덩어리로 만들어 주는 매개체는 시민이다. EU의 통합이 심화되는 과정에서 유럽의회의 역할이 부상하고 있는 이유도 이들 시민이 참여하여 EU의 문제를 논의하는 장이 다름 아닌 EU 의회이기 때문이다. EU의 이사회가 개별국가의 입장을 대변하는 일종의 상원의회 역할을 한다면 EU 전체의 시민 차원에서 유럽적 정체성을 만들어 가는 곳이 바로 유럽의회다.

20세기 들어 EU가 통합하는 과정을 살펴보면 정부의 능력도 중요했지만 유럽의 정체성을 형성한 시민들의 노력이 매우 중요했음을 알게 된다. 유럽의 시민들은 민주주의의 제 가치 중 참여와 형평을 매우 중시한다. 자본주의가 만개했던 19세기에 유럽인들은 사회·정치적으로 매우 심각한 갈등을 경험했다. 사회경제적 불평등 그리고 하위계층의 소외현상이 심화되었기 때문이었다. 그래서 1945년 2차대전이 끝나자 서유럽의 국가들은 일제히 사회적 형평을 제고하는 정책을 추진했다. 복지국가의 수립이 그 예이다. 그러나 국가의 비대화는 관료화 그리고 비효율화 등의 문제를 야기했다. 그래서 1980년대부터 영국을 필두로 신자유주의적 개혁을 추진했다. 시장중심주의를 도입하여 경제적 자유화를 촉진하고 국가운영의 효율성을 증대시키고자 했다. 그러나 이 역시 문제를 야기했다. 시장주의의 확산은 사회경제적 불평등을 악화시켰다. 19세기로의 회귀였다. 이러한 문제에 봉착한 유럽의 국가들은 해결의 실마리를 국가도 시장도 아닌 시민사회에서 찾고자 했다. 시민들이 주체가 되어 사회전체의 이익을 정의하고 추구하는 방안을 마련하고자 했고, 이를 위해 시민이 국가와 시장 부문에 적극적으로 참여하도록 민주주의 제도를 설계했다. 나아가 시민 개개인의 자유를 더 확대시키고자 했다. 자칫 사회전체의 이익을 추구하다가 공동체의 이익에 의해 개인의 이익이 희생되지 않게 하기 위함이었다. EU 국가들이 전 세계에서 가장 발전된 민주주의와 자본주의 모델을 향유하고 있는 이유는 사회문제 해결을 위한 시민들의 끊임없는 노력 때문이라 할 수 있다.

본 장에서는 유럽의 시민과 시민사회에 관하여 살펴보고자 한다. 유럽은 시민이라는 개념이 처음 등장한 곳이다. 우선 시민과 시민사회에 관한 개념을 살펴보고, 유럽의 시민사회가 미국에서 논의되는 그 것과 어떤 차이가 있는지, 그리고 유럽의 시민사회가 궁극적으로 추구하는 가치는 무엇인지 살펴보도록 하겠다.

1 시민과 시민사회의 등장

왈저(Michael Walzer)에 따르면 원론적으로 시민이란 정치공동체의 일원으로 정치참여의 특권을 가지고 책임을 지는 자를 가리킨다. 그리스어 polis 그리고 라틴어 civis의 일원을 지칭하는데 고대 그리스와 로마제국시대에는 선거권과 피선거권을 보유한 자로 한정되었다. 오늘날에는 시민의 개념이 주로 외국인과 대비되는 개념으로 사용되지만 당초에는 시민의 호칭을 누릴 수 있는 대상의 범위가 넓지 않았다(Ball, Farr and Hanson 1989).

유럽에서 시민계층이 본격적으로 자리잡게 된 계기는 상업혁명(17~18세기)과 산업혁명(18~19세기)의 발생이었다. 경제적 부가 확산되면서 교육받고 재산을 소유한 중간계층, 즉 부르주아계층이 등장하게 된 것이다. 상업혁명 이전에는 부를 소유할 수 있는 주체가 토지자본에 기반한 귀족 그리고 젠트리(gentry)계층에 한정되어 있었다. 그러나 상업과 산업의 발달은 이러한 경향을 근본적으로 바꾸어 놓았다. 중간계층 사람들이 세금을 납부하고 이성적 사고와 합리적 판단을 내릴 수 있는 주체로 인정받음으로써 시민의 자격을 획득했던 것이다.

16세기에 계몽사상이 등장하면서 주권이 왕이 아닌 시민에게 있다는 견해가 확산됐다. 계몽사상가들은 시민이 왕이나 국가를 위해 존재하는 것이 아니고 오히려 국가가 시민의 재산과 생명과 번영을 위해 기능해야 한다는 사상을 역설했다. 사회계약사상은 국가와 시민의 관계를 주종의 관계가 아니라 계약에 기반한 관계로 간주했다. 홉스(T. Hobbes)는 혼란과 불안으로 팽배한 자연상태를 종결시키기 위해 절대적 권력을 보유한 리바이어던에게 시민들이 주권을 양도함으로써 국가가 성립된 것이라고 설명했다(Hobbes 1991). 로크(J. Locke)는 이러한 주장에서 더 나아가 국가가 개인의 재산과 생명을 보장해주지 못하면 양자 간의 계약은 파기된 것이며 따라서 국가는 개인들이 위탁한 통치의 권한을 박탈당해도 무방하다고 주장했다(Locke 1988).

이처럼 국가의 주권은 시민에게 있다는 계몽적 사상은 시민들의 정치적 권리의 확대로 이어졌다. 즉 왕과 귀족뿐만 아니라 일반 시민들도 국가의 통치행위에 참여할 수 있는 길이 열린 것이다. 시민의 정치참여는 근대국가로의 발전을 위해서도 긍정적인 변화였다. 근대국가로 발전하기 위해서는 전쟁을 수행하기 위한 군대의 유지, 국가를 관리할 관료제의 육성 그리고 조세제도를 운영할 법과 제도의 정비 등을 위해 많은 비용이 소요되었는데 이를 위해 세금을 납부할 시민들의 정치참여가 확대된 것은 긍정적인 변화였다.

그렇다면 시민사회란 무엇인가? 현대적인 의미에서 시민사회의 개념은 국가와 대별되는, 즉 국가를 견제하는 세력으로서의 시민사회를 가리킨다. 당초 계몽사상가들은 사회에 대한 신뢰를 가지고 있지 않았다. 홉스가 본 사회는 불안정하고 심지어 야만스러운 인간의 속성이 난무하는 곳이었다. 루소(Rousseau)는 사적이익을 추구하는 시민사회가 부패에 취약할 수 있다고 비판했다(Rousseau 1968). 이들에 비해 로크의 시각은 다소 온건한 것이었지만 시민사회는 여전히 언제든 불안정과 혼란에 빠질 개연성이 많은 곳이었다. 따라서 그들은 자연상태에 가까운 사회에 정치적 권위를 수립하기 위한 계약적 제도로서 국가의 수립을 제안했던 것이다(이연호 2009: 2, 3장).

그런데 근대로 접어들면서 시장경제가 활성화되고 그로 인해 시민사회가 확대되자 국가 중심적 시각에 변화가 생기기 시작했다. 상업적 도시가 발달하고 지식을 보유한 시민계층이 등장하게 되면서 시장을 포함하는 시민사회는 그들의 영역에 정치적으로 그리고 때로는 비합리적으로 간섭하려는 왕 또는 국가에 저항하기 시작했다. 이들이 원한 것은 국가로부터 독립적인 사회의 자율성이었다(Cahoone 2002: 214). 시민들은 군주나 국가가 더 이상 자신들의 생활의 중심이 아니라는 생각을 가지기 시작했다.

아울러 시민사회의 독립성에 관한 시민들의 믿음이 확고해지는 것과 비례해서 과연 어떤 시민사회가 좋은 것인지 그리고 바람직한 것인지에 관한 논의도 전개되기 시작했다. 사회영역에서 시장이 가지고 있는 상업적 가치가 위세를 떨치게 됨에 따라 사치와 방종 그리고 타락 같은 윤리적 문제가 대두하기 시작한 것도 영향을 주었다.

바람직한 시민사회의 모습에 대해 가장 먼저 눈을 뜬 것은 스코틀랜드의 계몽사상가들이었다. 공화주의적 전통을 수용했던 퍼거슨(A. Ferguson)은 공적인 의식을 가진 시민(public spirited citizens)이 좋은 시민사회를 만들 수 있다고 보았다. 이는 탐욕과 사치에 몰입하는 지나치게 '자유적인' 시민들이 만들어 낼 수 있는 세속적인 시민사회의 문제를 경고한 것이라 할 수 있다. 독일의 헤겔도 유사한 입장을 견지했다. 헤겔은 시민사회를 가족과 국가와 구분지었다. 즉 시민사회는 사적이고 생물학적인 영역도 그리고 공적이고 정치적인 영역도 아닌 제3의 영역이라는 것이다(Cahoone 2002: 215). 헤겔이 시민사회의 독립성을 주장하면서 주목한 것이 바로 경제, 즉 시장이었다. 헤겔은 시장을 시민사회의 가장 중요한 속성이며 중요한 부분으로 간주했다. 나아가 정부나 통치와 관련한 제도 심지어 왕권까지도 궁극적으로는 시민의 손에 달려 있다고 주장했다. 그는 시민사회에 도덕적 가치마저 부여했다. 시민사회는 시민으로 하여금 사적이고 개별적인 일상에서 벗어나 공식적이고 경쟁적인 경제활동을 영위하게 하고 종국에는 도덕적인 결사체의 일부분이 될 수 있도록 계도하고 교육하는 기능을 수행한다고 강조했다.

독립적 시민사회의 개념은 미국에서 만개했다. 토크빌이 관찰했듯이 미국은 자유와 형평을 지고의 가치로 숭배하는 곳이었다. 로크도 지적했듯이 모든 인간은 평등할 때 가장 자유로울 수 있다. 따라서 자유와 형평을 어떻게 동시에 성취할 수 있을까 하는 점이 미국 민주주의의 핵심 과제였다. 문제는 양자를 동시에 떠받치는 개념인 개인주의(individualism)에서 파생할 수 있는 부작용을 어떻게 해소할 것인가 하는 것이었다. 개인주의는 시민사회를 번영시킬 수도 있지만 공동체적 가치를 부식시킬 수도 있다. 많은 경우 개인주의의 문제를 해결하기 위한 수단으로 국가의 개입을 이용했지만 미국인들은 그 처방이 달랐다고 토크빌은 주장한다. 미국인들은 자발적인 시민결사체를 조직함으로써 유럽의 귀족들이 국가운영을 위해 담당했던 기여와 봉사를 일반 시민들이 해냈다는 것이다. 개인의 자유를 중시하되 누군가는 희생을 무릅쓰고 해야 할 국가에 대한 공적인 봉사를 일반 시민들이 자발적으로 결사체를 수립함으로써 수행했던 것이다. 그래서 미국에서는 귀족 대신 시민이 사회의 주인공이 될 수 있었다(Cahoone 2002: 216).

시민사회의 중요성은 20세기 들어 다시 부상했다. 우선 주목할 요인은 공산국가 진영의 붕괴였다. 국가가 사회와 시장을 대체할 수 있다고 믿었던 공산국가의 붕괴는 사회적 자본이 축적되지 않고는 정부의 문제해결 능력 역시 제한될 수밖에 없음을 보여주었다. 공산국가 뿐만 아니라 서구의 복지국가나 동아시아의 발전국가의 사례가 보여주었듯이 과도하게 성장한 국가는 시민을 자유와 창의성을 억압할 뿐만 아니라 세금을 낭비하는 부담스러운 존재로 인식되기에 이르렀던 것이다.

비대해진 국가의 문제를 해결하는 대안으로 시민사회의 역할을 강조하는 시각은 자유적 공화주의와 참여민주주의 등 크게 두 가지 이론에 의해 제시되었다. 시민사회의 미덕을 중시하는 전자는 시민의 자발적인 참여와 기여를 강조한다. 반면에 다소 좌파적 입장에 서 있는 후자는 시민의 참여를 통한 정부의 감시 그리고 사회적 형평의 제고를 제안한다. 양자는 모두 시민의 참여를 강조하고 있으나 전자는 비지배적 자유를 성취하기 위한 시민의 적극적 공헌과 역할을 상정하고 있다. 즉 토크빌이 제시한 바와 같이 귀족들이 담당하던 봉사를 시민이 수행한다는 의미에서의 자발적 참여이다. 이에 비해 후자는 국가가 시민의 통제를 받지 않으면 강력한 사회적 세력 예컨대 자본가의 이익에 편승할 수 있으므로 이를 제어하기 위해 시민의 감시적 참여가 필요하다는 비판적 입장을 견지한다.

그렇다면 현대적 의미에서 시민사회는 어떻게 이해될 수 있을까? 왈저는 시민사회를 개방된 인간 협업의 공간이라 규정하고 있다. 가정과 같이 태생적으로 부과된 의미공간이 아니라 출입의 자유가 있어야 한다고 보고 있다. 그래서 위계적인 명령체계에 의해 움직이는 군대나 관료제는 시민사회로 간주될 수 없다. 참여의 자발성과 자율성이 성립될 수 없기 때문이다. 아울러 시민사회는 상대방에 대한 예절(civility)이 보장되어야 한다는 점도 강조한다. 당초 '시민적(civil)'이라는 단어는 혼란스럽고 야만스러운 자연상태와는 구분되는 사회를 지칭하기 위한 것이었다. 당초 그리스에서 이 단어는 계몽되지 못하고 야만스러운 이방인들과 자국인들을 구분하는 의미를 내포하고 있었다(Cahoone 2002: 212). 따라서 존중과 예절 같은 가치는 시민사회의 매우 핵심적인 요소라 하지 않을 수 없다.

이와 유사한 관점에서 슈미터(D. Schmitter)는 1) 시민사회가 공권력과 사적단체

(가족, 기업)로부터 독립적이어야 하며(dual autonomy), 2) 이익을 추구하는 집단 행동을 수행할 수 있어야 하고(collective action), 3) 국가와 같은 공적영역이나 기업과 같은 생산영역을 대체하려 하지 않으며 polity의 운영을 위한 책임을 감당해야 하며(non-usurpation), 4) 법과 제도 내에서 예의바른 모습으로 행동할 것(civility)에 동의해야 한다고 주장한다. 이러한 관점에서 볼 때 마피아 같은 집단은 시민사회의 한 부분이라고 볼 수 없다. 특히 3번과 4번의 원칙에 위배되기 때문이다. 특히 슈미터는 네 번째 원칙의 중요성을 강조하고 있다. 시민성이란 타인을 존중하며 타인의 감정적으로 해치지 않고 겁주지 않으며 자존감을 훼손하지 않고, 아울러 개인의 선택할 수 있는 권리가 몰수되어 자유에 대한 인식이 위협당하지 않도록 하는 것을 의미한다(Whitehead 2002: 73-74).

한편, 이념적 입장에 따라 시민사회와 시장의 관계를 보는 관점도 달리 나타난다. 즉 우파적이고 다원주의적인 입장에서는 시장을 시민사회의 가장 중요한 부분으로 간주하고 있다. 이는 상업적이고 산업적 발전에 의해 시민사회가 형성되었다는 자유주의적 시각을 반영하는 것이다. 반면에 좌파적이고 진보적인 시각에서는 시민사회와 시장을 구분하는 입장을 견지하고 있다. 자본의 이기적 이익을 추구하는 시장의 영역이 사회전체가 추구하는 이익이나 국가가 추구하는 공적이익에 의해 견제되고 심지어 억제되어야 한다는 것이다. 당초 계몽사상가들이 국가가 시민사회의 질서를 수립할 것을 주장했고 스코틀랜드의 계몽사상가들과 헤겔이 시민사회에 의한 국가의 견제를 강조했다면 네오맑시스트적 전통은 시민사회 중에서도 가장 강력한 세력인 시장의 힘이 시민사회와 국가에 의해 견제되어야 할 필요성을 역설하고 있다고 볼 수 있다.

2 시민사회와 민주주의

그러면 시민사회는 민주주의와 어떤 관계를 가지고 있는 것일까? 이론적으로 볼 때 시민사회의 존재가 민주주의를 작동시키기 위한 필요조건임은 분명하다. 달(R. Dahl)은 민주주의를 성립시키기 위한 제도적 조건으로 다음과 같은 요소들을 제시한 바 있다. 1) 선거에 의한 대표의 선출, 2) 자유롭고 공정하고 정기적인 선거, 3) 표현의 자유, 4) 대안적이고 독립적인 정보에 대한 접근, 5) 자유로운 결사, 6) 포용적인 시민의식(citizenship)(Crick 2002: 107-109). 이처럼 민주주의의 성립을 위해 시민사회적 요소는 간과할 수 없는 중요성을 가지고 있다. 공산주의나 사회주의 국가의 사례에서도 보듯이 시민사회가 존재하지 않는다면 아무리 민주주의임을 표명한다고 해도 사실상 일당 독재국가로 전락할 수밖에 없다. 시민사회가 존재해야 다양한 종류의 이익집단과 사회집단이 등장할 수 있다. 다양한 사회집단의 존재는 민주주의를 존재하게 하는 강력한 유인요인이다(Carter and Stokes 2002: 209). 자유롭게 이익집단들이 경쟁하고 자신의 이익을 국가정책에 반영하기 위해서는 민주주의적 정치체제가 가장 바람직하기 때문이다.

그러나 시민사회가 존재한다고 해서 반드시 민주주의가 성립될 수 있는 것은 아니다. 심지어 민주주의가 없이도 시민사회가 존재하는 것이 가능하다. 예컨대 중국과 같은 일부 사회주의 국가에서는 국가의 지원을 받는 시민사회 단체가 존재한다. 따라서 시민사회의 존재가 당연히 민주주의적 정체의 등장으로 귀결되는 것은 아니다. 따라서 우리는 시민사회의 시민성 문제를 논의하지 않을 수 없다. 시민사회는 재산을 소유하고 교육을 받은 시민이나 그들의 결사체가 존재하는 것만으로 성립될 수 없다. 자율성과 시민성이 구현될 때 비로소 민주주의의 성립을 위한 필요조건으로서의 시민사회가 존재하게 되는 것이다.

그렇다면 바람직한 시민사회의 성격이란 무엇인가? 이와 관련하여 지적될 수 있는 바람직한 시민사회의 핵심적 조건은 결사체적 시민사회가 되어야 한다는 점이다. 결사체 민주주의 이론은 시민들이 자발성과 참여성을 바탕으로 그리고 국가의 간섭에 의존함이 없이 자유롭게 결사할 수 있어야 한다고 주장한다(Whitehead 2002: 75). 민주주의에 있어서 결사의 자유는 매우 중요한 요소이다. 달도 주장하듯이 선거와 정당의 존재만으로 민주적 국가의 안정성을 확보할 수는 없다. 만일 시민들이 정치적 목적을 가지고 결사체를 구성하지 못하거나 할 수 없다면 시민사회의 독립성은 위협받을 수밖에 없다(He 2002: 211). 소수로 구성된 다양한 시민집단이 많을수록 민주주의의 토양은 성숙해진다. 시민집단은 개인으로 하여금 국가의 권력에 대항하여 자신의 고유한 이익과 행복을 추구하는 것을 가능하게 해준다.

여기에서 도출되는 시민사회의 원리가 바로 자유와 형평이다. 우선 결사체가 국가와 시장의 간섭을 받지 않아야 한다는 점에서 자유의 원리가 설명될 수 있다. 또한 민주주의적 국가 하에서 작동하고 있는 결사적 네트워크를 동등하게 운영할 수 있는 능력과 기회가 보장되어야 한다는 의미에서 형평의 원리가 성립된다. 적정

연령 이상의 모든 시민이 자유롭고 동등하게 결사에 참여할 수 있는 능력이 부여되어야 진정한 의미의 시민사회가 성립할 수 있다. 이것이 왈저가 지적하는 민주적 시민사회이다. 위에서도 언급했듯이 모든 시민사회가 민주적인 것은 아니다. 민주적 시민사회는 민주국가 하에서만 존재 가능하고, 오직 민주적 시민사회만이 민주적 국가를 지지할 수 있다(Whitehead 2002: 76).

실제로 탈사회주의나 탈권위주의의 단계를 최근에 경과한 많은 국가들에서 불평등한 시민사회와 민주주의의 조합은 오히려 많은 혼란을 야기하고 있다. 인종적, 종교적 그리고 지역적 분파성은 사회집단의 갈등을 유발하기 십상이다. 이는 특정한 사회집단이 다른 집단들에 비해 비대칭적으로 강한 이익표출능력을 가지고 있기 때문에 발생한다. 또 마피아처럼 법과 질서를 준수하지 않는 비시민성을 본질로 하는 집단이 존재할 때도 민주주의 하에서의 혼란은 불가피하다. 비시민성이 지배하는 시민결사체의 존재는 오히려 민주주의에 적이 될 수 있다. 그래서 시민사회가 먼저 민주화될 필요가 있다(Carter and Stokes 2002: 210).

또한 민주주의 특히 자유민주주의가 작동하기 위해서는 신뢰와 네트워크 같은 사회적 자본이 사회 전반에 골고루 평등하게 분포되어야 할 필요가 있다. 만일 특정집단만 과도하게 사회적 자본을 향유할 경우 이를 이용해서 다른 집단을 위협하거나 약탈하는 경우가 발생할 수 있다. 이러한 관점에서 볼 때 슈미터가 주장한 시민사회의 조건 중 독립성과 시민성은 특히 강조되어야 할 시민사회의 덕목이라 하지 않을 수 없다. 민주주의 하에서는 다수에 의한 지배라는 원칙이 작동하는데 만일 지배적 사회집단이 국가와 시장으로 부터의 독립성 그리고 시민성을 결여한다면 민주주의는 단지 힘없는 소수를 희생시킬 뿐이다(Whitehead 2002: 80-81). 요컨대 양질의 민주주의를 담보하기 위해서는 전통적 사회기득권 세력이 자유와 형평이라는 원칙에 입각하여 개혁될 필요가 있다. 그렇지 않다면 민주국가는 강력한 기득권 세력의 도구로 전락할 수 있다. 이러한 가능성은 소위 엘리트민주주의가 당면하고 있는 중요한 문제이기도 하다. 대의민주주의적 형태를 띠고 있는 엘리트 민주주의가 진정으로 시민의 이익을 대변할 수 있는가 하는 점을 두고 논란이 존재한다. 양질의 시민사회의 존재가 민주주의 정체를 만들어내기 위해 중요한 조건임을 받아들인다면 다음의 문제는 민주정치와 시민사회가 공적인 이익을 도출하기 위해 서로 어떻게 작동해야 하는가의 문제일 것이다. 그렇다면 유럽과 미국에서는 양자의 관계가 어떻게 전개되고 있을까?

3 미국과 유럽의 시민사회론

이처럼 원론적인 동의에도 불구하고 시민사회이론은 다양한 이론적 양상을 보여주고 있다. 시민사회와 민주주의에 대한 지향점은 크게 미국적 전통과 유럽적인 것으로 대별될 수 있다. 전자에서는 자유주의적 시민사회론과 공화주의적 시민사회론이 그리고 후자에서는 발전적 시민사회론과 심의적 시민사회론이 경쟁하고 있다.

1) 자유주의적 시민사회론

시민사회와 민주주의의 관계에 관한 자유주의적 이론은 정부의 자의적인 지배와 간섭을 거부하고 타인에 의해 개인의 자유가 침해당하는 것을 방지하는 것이 핵심이다. 개인의 자유를 보장하는 것이 최고의 목적이므로 민주주의의 원리가 정치분야를 넘어서 사회나 경제분야까지 확대되는 것을 경계하는 최소주의적 입장을 견지한다. 민주주의는 그 자체가 목적이라기 보다는 개인의 자유를 보장하기 위한 하나의 수단이라고 보고 있다. 민주주의는 정부를 선택하는 절차일 뿐이며, 시민들이 정치에 참여하는 에너지를 최소화할 수 있도록 해주는 민주주의 형태가 가장 바람직하다는 인식을 가지고 있다.

이러한 시각은 국가의 역할에도 적용된다. 국가의 역할은 개인의 이익이 침해당하는 것을 막아주는 역할에 한정되어야 한다고 한다. 국가의 역할을 최소화하고 남은 여백이 개인과 시장의 자유가 활성화 될 수 있도록 제공되어야 한다. 이러한 제한적(protective) 민주주의의 시각은 존 로크의 사상에 기원을 두고 있다. 그는 정부의 역할이 개인의 자유, 생명 그리고 재산을 보호하는데 한정되어야 한다고 주장한바 있다(Locke 1988). 정부가 이러한 개인의 자연권을 보장해주는 범위 내에서만 개인들이 법을 준수할 의무를 갖는 계약이 성립될 뿐이다. 그는 또 개인들은 자신들을 정치적으로 대표할 자를 선발할 권리를 가지고 있다는 주장도 덧붙이고 있다. 즉 개인 모두가 정치에 참여를 해야 할 필요가 꼭 있는 것이 아니라는 것이다.

베버(M. Weber)와 슘페터(J. Schumpeter) 역시 이러한 입장을 견지하고 있다. 이들은 모든 사람이 참여하는 민주주의가 구현되기 어려운 현실적인 한계가 분명하다고 생각했다. 일반 시민들은 정치적 사안에 대해 무지하기가 일쑤이므로 선거를 통해 자신들의 견해를 대변시키고 정부를 선택하는 것만으로도 충분하다고 보았다. 따라서 민주주의는 시민들이 자신들의 입장을 대변할 엘리트를 선출하고 이들로 하여금 정책으로 경쟁토록 함으로써 충분히 구현될 수 있다는 입장이다. 이러한 입장은 로버트 달과 같은 다원주의적 이론가의 입장에서도 나타나고 있다. 사회의 다양한 집단들이 자신의 이익을 표출하기 위해서는 첨예하게 경쟁하는 과정 자체가 민주정치이므로 국가나 정부 자체가 그 이상의 의미를 갖는 것은 무의미하다는 것이다(Carter and Stokes 2002: 27-31).

이러한 최소주의적 민주주의의 시각은 자유와 더불어 형평의 가치를 중시하고 있다. 모든 시민이 동등하게 한 표만을 행사하고 자신의 입장을 잘 대변할 대리인으로 하여금 정치에 참여토록 함으로써 귀족적 지배세력에 의한 정치적 전횡을 막자는 생각이다. 형평은 압제와 비정의로부터 개인을 보호하기 위해 가장 중요한 가치라는 입장이다.

자유주의적 이론에 기반한 최소 민주주의적 입장은 시민의 역할은 선거에 참여하고 재판에서 배심원단에 참여하는 것만으로도 충분하다고 보고 있다. 시민의 가장 중요한 의무는 법을 준수하고 의회와 정부를 구성할 대표자를 선출하는 것이다. 따라서 시민들은 자신들의 정치적 권한을 대표자들에게 양도하는 것이 당연하다. 단지 이익을 공유하고 있는 사람들끼리 집단을 형성하고 협조하는 것으로 충분하며, 만일 시민들이 과도하게 참여할 경우 정책결정과정이 오히려 부실해 질 수 있다고 진단한다. 특별한 훈련과 교육을 받은 엘리트들만이 정책결정과정에 참여할 수 있으며 일반 시민들은 그들을 견제하기만 하면 된다.

이 입장은 인간이 자신의 이익을 극대화하기 위해 행동하는 존재라고 보고 있으며 주로 사적인 이익추구에 함몰되어 있다는 점을 강조한다. 정치를 논하거나 판단을 하고 투표를 하는 것은 전적으로 자신의 이익이라는 관점에서만 이루어진다는 것이다. 따라서 이러한 개인적 차원의 이익은 정치적 전문가들에 의해 보다 심도있고 체계적으로 논의되고 절충되어야만 한다. 이러한 일은 그러한 능력을 갖춘 소수의 사람만이 할 수 있는 것이며, 일반 시민들의 역할은 그들을 선택하는 것만으로도 충분하다는 입장이다. 물론 다원주의 정치이론에서 다양한 이익집단과 비정부집단의 참여를 강조하고 있지만 그들의 참여는 간접적인 역할에 머물 뿐 실질적인 강조점은 의회와 정부에 있다고 보아야 한다(Carter and Stokes 2002: 27-31).

2) 공화주의적 시민사회론

공화주의적 전통은 고대 그리스와 고대 로마의 정치에 기원을 두고 있다. 자유주의의 강조점이 개인의 이익에 있는 반면 공화주의는 공공의 이익이나 공공선에 있다. 그리고 정책결정과정과 권력의 행사에 있어서 일반 시민의 자발적 참여와 역할을 강조한다. 사실 공화주의는 많은 면에서 앞서 언급한 자유주의적 입장에 동의하고 있다. 예컨대 개인의 이익을 중시하며, 공공의 목적을 달성함에 있어서 모든 시민들이 동등하게 참여할 수 있어야 한다고 보고 있고, 법을 준수하고 세금을 납부하는 등 시민들의 일반적인 의무도 중시한다.

그러나 자유주의적 이론과 비교해 볼 때 공화주의적 입장은 시민의 정치에 대한 직접적 참여를 강조한다는 점에서 차이를 보여준다. 이는 고대 아테네의 직접민주주의의 전통을 이어받은 것이다. 현대적 공화주의는 자유주의적 민주주의가 가지고 있는 문제 예컨대 지나친 엘리트주의, 정치에 대한 일반 시민들의 무관심 그리고 낮은 정치적 참여의 문제를 극복하려는 의지를 가지고 있다.

공화주의적 전통에 입각해서 볼 때 바람직한 시민의 덕목은 개인의 사적인 이익보다는 공공의 이익에 더 큰 비중을 두는 것이다. 자신의 사적인 이익을 억제하고 공공의 이익을 우선시 할 수 있는 비판적이고 심의적 자세를 가져야 한다고 강조한다. 특히 공화주의는 심의(deliberation)를 중시하는데 다수결에 의한 결정은 최후의 수단이며 그보다 앞서 사안에 대해 진지한 논의가 선행되어야 한다는 입장이다.

시민의 대표에게 주어지는 역할도 자유주의에 비해 제한적일 수밖에 없다. 자유주의는 대표에게 거의 전적인 결정권을 위임하는 것을 상정하고 있는데 비해 공화주의는 대표는 대표일 뿐이라는 입장이다. 시민들의 정치적 참여자체가 중요하다는 것이다. 따라서 시민들은 적극적으로 의사를 표명하고, 입장을 개진하며 자신들이 파견한 대표자들이 제대로 임무를 수행하고 있는지 감시를 소홀히 해서는 안 된다고 보고 있다. 자유주의가 정치적 대표의 파견을 통해 형평을 구현하려고 했다면 공화주의는 부의 소유규모에 관계없이 모든 시민들이 동등하게 공적영역에 참여해야 한다는 점에서 형평을 강조한다. 그리하여 정치 공동체에 참여하고 있는 타자를 존중하고 그들과 숙의함으로써 공공의 이익을 제고하는 데에 힘써야 한다고 주장한다. 또 시민과 정부의 관계에 있어서도 개인의 역할이 단순히 자신의 이익을 표출하고 구현하며 정부를 감시하는데 한정되기 보다는 나아가 사명감을 가지고 직접 참여하는 데 의미를 두어야 한다고 한다.

공화주의가 강조하는 시민의 덕목은 자율성과 연대라 할 수 있다. 시민들은 자신이 추구하는 삶에 대한 주체적인 판단을 할 수 있어야 한다. 아울러 주변의 개인들과 유대감을 형성할 수 있어야 한다는 것이다. 이는 사회적 자본이론과도 연결되는 것으로 자율성과 판단력을 가지고 있는 개인끼리 연대함으로써 사회적 자본을 축적하는 것이 시민사회와 민주주의를 성숙화시키는 밑거름이라는 입장이다. 공화주의가 애국주의와 종종 연결되는 것도 이 입장이 강조하는 공공성 그리고 국가에 대한 개인의 책임과 밀접한 관계가 있기 때문이다(Carter and Stokes 2002: 31-34).

3) 발전적 민주주의에 입각한 적극적 시민사회론

적극적 시민사회론은 시민사회의 자유가 필수적인 조건이기는 하나 민주주의의 번영을 위해서는 충분하지는 않다는 견해에서 출발한다. 시민 개개인의 적극적인 정치참여와 시민들 간의 돈독한 연대가 필요하다고 주장한다는 점에서 공화주의적 시민사회론과 유사하다. 특히 시민들의 적극적인 정치참여 그리고 심의가 시민사회의 발전을 위해 필요한 요소라고 보고 있다. 즉 시민들이 자발적으로 결사체를 조직하고 활동하는 것이 필요하다고 제안한다. 이를 통해 시민의 의식이 개선되고 성숙화 될 수 있다고 보기 때문이다. 그런데 이 입장은 이 과정에서 국가의 의도적인 간섭과 역할이 중요한 역할을 할 수 있다고도 보는 특징을 가지고 있다.

적극적 시민사회론은 19세기의 새로운 자유주의(new liberalism), 자유적 사회주의 그리고 민주적 사회주의의 지적 전통을 승계하고 있다. 그래서 시민을 자유롭게 방임하는 것만이 지상목표가 되어서는 안 되며 가급적 많은 수의 시민들이 올바른 시민성을 행사할 수 있는 능력을 보유토록 국가가 역할하는 것이 중요하다고 보고 있다. 시민을 정부의 간섭과 통제로부터 보호하는 것이 중요한 것이 아니라 오히려 자신들의 시민성 제고를 위해 정부를 활용할 수 있도록 하는 것이 필요하다는 입장이다. 사회적 시민성을 획득할 수 있는 권리를 국가로부터 요구하는 것이 자아를 실현하고 민주주의에 적합한 적극적 시민이 될 수 있는 최선이 방법이라고 보고 있다.

이처럼 시민에 의한 국가의 활용이 정당화 될 수 있는 이유는 공공선(common good)의 실현이야 말로 적극적 시민사회론의 가장 핵심적인 목표이기 때문이다. 공공선을 추구할 수 있는 시민으로 발전하는 과정에서 더욱 자율적인 주체로 발전할 수 있다고 보고 있다. 단순히 선거에 참여하는 것만으로는 시민성의 발전도 민주주의의 발전도 도모할 수 없다는 입장이다. 정치뿐만 아니라 사회 및 경제 분야에서도 시민적 권리가 구현될 수 있도록 하는 것이 필요하다. 그 수단으로 참여가 중요한데 이는 단순히 정치에의 참여뿐만 아니라 시민사회 영역에 존재하는 비정부조직 그리고 자발적 시민사회에의 참여도 중요하다고 보고 있다. 이러한 관점에서 적극적 시민사회론은 참여민주주의나 결사체 민주주의 이론과도 밀접한 관계를 가지고 있다.

적극적 시민사회에서 가장 바람직한 시민상은 정치, 사회 그리고 경제 분야 할 것 없이 적극적으로 참여하는 시민이다. 선거뿐만 아니라 시민사회조직 그리고 노조활동에도 적극적일 것을 주문한다. 또 정책결정과정에서 전개되는 토론에의 참여도 포함하고 있다. 이처럼 다양한 분야에의 참여를 통해 평소 접할 수 없는 사회의 다양한 관심사에 접할 수 있다는 것이다. 이것은 자신이 소속해 있는 공동체에 대한 인식을 확대하고 공공선을 인지하는데 기초가 된다.

적극적 시민사회론에서 상정하는 시민의 자질은 참여에 대한 열정과 더불어 비판적 사고를 통해 공동체를 위한 이익이 무엇인지 정의할 수 있는 능력을 포함한다. 즉 자기 자신의 이기적 이익과 입장에서 벗어나 객관적으로 자신을 볼 수 있는 이성적 사고의 능력이 필요하다. 그래야 공공선을 규정할 수 있다. 이러한 시민이 되기 위한 물질적 조건 역시 필수적인 조건이다. 그래서 이를 어느 정도 보장해주는 국가의 역할도 필요하다고 보고 있다. 국가는 시민이 국정에 참여할 수 있는 기반을 마련해주는 주체이어야 한다(Carter and Stokes 2002: 34-39).

4) 숙의적 민주주의에 입각한 시민사회론

숙의적 민주주의 이론은 자유민주주의 모델이 불평등과 다양성 그리고 복잡성 등의 문제에 대응하지 못한다고 비판한다. 이 이론은 시민들 간의 공적인 숙의를 통해 합법적으로 법이 수립될 수 있다고 보고 있다. 또 숙의적 정치는 합리적인 입법, 참여적 정치 그리고 자율적 거버넌스 등의 이상을 이끌어 내며 시민들의 실질적인 사고에 입각한 정치적 자율성을 표방한다고 주장한다. 이 이론의 핵심은 숙의적 사고(deliberative reasoning)라 할 수 있다. 시민들이 심도 있게 숙의를 하면 할수록 시민들의 동의에 기반할 수 있고, 더 합법적인 민주주의가 가능해진다는 입장이다. 동등한 시민들 간에 자유롭고 이성적인 합의가 가능할 때 민주적 숙의의 결과는 합법화 될 수 있다고 본다. 이러한 맥락에서 숙의 민주주의는 자유적 민주주의가 상정하는 것보다 형평성에 더 많은 비중을 두고 있다.

숙의적 민주주의 모델은 공공선에 대한 강조 그리고 시민의 참여를 강조한다는 점에서 공화주의와 맥락을 같이 하고, 주권이 대중에게 있음을 강조한다는 점에서 대중주의(populism)와 유사하며, 시민 개개인의 정치적 형평, 자율성 그리고 동의를 존중한다는 점에서 자유주의와 동일한 지향점을 가지고 있다. 하버마스가 지적한 바와 같이 특정한 사회적 이슈에 이해관계를 가지고 있는 모든 시민들이 공적인 토론에 참여해야 한다는 것이 이 이론의 입장이다.

그런데 숙의적 민주주의 이론은 자유주의나 공동체주의보다도 더 강하게 정치적 형평을 강조하고 있으며 이는 단순히 투표상의 형평성을 넘어서는 것이다. 심지어 공적인 숙의과정에 한 나라의 정규적 시민뿐만 아니라 그 나라에 머물고 있는 난민이나 정치적 망명자들까지도 참여할 수 있어야 한다고 볼 정도이다. 이들이 지향하는 것은 전지구적 시민사회와 민주주의이기 때문이다. 자유주의적 민주주의에서는 시민들이 단지 간접적으로 통치행위에 참여할 수 있을 뿐이다. 따라서 시민들이 집단행동을 벌이는 것보다 커뮤니케이션을 할 수 있는 제도적인 조건을 완비하는 것이 보다 효과적으로 정책에 영향을 미칠 수 있는 방법이다. 이러한 이유로 시민의 대표와 같은 엘리트들만 정책결정의 심의과정에 참여하고 일반시민의 참여를 제한하는 것을 맹렬하게 반대한다. 또한 이익을 성공적으로 표출하기 위해서 사회집단들이 경쟁을 하고 다수결 투표에 의해 정책이 채택되는 자유주의적 민주주의모델을 비판한다. 이 이론이 보는 정치란 사회집단의 이익을 표출하는 것보다 선호를 형성하는 것이다. 이성의 교환은 숙의를 통해 가능하다. 그 과정에서 참여자들은 보다 나은 주장을 공개적으로 그리고 자유롭게 경청할 수 있어야 한다고 주장한다.

숙의적 민주주의에 걸맞는 이상적인 시민은 커뮤니케이션에 적극적으로 임할 수 있는 능력을 갖추어야 한다. 또 시민들은 선호를 정함에 있어서 자신만의 고유한 입장이나 정체성만을 감안해서는 안 된다. 자신의 이기적 이익을 추구하려는 욕구를 절제할 수 있어야 한다. 이를 위해서는 비판적 능력과 자신에 대한 성찰(self reflection)의 능력을 겸비해야 한다. 자신의 이익뿐만 아니라 공적인 이익의 형성에도 기여할 수 있어야 좋은 시민이라 할 수 있다. 타인의 의견을 경청하고 그에 따라 자신의 입장을 수정할 수도 있는 개방적 태도를 가져야 하고, 일단 결정이 내려지면 이에 수긍할 수 있는 도덕적 자질도 필요하다. 또 사람과 주장을 구분함으로써 설령 상대방의 주장에 반대한다 하더라도 상대방을 인간적으로 증오해서는 안된다. 숙의적 민주주의에서는 물질적 조건이나 불평등으로 인해 적절한 숙의가 이루어지지 못하게 방해받을 수 있는 상황에 대해 많은 우려를 가지고 있다(Carter and Stokes 2002: 39-44).

이상의 네 가지 시민사회모델 중에서 전반적으로 유럽에서 지향하고 있는 시민사회의 모습은 적극적 시민사회모델과 숙의적 민주주의론에 입각한 시민사회모델에 경도되어 있는 모양을 보이고 있다. 이 모델들은 민주적 시민사회의 여러 가치 중에 형평 그리고 참여에 보다 비중을 두고 있다. 이러한 현상이 나타나게 된 것은 유럽의 사회, 경제적 역사의 경험과 밀접한 관계가 있는 것으로 이해될 수 있다. 19세기에 등장한 자유주의 사상과 자본주의의 만개로 사회적 분열과 불평등의 문제가 심화되자 이를 해결하려는 시도로 2차 대전 이후 대부분의 서유럽 국가들은 복지국가모델을 채택했다. 동유럽지역에서 공산주의 국가가 수립됨에 따라 서유럽 국가들의 정치경제체제는 미국에 비해 사회주의적인 요소를 강하게 내포하는 경향을 보였다. 중산층 시민 그리고 노동계층의 입장이 자본에 비해 불리하지 않게 반영될 수 있어야 한다는 점에 초점을 맞추었다. 또한 개인의 이익보다는 공동체의 이익 또는 공공선의 구현에 우선순위가 놓여야 한다는 점도 강조했다.

유럽의 시민사회론에 영향을 미친 민주주의 이론 중 결사체 민주주의론을 빼놓고 이야기 할 수는 없다. 결사체 민주주의론은 무엇보다도 국가의 역할과 능력에 대한 회의를 가지고 있으며, 시민결사체가 이를 보완할 수 있는 능력을 가지고 있다는 점을 강조하고 있다. 관료주의, 감시, 그리고 국가의 통제로 요약되는 국가사회주의적 요소들은 한계를 가질 수밖에 없다는 것이다. 그렇다고 해서 신우파주의자들이 주장하는 시장주의가 문제해결의 열쇠라는 것은 아니다. 결사체 민주주의는 신자유주의가 가져온 과도한 시장주의나 사회적 불평등의 문제에 대해 강한 우려를 표명한다. 결사체 민주주의론은 자발적 시민결사체들이 정부의 기능을 대행해야 한다는 것이다.

결사체 민주주의는 중도적 이론이라 할 수 있다. 우선 시민의 참여를 강조한다는 점에서 공화주의와 유사한 측면이 있지만 결사체 민주주의는 공화주의와는 달리 공공선이나 단일한 공동체에 대한 집착을 가지고 있지 않다는 점에서 차이를 보인다. 게다가 결사체 민주주의는 개인주의, 소수자의 자유, 사회적 형평 그리고 대중에 의한 지배를 지지하고 있다. 아울러 코포라티즘과도 입장을 달리한다. 코포라티즘은 노동조합과 같은 노동 결사조직 그리고 사용자들의 결사조직이 경제정책결정과정에서 중요한 역할을 해야 한다는 점을 강조한다. 반면 대중의 참여와 지배를 강조하는 결사체 민주주의는 코포라티즘의 삼자협약과 같은 중앙집중적 요소 그리고 엘리트적 요소에 대해 비판적이다. 이러한 맥락에서 이익집단들끼리 서로 경쟁하고 결국 가장 강력한 이익집단의 입장이 정책화되는 다원주의에 대해서도 비판적이기는 마찬가지이다.

유럽에서 발전한 결사체 민주주의 이론은 큰 국가의 역할에 대한 실망과 비판을 담고 있다. 미국에서 발전한 결사체 민주주의론은 작은 국가의 결점을 보완하려는 시도였다는 점에서 대조적이다. 그리하여 시민의 힘으로 국가에 대한 민주주의적 통제를 시도함으로써 개인의 자유를 증진시킬 수 있다는 입장이다. 국가는 자신이 담당한 기능의 상당부분은 해당 지역의 그리고 해당 이슈에 전문화된 자발적 시민결사체에 이전할 필요가 있다. 예컨대 낙태, 동성애 등 현대의 다원화된 문제들을 국가가 해결하기 어려우며 이러한 문제에 대응하기 위해서는 시민사회의 힘을 빌어야 한다고 보고 있다(Carter and Stokes 2002: 235).

결사체 민주주의론은 국가와 마찬가지로 시장에 대해서도 비판적인 입장을 견지한다. 경제적 효율성과 부의 적하효과(trickle down)에 대한 기대를 제시하는 시장중심주의에 동의하지 않는다. 대신에 사회에 깊이 배태된 공적제도에 의해 시장이 통제되지 않으면 잘 보존된 환경과 같은 바람직한 결과가 도출되기 어렵다는 입장이다. 따라서 정책결정과정에서 사회의 다양한 집단들이 적극적으로 참여하여 입장을 개진해야 한다고 주장한다. 나아가 비영리를 추구하는 사회단체들이 경제적 자원을 만들어 내는 역할을 수행함으로써 시장과는 다른 공적 대안을 마련할 필요가 있다는 주장도 제시하고 있다(Carter and Stokes 2002: 236). 이는 유럽의 사회적 경제 이론과도 연결이 되는 주장이라 할 수 있다.

결사체 민주주의나 심의민주주의가 가지고 있는 문제의식은 궁극적으로 참여민주주의의 개념으로 수렴될 수 있으며, 이러한 참여적 시각이 유럽의 시민사회의 본질을 가장 잘 설명해주고 있다. 참여민주주의론은 자유민주주의가 자유와 평등이라는 민주주의의 주된 가치를 구현하지 못한다고 주장한다. 정기적인 선거를 통해 정부를 선택하는 것만으로는 시민이 이 두 가치를 성취하는 것이 불가능하다는 것이다. 이를 보다 가시적이고 분명하게 구현하기 위해서는 국가 정책결정과정에 대한 시민들의 보다 직접적인 참여가 필요하다는 주장이다. 앞에서 언급한 발전민주주의 론 역시 이러한 문제의식을 가지고 있었지만 이 조차도 국가와 사회 간의 구조적인 힘의 불균형을 개선할 수 있는 대안을 제시하지는 못했다. 대다수의 시민들이 보다 빈번하게 정치에 참여할 수 있는 체계적인 대안을 제공받지 못했다는 것이다. 오히 려 국가가 사회의 강력한 집단에 의해 종종 포획당하는 경향이 발생하여 사회적 약 자들은 이 게임에서 종종 소외당한다는 입장이다.

참여민주주의론은 신좌파적 관점에서 이러한 문제를 해결하려고 시도한다. 국 가는 불가피하게 불평등한 사회적 힘의 구조를 재생산할 수밖에 없는 한계를 가지 고 있다고 보고 있다. 시민들이 자유롭고 평등해지기 위해서는 국가가 강력한 사회 집단으로부터 독립적이어야 하는데 이는 다수의 시민이 정부의 일에 동등하게 참여 함으로써 가능해 진다. 물론 참여민주주의론도 시민의 참여가 정부를 대체할 수 있 다고 보는 것은 아니다. 이 이론의 목적은 시민의 직접적이고 지속적인 참여를 통 해 국가를 민주화시키는 것이다. 그런 의미에서 직접민주주의적 이상이 이 이론에 강하게 자리잡고 있다. 특히 정당은 자신이 대표하는 시민들의 요구를 잘 반영할 수 있도록 민주화되어야 한다. 또 정당은 의회차원에서 지역사회와 직장에 기반한 사회조직들의 통제와 견제를 받아야 한다. 이로써 직접민주주의의 이상이 실현될 수 있기 때문이다(Held 1987: 255-256). 참여민주주의는 사회적 약자들 예컨대 유색 인종, 여성 그리고 노동자들의 견해가 자유민주주의의 틀 안에서는 사실상 반영되 지 못하고 있음을 비판적으로 지적하고 있다. 이를 위해서는 국가의 권한이 직장이 나 다른 사회조직들에게 대폭 이양되어야 함을 주장한다. 시민들의 참여를 통해 정 부를 통제하고 정책결정과정에 참여함으로써 참여민주주의를 구현해야 한다고 주 장한다.

이처럼 유럽에서 대두하고 있는 민주주의론과 시민사회이론은 국가와 시장을 견제하는 주체로서의 시민의 역할을 강조하고 있다. 발전적 민주주의, 심의적 민주 주의, 결사체적 민주주의 그리고 참여민주주의론이 이러한 시민사회를 만들어 가고 있다. 그렇다면 보다 구체적으로 유럽적 시민사회는 어떻게 구성되고 있는지 살펴 보도록 하자.

4 유럽적 시민사회의 실제

　원칙적으로 자유주의적 시각에서는 국가와 시민사회를 이분화해서 보는 경향이 있다. 시장과 시민사회를 하나로 보거나 또는 전자를 후자의 일부로 보기 때문이다. 반면 고전적 자유주의 그리고 자유지상주의를 비판하는 입장에서는 시민사회를 국가와 시장에서 분리시키는 삼분법적인 논리, 즉 국가－시장－사회의 형태를 취한다. 그리하여 시민사회를 국가와 시장을 감시하고 견제할 뿐만 아니라 심지어 보완하고 대체하는 주체로 간주하다. 유럽의 경우가 여기에 해당한다. 특히 1980년대 이후 유럽의 복지국가가 신자유주의의 영향으로 재편되고, 이에 정부의 역할이 변화하며, 시장의 자율조절기능이 한계를 보이면서 사회적 경제의 개념이 등장하고 공익에 관한 정의도 다소 변화하기에 이르렀다. 이에 사회적 경제를 운용하는 주체로서 시민사회의 기능이 부상하게 되었고 반핵, 반낙태 그리고 환경이슈를 주장하는 NPO나 NGO들이 공익적 이익단체로 주목받기 시작했다(김인춘 2014; 202). 그 결과 시민사회의 영역이 확대되고 그 중요성도 강조되기에 이르렀다.

　일반적으로 미국의 시민사회나 제3섹터의 주체는 주로 비영리조직, 즉 NPO들이다. 이들은 비영리와 자발성을 모토로 하는 만큼 사회조직들이 경제활동을 통해 이익을 창출하는 것을 심지어 공익적 이익을 추구하기 위한 목적이라 하더라도 용납하지 않는다. 시민사회와 시장의 중요한 차이를 경제적 이익의 추구 여부에 두고 있기 때문이다. 다만 시민사회는 최소주의를 지향하는 연방정부나 주정부가 하지 못하는 기능을 맡아 대신 수행하는 주체로 간주된다.

　이에 비해 유럽의 시민사회는 시장의 사적경제와 정부의 공적부문 사이에 존재하는 매개적 역할을 한다. 사회적 경제란 용어도 이러한 현실에 근거하고 있다. 협동조합, 공제조합 그리고 노동조합이 그 예라 할 수 있다. 사회적 경제의 개념은 개인의 이익보다 공동의 이익을 중시하는 개념이다. 공동체 또는 집단 전체의 이익을 위해서라면 개인의 사적 이익이 아닌 한 재화나 서비스 등의 수익을 창출하고 분배하는 것도 가능하다. 그래서 사회공동의 이익을 증진한다는 명분하에 시민사회적 조직들이 정부나 시장과 연계되는 활동을 적극적으로 전개하는 경향을 보인다. 미국의 시민사회가 정부의 공적영역이나 시장의 사적영역과 분명한 단절을 시도하는 반면 유럽의 시민사회는 양자와 많은 중첩이 발생하고 있는 것이다.

유럽에서의 시민사회의 주역들은 NGO, 협동조합, 협회, 자원조직, 자선조직과 같은 사회서비스 제공 조직들이다. 이들의 공통점은 공동체의 이익을 지향한다는 점이다. 또한 사회서비스 및 고용창출도 담당한다. 2000년대 들어 유럽지역에서 복지국가의 재편이 일어남에 따라 대규모의 비영리조직이 정부와 시장이 담당하던 사회서비스를 대신 제공하는 경향도 두드러지고 있다(김인춘 2014: 205). 이와 관련하여 주목할 것이 사회적 기업이다. 이는 전통적 기업의 형태가 아니라 협동조합, 주식회사, 비영리조직, 비정부기구 등의 형태를 띠면서 공익성과 수익성을 동시에 추구한다. 기존에 정부나 비영리조직이 담당하던 사회적 목적의 사업을 수행하되 영리적 논리와 시장주의를 접목시킨다. 사회적 기업은 시민사회가 사회공동의 이익을 위해 이익창출활동을 하고 여기서 마련된 재원을 통해 자선 및 자원활동을 전개한다는 점에서 보다 지속가능한 대안이라 할 수 있다.

유럽 특히 영국을 중심으로 1990년대부터 거버넌스이론이 발전한 것도 시민사회의 역할에 대한 재평가작업이 진행된 것과 밀접한 관계가 있다. 1945년 2차 대전의 종전과 더불어 복지국가적 개혁을 진행한 유럽의 국가들은 상대적으로 큰 규모의 국가를 보유했다. 그 결과 비용이 많이 들고 효율이 낮으며 관료제가 지나치게 발전한 국가가 만들어졌다. 이를 극복하기 위해 1980년대부터 영미를 중심으로 신우파적 또는 신자유주의적 개혁을 추진하며 국가중심주의로부터 시장중심주의로의 전환을 모색했다. 그러나 시장중심주의 역시 불평등의 심화 중산 및 노동계층의 소외 등의 문제를 야기했다. 공적이익을 명분으로 관료제화가 심화된 현상을 시장주의를 도입하여 국가를 축소하고 정부의 효율성을 제고함으로써 해결하려 했으나 시장중심주의 역시 심각한 문제를 노정했던 것이다.

국가의 비대화 그리고 시장주의의 비형평성의 문제를 극복하기 위한 대안으로 유럽에서 등장한 것이 바로 거버넌스 이론이었다(이연호 2009: 11장). 시민사회는 정부의 관료이익화된 공적이익과 시장의 사적이익을 넘어서는 사회전체의 공공이익 또는 사회적 이익을 추구할 수 있다고 본 것이다. 이러한 주장의 이론적 근거가 앞에서 언급된 공화주의, 결사체 민주주의 그리고 참여민주주의론이다. 특히 유럽의 경우 후자의 두 이론이 주축을 이루었다. 시민공동의 이익을 논의할 수 있는 능력은 시민사회가 보유하고 있음을 이 이론들은 강조하고 있다. 아울러 과거 복지국가 시절 정부가 수행했던 업무 예컨대 복지서비스 전달과 같은 업무 그리고 환경, 인권, 동성애, 낙태와 같은 정부가 일일이 대응하기 어려운 다양한 문제들을 시민사회가 일부 또는 전부를 이양받아 수행하면 비용도 절약되고 효율성도 제고될 것이라는 것이 거버넌스 이론의 요지이다.

미국의 경우도 그러하지만 유럽에서 전개되어 온 시민사회 이론은 높은 수준의 시민의식을 전제로 하고 있다. 특히 시민들 사이에 사회적 자본이 다량 축적되어 있을 것을 그리고 안정된 대의민주주의가 정착되어 있을 것을 상정하고 있다. 만일 그렇지 못할 경우 시민사회 부문에서 부패가 발생하고 시민사회단체의 사유화 현상이 불가피하게 발생할 것이다. 그리고 무엇보다도 중요한 것은 진정한 의미의 사회적 이익 또는 공공의 이익을 정의하는 것 자체가 불가능해질 것이다. 이 쉽지 않은 과제를 유럽의 국가들이 시도할 수밖에 없었던 이유는 국가와 시장중심주의가 노정한 문제들 때문이다. 사회적 경제를 시도하고 국가의 업무를 할양받음으로써 시민사회가 사회 특정 집단의 이익에도 치우치지 않는 균형을 유지하고자 했던 것이다. 이러한 이유로 유럽의 시민사회는 미국이나 다른 지역과는 달리 국가와 시장부문의 영역까지 깊숙이 파고들어 자리잡는 양상을 보여주고 있다.

5 결론

1990년대 발생한 유럽 시민사회의 대변혁은 거대해지고 비효율적으로 변해버린 국가에 대한 실망에 기인했다. 무엇보다도 국가로 대표되는 공적분야의 관료화가 문제였다. 공적이익을 도출함에 있어서 정부의 실패가 빈번하게 발생했다. 관료들이 공적이익을 사유화하는 경향이 나타났고, 그 결과 관료제도 이익집단에 불과하다는 비판이 등장하기에 이르렀던 것이다. 그렇지만 시장의 문제도 간과할 수 없었다. 사적이익의 전횡에서 비롯하는 문제들도 국가의 비효율성 만큼이나 심각한 문제였다. 루소도 그리고 아담 스미스도 지적했듯이 시장은 탐욕에 의해 쉽게 불안정해질 수 있다. 이에 대해 유럽적 시민사회론은 국가와 시장에 이은 제3의 세력으로 시민사회가 양자 간의 균형을 유지하고 보다 공정하게 사회적 이익을 정의할 수 있다고 보고 있다. 그러나 전제는 있다. 가장 중요한 덕목으로서 시민은 책임감을 가져야 한다는 것이다. 이것이 없이는 시민사회 역시 타락의 길을 걸을 가능성이 높기 때문이다.

유럽의 시민사회가 상정하는 시민의 참여는 이익집단의 참여 이상의 것을 의미한다. 다원주의에서 논의하는 참여는 이익집단이 정치과정에 참여하여 이익을 표출하는 행위를 가리킨다. 시민의 직접적인 정치참여는 최소한의 것으로 상정하는 경향이 있다. 그러나 시민사회론에서 상정하는 참여는 한 사회집단이 아니라 사회전체의 이익을 제고하기 위한 시민의 적극적인 참여이다. 국가와 시장을 감시하기 위한 참여이자 사회집단의 불필요한 집단행동을 예방하기 위한 참여이다. 유럽적인 시민사회가 성립하기 위해서는 성숙한 시민사회의 존재가 필수적이다. 미국이나 아시아 지역보다 높은 정도의 참여수준을 유지할 수 있는 것은 그만큼 시민교육의 수준이 높기 때문에 가능하다고 볼 수 있다.

▌ 참고문헌

김인춘. 2014. "제3섹터의 개념, 구성요소, 역할: 서구와 한국의 비교." 『동서연구』, 26(4).
이연호. 2009. 『발전론.』 서울: 연세대학교출판부.

Carter, A. and Stokes, G. 2002. *Democratic Theory Today: Challenges for the 21st Century.* Malden: Blackwell Publishers.

Cahoone, L. E. 2002. *Civil Society: The Conservative Meaning of Liberal Politics.* Malden: Blackwell Publishers.

Crick, B. 2002. *Democracy: A Very Short Introduction.* New York: Oxford University Press.

He, H. 2002. "Civil Society and Democracy." in A. Carter and G. Stokes (eds.). *Democratic Theory Today: Challenges for the 21st Century.* Malden: Blackwell Publishers.

Held, D. 1987. *Models of Democracy.* Stanford: Stanford University Press.

Hobbes, T. 1991. *Leviathan* (edited by R. Tuck). Cambridge: Cambridge University Press.

Locke, J. 1988. *Two Treatises of Government* (edited by Peter Laslett). Cambridge: Cambridge University Press.

Rousseau, J. 1968. *The Social Contract.* Penguin.

Stokes, G. 2002. "Democracy and Citizenship." in A. Carter and G. Stokes (eds.). *Democratic Theory Today: Challenges for the 21st Century.* Malden: Blackwell Publishers.

Walzer, M. 1989. "Citizenship." In T. Ball, J. Farr and R. L. Hanson (eds.). *Political Innovation and Conceptual Change.* New York: Cambridge University Press.

Whitehead, L. 2002. *Democratization: Theory and Experience.* New York: Oxford University Press.

제4장

합의와 형평을 위한 민주주의 정치제도

제4장

합의와 형평을 위한 민주주의 정치제도

이 재 묵 (한국외국어대학교)

1 서론

　소위 민주화의 제3의 물결 공고화(consolidation) 논의가 전 세계에 유행처럼 확산된 이래 하나의 의사결정 방식으로서 민주주의는 그 어떤 경쟁체제보다 보편적인 정치제도로 자리매김해 가고 있다. 다시 말해, 20세기 말 동구 공산주의의 몰락이 경제 시스템으로서 자유주의의 승리 또는 우위를 역사적 경험으로 입증했다면, 광범위한 민주화의 물결과 확산은 독재나 권위주의 등의 경쟁체제에 대한 민주주의의 보편적 우월성을 경험적으로 입증하고 있다고 평가할 수 있을 것이다. 물론 이러한 민주주의의 보편성은 결코 단일 유형의 민주주의 시스템을 의미하는 것은 아니며, 민주적 의사결정 방식에 있어서도 저마다 다양한 시각은 존재할 수 있을 것이다. 가장 쉬운 예로 민주주의에는 현재 대부분의 국가들이 채택하고 있는 '대표자'를 통한 대의제 민주주의(representative democracy) 또는 간접 민주주의(indirect democracy)가 존재하는 반면, 국민이 대표자를 거치지 않고 직접 정책결정과정에 관여하고 참여하는 직접민주주의(direct democracy) 유형도 존재할 것이다. 스위스(Switzerland) 그리고 미국의 일부 주들(states) 등 서구 선진민주주의 국가들의 정치과정에서 종종 관찰되는 국민투표(referendum), 국민발의(popular initiative), 그리고 주민소환(recall)

은 대표적인 직접민주주의의 기제들이라 할 수 있다.

본 장(chapter)은 민주주의의 다양한 유형들 중에서 다수제(majoritarian)와 합의제(consensus) 민주주의 모델에 논의의 초점을 맞추고자 한다. 위의 직접/간접 민주주의의 분류가 유권자와 대표자 간의 대표 방식에 따른 구분을 따랐다면, 다수제와 합의제 유형의 분류는 정치적 의사결정 방식을 중심으로 민주주의 유형을 나눈다. 다수제 유형의 대표적 사례는 영국을 들 수 있는데, 단순다수제 소선거구제(Single-Member District Simple Plurality System)의 선거제도를 채택하고 있는 영국에서 보수당과 노동당의 양당제가 오랜 기간 지속되어 온 것은 주지의 사실이며, 정권의 수립은 줄곧 선거에서 다수 지위를 점한 원내 다수당에 의한 단독내각 형성이 보편적이다. 따라서 소수당 또는 제3정당은 줄곧 정책결정 과정에서 배제되기 십상이며 이것은 결국 영국 정치과정의 승자독식성으로 나타나게 된다. 반면에 합의제 유형은 종교, 언어, 문화적인 균열을 뚜렷한 역사적 유산으로 갖고 있는 국가들(예를 들어, 네덜란드, 벨기에)에서 종종 관측되며 이러한 복합적인 균열 구조 하에서 사회적 갈등을 지양하고 광범위한 합의에 기반한 의사결정 과정을 정치적으로 제도화하는 가운데서 발전해왔다.

주지하다시피 국가의 운영 및 주요 정책결정 과정에 대한 시민들의 균등한 영향력과 폭넓은 사회적 합의는 민주주의가 발전된 대부분의 국가들에 요구되는 보편적 가치라 할 수 있을 것이다. 특히, 민주주의가 심화될수록 사회 내 다양한 정치적 의견과 목소리가 분출될 수 있고 때로는 상충된 가치의 충돌로 정치적 대립이 만연할 수 있다. 이는 물론 자유로운 정치 참여가 활발한 다원화된 민주주의 사회에서 더 일반적인 현상일 것이다. 그런데 이렇게 지속적으로 표출되는 정치적 이해는 사회적 합의 과정을 거쳐 수렴되기도 하지만, 때로 엇갈린 이해는 사회적 분열과 갈등을 조장하기도 한다. 한 사회가 사회경제적 발전을 거듭하면서 급속한 사회변동을 경험하고, 정치적으로는 민주주의가 공고화되거나 심화될수록, 보다 다양한 정치사회적 이해관계가 표출되기 마련일 것이다. 따라서 이렇게 형성된 다층적이고 복합적인 사회균열구조가 지속적으로 양산해내는 이해의 상충 그리고 사회적 갈등과 분열을 제도적으로 조정하고 관리할 수 있을 때 우리는 한국 민주주의의 지속적 발전을 기대할 수 있을 것이다. 현대 민주주의 정치철학자인 로버트 달(R. Dahl)은 개인 또는 집단 간에 존재할 수 있는 다양한 이해관계의 충돌과 갈등을 공정한 경쟁을 통해 해결할 수 있을 때 대의민주주의의 원활한 작동이 가능하며, 공정한 경

쟁 과정에서 무엇보다 중요한 전제는 모든 이해 당사자가 정치과정에 참여할 수 있
는 동등한 기회와 권한을 보장받아야 한다는 사실임을 지적한 바 있다(Dahl 1998:
77-9; 유성진 2010: 29에서 재인용). 물론, 사회적 갈등과 분열의 문제를 민주적으로
해결해 나가는 방식은 결코 단일한 시각에 국한될 수 없을 것이며, 공정한 게임의
법칙을 디자인하는 것은 결국 어떤 민주주의인가의 문제로 수렴하게 될 것이다.

자유민주주의, 사회민주주의, 그리고 참여민주주의 등 민주주의에는 다양한 수
준의 유형이 존재한다. 이처럼 다양한 민주주의 유형 중에서 저자는 이 글을 통해
형평과 합의를 위한 민주주의 정치제도를 모색하고자 한다. 헌법(constitution)이란
한 정체(polity)의 최상위 법(supreme law)이기에 앞서서 어떤 형태의 민주주의를 구
현하고 실행해 나갈 것인가에 관한 국가 구성원 간의 기본적 합의와 계약의 산물이
라 할 수 있다. 따라서 자칫 간과되기 쉬운 질문이지만 개헌 논의에 있어서 무엇보
다도 선행되어야 할 물음은 과연 어떤 민주주의 정치 제도가 가능한 다수의 구성원
들을 공평하게 만족시킬 수 있으며 또한 되도록 많은 국민으로부터 합의를 도출해
낼 수 있을 것인가이다.

비교민주주의 연구의 세계적 권위자라 할 수 있는 레이파트(Arend Lijphart)는 일
찍이 다양한 유형의 민주주의가 존재할 수 있다는 인식을 토대로 상이한 민주주의
정치제도의 공과(performance)에 대한 비교연구를 수행한 바 있다(Lijphart 1984: 1999). 레
이파트의 연구는 이질적(heterogeneous)이고 다원적인(plural) 사회에서도 안정된 민주주
의가 가능할 수 있다는 것을 경험적으로 보여준 그의 전작에 기반하고 있다(Lijphart
1968, 1977). 레이파트 등의 학자들에 의해 발전된 협의민주주의(consociational democracy)
이론은 네덜란드(Netherland)나 스위스(Switzerland) 같이 언어적 또는 종교적으로 심
각하게 분열된 사회에서도 민주주의가 안정적으로 유지될 수 있음을 설명해 준다.
이는 민주주의의 안정성을 주로 정치문화와 사회구조적으로 동질적인(homogeneous)
사회에 국한시켜 설명하는 기존의 다수제 민주주의(majoritarian democracy) 모델과는
근본적으로 다른 접근이라 할 수 있다. 레이파트는 그의 모국인 네덜란드처럼 심각
하게 분절된 사회도 정치 지도자들 간의 대연정(grand coalition), 상호거부권(mutual veto),
비례대표(proportionality), 그리고 분절된 자율성(segmented autonomy) 등의 협의제적 요
소를 통해 정치적 불안 요인을 극복하고 안정적 민주주의의 운용이 가능함을 주장
하였다(한정택 2010: 132). 이렇게 정립된 협의민주주의 이론은 후에 합의제 민주주의
(consensus democracy) 이론으로 확대 발전하였고 비교민주주의 학자들에 의해 줄곧

다수제 민주주의 모델의 대안적 유형으로 제시된 바 있다.

물론 다수제 또는 합의제 민주주의 유형은 하나의 이념형(ideal-type)으로서 현실에 존재하는 대부분의 민주주의 국가들은 두 가지 속성을 복합적으로 갖고 있는 경우가 대부분이다. 그럼에도 불구하고 일반적으로 합의제 민주주의 모델은 정치문화가 동질적인 사회보다는 분절된(fragmented) 국가들에 더 적합한 방식으로 제시된다. 전통적 시각에서 볼 때 한국은 인종적·문화적으로 동질적인 사회로 분류될 수 있을 것이다. 그러나 한국은 성장 위주의 불균등 발전과 압축적 근대화를 지난 반세기 동안 빠르게 경험하면서 세대 갈등, 지역 갈등, 이념 갈등 등 다양한 사회 균열 구조를 양산해 왔다. 더욱이 1990년대 후반 한국이 금융위기를 겪고 나서 소위 신자유주의적 시장 개혁을 빠르게 추진해 옴에 따라, 우리 사회는 현재 청년실업 증가, 소득불평등, 비정규직 확산, 중소기업의 위기, 그리고 이념 양극화 등 보다 심화된 사회적 균열의 요소들을 끊임없이 배태해 왔다. 즉 그 어느 때보다도 사회 통합과 정치적 합의를 위한 정치사회적 노력이 필요한 시점이라 할 수 있을 것이다. 그리고 무엇보다도 최근 한 연구에 따르면, 한국의 시민사회는 다수제적 민주주의 보다는 합의제적 가치체계를 선호하는 사람들이 더 큰 다수를 형성하고 있다고 조사되었다(강신구 2012). 따라서 어떤 정치제도의 채택을 통해 한국 시민들의 민주주의에 대한 만족도를 제고시킬 수 있을까라는 문제를 본격적으로 다뤄야 할 필요가 있다.

2 다수제와 합의제 그리고 한국의 민주주의

주지하다시피 특정 정치제도의 채택이나 운용에 따라 다양한 유형의 민주주의가 존재할 수 있다. 그러나 여기에서는 현실에 존재할 수 있는 모든 유형의 민주주의에 대한 포괄적 비교 연구를 시도하지는 않으며 그 작업은 본 연구의 범위를 벗어나는 것이다. 본 장에서는 레이파트 등의 비교민주주의 연구자들에 의해 발전된 다수제-합의제 민주주의 모형에 초점을 맞추어 논의를 전개한다.

레이파트에 의해 발전된 민주주의 유형론(typology)은 대의민주주의(representative democracy) 사회에서 주권을 갖는 시민들 사이에 이견이 존재할 때, 과연 누구를 위한, 또는 누구의 이해를 만족시키는 정부를 구성해야 하는가라는 질문에서 시작한다(강신구 2012: 42). 이 질문에 답하는 데 있어서 다수제 모델(majoritarian democracy model)은 "과반수 유권자(the majority of people)"란 답을 내놓는다면, 합의제 모델(consensus democracy model)은 "가능한 많은 국민(as many people as possible)" 또는 "다수의 최대화(maximization of majority)"란 답을 제공한다. 즉 정치적 의사결정 방식으로서 다수제는 다수의 의견을 존중하는 경향을 보인다면, 합의제는 과반수에 근거하기 보다는 가능한 최대의 개인이나 집단들을 정치과정에 참여할 수 있도록 제도화함으로써 사회의 잠재적 갈등요인을 최소화하고자 한다(유성진 2010: 26-7). 다시 말해서, 헌정체제를 디자인하는데 있어서, 의사결정 과정의 효율성과 명료성을 추구하여 권력의 집중을 지향하는 것이 다수제 방식이라면, 의사결정 과정에서 소외된 사회경제적 약자나 소수자(minority) 그룹의 권익보호와 권력의 분산에 보다 초점을 두는 방식이 합의제 유형이라 할 수 있다(선학태 2010: 70). 따라서 레이파트 등의 학자들은 다수제 모델과 비교해 볼 때 합의제 유형이 각계 각층의 정치과정에 대한 공정한 참여뿐만 아니라 보다 폭넓은 유권자 그룹의 참여와 합의를 제도화한다는 측면에서 보다 심화된 민주주의(deepening democracy)를 위해 적합한 방식으로 간주해 왔다(유성진 2010: 70). 일반적으로 다수제 민주주의의 원형이 영국에서 발견되기 때문에 종종 그것은 웨스트민스터(Westminster) 모델로 일컬어지기도 하며, 이 범주에 속하는 국가들은 주로 다수제 선거제도와 양당제를 운영하여 일당에 의한 단독정부 구성이 보편적이다. 반면에 합의제 민주주의는 영국을 제외한 대부분의 유럽 국가들(예를 들어, 네덜란드, 벨기에, 스위스 등)에서 발견되며, 비례대표제(proportional representation)와 다당제, 그리고 연립정부(coalition government)의 설립이 일반적으로 나타난다.

레이파트는 다수제와 합의제 유형을 구분하기 위한 보다 구체적인 기준을 제시하는데, 그것은 크게 행정부−정당 차원(executive-parties dimension)과 연방적−단방적 차원(federal-unitary dimension)의 두 가지 축으로 구분된다(Lijphart 1999). 우선 행정부−정당 차원은 행정권이 특정 정파에 의해 독점되는지 분점되는지의 여부를 측정하는데, 여기에 해당하는 제도변수로는 과반수 일당(one-party) 내각에 의한 행정권 집중 혹은 최소승리내각(minimal-winning-coalition)에 의한 행정권 분담 여부, 의회에 대한 행정부의 우위 정도(executive dominance), 유효정당수(양당제 vs. 다당제), 선거제도의 비례성(proportionality), 이익집단의 다원주의 정도(조합주의 vs. 다원주의) 등이 존재한다. 두 번째 차원인 연방적−단방적 차원에는 정부의 중앙집권화 정

표 4-1	다수제 민주주의와 합의제 민주주의		
		다수제 민주주의의 전형	합의제 민주주의의 전형
행정부-정당 차원 (executive-parties dimension)	행정부 구성	단일정당정부	연립정부
	행정부-입법부 간 힘의 우위	행정부 우위	입법부 우위 또는 힘의 균형
	선거제도(비례성)	다수대표제 (plurality system)	비례대표제(PR)
	정당체계	양당제	다당제
	이익대표체계	경쟁적 다원주의	사회적 합의주의 또는 조합주의
연방적-단방적 차원 (federal-unitary dimension)	중앙집권화 정도	중앙집권적 단방제 (centralized unitary system)	탈중앙집권적 연방제 (de-centralized federal system)
	의회의 유형	단원제 (unicameralism)	양원제 (bicameralism)
	헌법 개정의 경직성	연성헌법 (flexible constitution)	경성헌법 (entrenched constitution)
	사법심사 (judicial review)	의회가 법률 합헌성 판단	독립적 사법심사 기관(대법원 또는 헌법재판소) 존재
	중앙은행 독립성	행정부 통제 또는 종속	독립적 중앙은행

도를 측정하는 변수(연방제 vs. 단방제), 입법권이 하나로 집중된 단원제(unicameralism) 또는 두 기관으로 분산된 양원제(bicameralism) 여부, 헌법개정의 유연성과 경직성 (연성헌법 vs. 경성헌법) 정도, 의회와 별도로 법률의 위헌성을 판결할 수 있는 독립된 사법심사(judicial review) 기관의 존재 여부, 그리고 중앙은행의 독립성(central bank independence) 정도 등을 측정하는 제도변수들이 포함된다. 주지하다시피 열거된 일련의 변수들은 한 사회 내에 존재하는 다양하고 엇갈리는 정치적 이해들이 취합되고 대표되어 정책으로 전환되는 과정에 있어서 상이한 수준으로 나타날 수 있는 권력의 분산 정도를 제도적 관점에서 평가하고 있다. 이러한 다수제-합의제 분류 기준에 따르면, 전통적으로 영국과 뉴질랜드는 다수제 민주주의의 성격이 더 높게 나타난다면, 스위스와 독일은 합의제의 특징이 더 강하게 보이는 민주주의 국가라 할수 있다(강신구 2012; 유성진 2010; 김재한, 레입하트 1997). 한국은 동일한 기준에서 평

가해 볼 때, 강한 다수제적 경향이 관측되는데, 기존 연구에 따르면, 한국은 전체 25개 민주주의 국가들 중에서 영국과 뉴질랜드 다음으로 다수제 성향이 강하게 조사되었으며(김재한, 레입하트 1997), 또 다른 연구에서는 조사에 포함된 전체 37개 국가들 중에서 오직 자마이카, 바하마, 트리니나드 토바고, 바베이도스, 영국 등 6개 국만이 한국보다 높은 다수제적 경향을 보였으며, OECD 국가군 중에서는 오직 영국만이 한국보다 높은 다수제 성향을 갖고 있는 것으로 조사되었다(강신구 2012: 53). 물론 각 유형의 제도적 장단점이 존재하기에 특정 민주주의 유형이(예를 들어 합의제) 경쟁 유형(예를 들어 다수제)에 비해 제도적으로 우월하다고 주장하는 것은 무리가 따른다. 다만, 어떤 유형의 민주주의가 한 정체 내에 거주하는 다수 유권자들의 선호를 보다 더 충족시키는가는 여기서 생각해 볼 수 있는 문제이다. 실제로 한 연구에 따르면, 한국의 정치제도는 그 어떤 민주주의 국가들보다 강한 다수제적 경향을 나타내지만, 한국의 시민들의 대다수는 오히려 합의제적 가치체계를 선호한다고 조사되었다(강신구 2012). 이러한 결과는 물론 한국 시민들이 갖는 우리 사회 민주주의의 현실에 대한 높은 수준의 불만족을 설명하는데 하나의 실마리를 제공해 줄 수 있을 것이다.

특히, 유권자 전반의 정치적 만족도 제고 측면에서 합의제 민주주의는 다수제 유형에 비해 강점을 가지는 것으로 알려졌다. 이는 특히 선거에서 지지하는 후보의 패배를 경험한 패자(losers)들의 만족도와 연관되는데, 일반적으로 다수제보다 합의제에서 승자와 패자 간의 정치적 만족도 격차는 줄어드는 것으로 알려져 있다(Anderson and Guillory 1997). 주지하다시피 승자독식(winner-take-all), 다수파에 의한 권력 독점과 과잉대표(over-representation), 그리고 정책결정 과정에서의 소수파의 배제 등의 특징으로 인해 다수제 하에서 패자들의 만족도는 더 낮다.[1] 반면에 합의제는 다수파를 최대화(maximization of majority)하는 포용의 정치(politics of inclusion)라는 제도적 특징이 잘 보여주듯이, 선거과정에서 패하거나 정책결정 과정에서 배제된 소수자의 권익을 배려하고 보호하는 여러 기제를 통해 민주정치 과정에 대한 시민 사회의 전반적 만족도를 제고시킬 수 있다. 다수제 민주주의 하에서 선거에서 패배한 소수자들이 지속적으로 정치과정에서 배제된다면 패자들의 정치적 소외감과 좌절감은 극대화 될 수 있을 것이고, 이는 장기적으로 그 정치체제에 큰 위협으로 작용할 수 있기 때문에, 정치적 만족도의 전반적 제고 문제는 민주주의의 안정된 운용이라는 측면에서 깊이 있게 논의되어야 할 것이다.

　　그렇다고 해서 합의제 민주주의가 다수제 유형에 비해 일방적 강점만 갖고 있는 것은 아니다. 합의제는 정책결정 과정의 비효율성과 안정성 결여로 종종 비판받는데, 이는 고비용의 집합적 의사결정 구조, 상호거부권 행사(mutual veto)와 권력분산으로 인한 정국 교착 등의 제도적 특징에 기인한다고 할 수 있다. 이 주제는 특히 정치제도와 경제적 수행(economic performance)의 상관성 측면에서 자주 다루어지는 주제인데, 전통적으로 빠르고 효과적인 의사결정 과정이 결여된 합의제 민주주의는 다수제에 비해서 경제적 수행능력이 떨어지는 것으로 알려져 왔다.[2] 물론, 이에 대해 레이파트는 단기적 경제수행 측면에서 볼 때 다수제의 빠르고 효과적인 의사결정구조가 더 효율적일 수 있을지라도, 장기적인 관점에서는 시민들의 다양한 이해를 반영하여 폭넓은 사회적 지지를 바탕으로 정책이 운용 가능한 합의 민주주의가 더 효율적일 수 있다는 반박의 논리를 제시하기도 하였다(Lijphart 1999).

　　한편 쇼우(Shaw)는 영국의 사례를 들어 다수제에 대한 합의제의 우월성을 주장하는 레이파트의 주장을 반박하였는데, 그의 논의에 따르면, 레이파트의 주장처럼 민족, 종교, 언어적으로 사회가 심각하게 분열된 사회에서 합의제 민주주의가 적절한 대안일 수 있지만, 균열이 심각하지 않은 동질적 사회에서는 안정성 유지 측면에서 다수제가 더 유용할 수도 있다(Shaw 2004). 카이저(A. Kaiser), 리너트(M. Lehnert), 밀러(B. Miller), 그리고 시어버러(U. Sieberer) 등은 또 다른 시각에서 합의제 민주주의 취약점을 공략한다. 이 연구자들에 따르면, 민주주의는 선호의 취합 또는 포용(inclusiveness of preferences)과 책임성(responsibility)의 원리라는 두 가지 원칙에 의해 지탱되고, 이 두 원칙은 상쇄적 관계(trade-off)를 형성하는 경향이 있다. 따라서 그들은 특정 정치체제의 민주주의의 질(democratic quality)을 결정하는데 공히 영향이 있는 두 가지 원칙을 동시에 고려해 본다면, 다수제가 오히려 합의제 보다 우월할 수 있다고 주장한다(Kaiser, Lehnert, Miller and Sieberer 2001).

　　이처럼 장단점을 고려해 볼 때, 경쟁모델로서 다수제와 합의제는 상대방에 대해 일방적인 제도적 우월성을 갖고 있다고 단언하기는 어렵다. 따라서 특정 제도의 채택과 운용은 그 정치체제가 갖고 있는 정치적 환경과 조건에 기반에 결정되어야 할 것이다. 예를 들어, 한 사회의 정치 문화나 사회 구조가 얼마나 동질적인가 이질적인가의 여부는 하나의 판단 기준을 제공해 줄 수 있을 것이다. 물론 한국은 전통적으로 여러 정치사회적 기준에서 볼 때 동질적 사회로 분류되었으나, 우리 사회의 고질적 병폐 중 하나로 종종 거론되는 지역주의 문제로 인해 한국 또한 때로 독일이나 캐나다 프랑스처럼 "준다원사회"로 분류되기도 하였다(김재한, 레입하트 1997). 따라서 다수제적 색채가 보다 강한 현행 한국의 정치 제도를 합의제로 서둘러 전환 하자는 급진적 주장보다는 다수제의 단점을 최소화하는 보완책으로써 합의제적 요 소의 도입에 논의의 초점을 맞추는 것이 보다 합리적인 접근법일 것이다. 더욱이 한국은 그동안 일반적 기준에서 다수제적 방식이 보다 효과적으로 작동할 수 있는 동질적 사회구조를 비교적 오랜 기간 유지해 왔으나, 최근 수 년 동안 압축적으로 경험한 민주화와 급격한 산업화를 통해 기존과 다른 유형의 많은 사회적 갈등과 균 열을 양산해 왔다. 따라서 새로운 정치적 갈등과 균열의 원만한 해결과 조율을 위 해 기존의 다수제 틀에 합의제적 요소들을 보완하는 것을 적극 고려해 볼 필요가 있다.

3 합의제 민주주의의 제도적 사례

사회 내의 다양한 정치적 이해와 갈등이 국민 다수가 합의하는 공정한 제도적 틀을 통해 적절히 조정되고 관리되는 것은 모든 민주적 거버넌스 시스템의 기본적 전제라 할 수 있다. 물론 이러한 민주적 갈등관리 및 정책결정 과정은 현실에서 일 종의 이념형(ideal type)이라 할 수 있는 다수제와 합의제 방식의 다양한 조합에 의 해 구체적으로 구현가능하다. 본 장에서는 외국의 사례를 살펴봄으로써 합의제 방 식이 다양한 수준에서 구체적으로 어떻게 운용되는지 고찰해 본다.[3]

오랜 민주주의의 역사를 보존하고 있는 서유럽 국가들은 다수제와 합의제 민주 주의를 다양한 수준에서 연출하고 있다. 영국의 웨스트민스터 민주주의는 다수제 방식의 원형으로 줄곧 거론되며, 격렬한 종교 및 언어적 갈등의 역사적 유산을 갖 고 있는 네덜란드와 벨기에는 합의제 민주주의의 대표적 사례로 알려져 있다. 인종 과 언어적으로 뿌리 깊은 분열 요소를 역사적 유산으로 물려받은 스위스는 레이파 트의 분류기준에 따르면 가장 합의제적 민주주의를 운용하는 국가로 알려져 있다. 뿐만 아니라 독일은 합의제와 다수제 민주주의의 적절한 혼합을 통해 협상민주주의 의 틀을 성공적으로 구축하여 전후 재건시대이래 많은 정치사회적 도전을 성공적으 로 헤쳐 나온 사례로 평가된다(선학태 2005). 또한 다수의 서유럽 국가들을 회원으로 하는 유럽연합(EU)은 의사결정 과정에 다수제 방식과 더불어 합의제 요소를 적절히 병용하여 초국가 수준에서 합의제 거버넌스 모델을 실천해오고 있다(유성진 2010).

1) 웨스트민스터 모델(Westminster model) 또는 영국의 다수제 민주주의

서유럽의 다양한 합의제 민주주의 유형을 살펴보기에 앞서 하나의 준거점으로서 다수제 민주주의의 원형이라 할 수 있는 영국식 민주주의에 대해 간단히 되짚어보자. 소위 웨스트민스터 모델로 잘 알려진 영국식 다수제 민주주의에 대한 소개는 독자들로 하여금 그 대척점에 있는 합의제에 대한 이해를 촉진시켜 줄 것이다. 주지하다시피 의회정치의 요람으로 종종 일컬어지는 영국 민주주의는 노동당(Labor Party)과 보수당(Conservative Party)의 양당제, 단순다수 선거제도(simple plurality electoral system), 일당내각(One-party executive), 그리고 중앙집권적 단방제(unitary system) 등 다수제 모델의 주요 특징들을 잘 갖추고 있다.

의원내각제(parliamentary system)를 채택하고 있는 영국은 내각제의 고질적 병폐로 알려진 정국의 불안정성 −빈번한 내각의 해산, 소수정당의 난립에 따른 정치권력의 불안정 등− 문제를 거대정당에 유리한 단순다수제 선거제도를 통해 예방하고 있다. 즉 한 선거구에서 최다득표를 한 오직 1인만이 당선되는 소선거구제 단순다수제(single member district simple plurality)를 통해 5년 임기의 650명의 하원의원을 영국에서 선출한다. 단순다수제 선거제도는 거대 정당에 유리하게 작용해 양당제를 가져오는 경향이 강한데, 이는 프랑스의 정치학자 이름을 따서 뒤베르제의 법칙(Duverger's law)이라고 불리기도 한다. 이는 단순다수제 하에서 1등을 제외한 후보에게 간 모든 투표가 사표(wasted votes)가 될 것을 두려워하는 유권자들이 지명도가 높은 거대정당의 후보들에게 투표하는 전략적 투표(strategic voting) 현상으로 종종 설명된다. 이런 이유로 사표발생이 많고, 소수당에 불리한 영국식 단순다수제는 정당 득표율과 의석수 간의 불일치가 큰 불비례적(disproportional) 선거제도로 알려져 있다. 결과적으로 영국의 단순다수제 선거제도는 빈번히 노동당−보수당이 주도하는 양당제로 이어져왔고, 자유민주당(Liberal Demorats) 등의 제3정당의 의회 내 목소리는 상대적으로 제한되어온 것도 사실이다. 또한 양당제 하에서 대략 동등한 힘을 갖게 되는 노동당이나 보수당은 연립내각을 구성하기 보다는 의회 내 권력의 근소한 우위를 바탕으로 한 단일정당 내각을 형성하는 것이 보다 보편적이다.

영국의 정치는 전통적으로 의회를 중심으로 전개되어 왔다. 주지하다시피 영국은 미국의 대법원(the Supreme Court)이나 프랑스, 독일, 이탈리아 등의 헌법재판소 (Constitutional Court)에 해당하는 독립적 사법심사(Judical Review) 기관을 따로 두고 있지 않다. 다시 말해 영국에는 의회주권을 제약할 수 있는 독립적 사법기관이 존재하지 않는다(선학태, 2005: 139). 이런 이유로 영국에서 의회주권(Sovereignty of Parliament)은 절대적인 것으로 알려져 있기도 하다. 그러나 실제에 있어서 영국의 내각은 의회에 대해 권력적으로 우월하다고 평가된다(선학태 2005: 140-141). 이는 전통적으로 강력한 영국 정당의 규율, 의회 다수당을 통제할 수 있는 당수(party leader)의 총리 취임, 그리고 다수당 수장인 총리를 중심으로 한 내각의 하원 통제 등으로 설명된다. 이러한 영국에서의 의회에 대한 내각 우위는 한 때 철의 여인(the iron lady)으로 불리기도 했던 마가렛 대처(Magaret Thatcher) 전 총리의 강력한 리더십이 한 일례가 될 수 있다.

결국 다양한 지표에서 살펴볼 때, 영국은 합의제 민주주의의 특징인 권력의 분산보다는 권력 집중을 지향하고 있다. 실제로 단방 국가(unitary state)인 영국은 유럽에서 가장 중앙집권화된 국가로 정평이 나 있다(선학태 2005: 152). 중앙정부는 정치적으로 또 재정적으로 지방정부를 통제하며 지방정부는 중앙정부에 예속되어 왔다. 영국의 웨스트민스터 모델이 순수 원형의 다수제 민주주의와 눈에 띄게 다른 특징을 갖는 요소를 찾는다면, 그것은 영국이 입법권이 단원(single chamber)에 집중되는 단원제(unicameralism)가 아닌 하원(the House of Commons)과 상원(the House of Lords)의 양원제로 구성되어 있다는 사실일 것이다. 그러나 영국의 하원과 상원의 권력관계는 비대칭적(asymmetrical)이고 불균형적인(unbalanced) 양원제로 알려져 있다(선학태 2005: 154). 즉 국민에 의해 직접 선출되지 않는 상원의 입법권은 하원에 비해 지극히 제한적이고 상원의 권한과 기능은 지속적으로 축소되어 왔다. 이런 이유로 실질 운용적 측면에서 영국의 양원제는 오히려 단원제에 근접하고 있다고 평가받는다.

2) 네덜란드: 합의제 민주주의의 원형

네덜란드는 국가의 역사적 유산이라 할 수 있는 종교적·언어적 분열 요소 이외에 대부분의 선진 산업사회가 안고 있는 이념적이고 계층적인 갈등까지 중첩되어 나타나는 복잡한 사회균열구조를 갖추고 있다. 그러나 다양한 정치적 이해의 엇갈림 속에서도 네덜란드 특유의 이질적 사회구조에 적합한 의사결정 방식으로서 합의제 민주주의 모델을 성공적으로 발전시켜온 것으로도 또한 정평이 나왔다. 이런 이유로 네덜란드의 사례는 고도로 이질적인 사회구조와 정치문화 하에서도 민주주의는 안정적으로 작동할 수 있음을 보여주는 좋은 본보기로 줄곧 거론된다.

네덜란드의 정치제도는 기본적으로 비례대표 선거제도, 그로부터 초래되는 다당제(multi-party system), 그리고 연립정부(coalition government) 형성으로 구성된다. 우선, 네덜란드는 정당명부식 비례대표제(party-list PR)를 채택하고 있는데, 다수파나 거대정당에 유리한 다수제 선거제도와 달리 비례대표제는 총 득표수와 의석수 간의 높은 비례성(proportionality)을 보장하여 정치적 자원 측면에서 상대적 열세인 소수파 정당의 원내진입이 보다 수월하다. 이러한 비례대표제의 도입은 전후 네덜란드 정치 무대에서 온건 우파인 자유당(VVD), 중도 기독교 정당인 기민당(CDA), 그리고 온건 좌파인 노동당(PvdA) 등 대표적 정당 이외에도 녹색연합(GL), 민주주의66(D66), 사회당(SP) 등 다양한 정치적/이념적 노선을 대표하는 다수의 정당들이 활동할 수 있는 토대를 조성해왔다. 즉 네덜란드의 선거제도는 다수파 거대정당의 승자독식을 적절히 제어하고 소수파를 대변하는 정치세력들의 활로를 보장함으로써 보다 다양한 계층의 목소리가 대의제 대표기구인 의회에 전달되게끔 유도한다.

또한 비례대표제를 통해 다당제 정당체계가 형성됨에 따라 의회를 구성하는 네덜란드의 주요 정당들은 단일정당 내각(one-party cabinet)을 구성하지 못하고 적절한 합의과정을 통해 행정권을 공유하는 연립정부를 빈번이 형성하게 된다. 즉 합의제 하에서 보다 많은 정당이 연립내각에 참여하게 됨에 따라 특정 소수당이 정치적 의사결정 과정에서 지속적으로 배제되는 다수제의 단점이 어느 정도 완화될 수 있다. 이는 결국 특정 정파에 의한 권력의 집중이 아닌 여러 정치세력에 의한 권력의 분산 및 공유를 의미한다.

정치 운용에 있어서 권력 분점(power-sharing)과 비례성의 원칙은 네덜란드에서 비단 선거제도를 넘어 광범위하게 적용되어 왔는데, 이는 수용의 정치(politics of accomodation)로 일컬어지기도 한다(선학태 2005: 236). 고도로 분열된 사회에서 여러 정치세력들을 통합하고 정책결정 과정에서 소수파의 배제나 소외감을 최소화하기 위해 국가재정을 배분하거나 정치적 임명(political appointments)을 함에 있어서 비례성의 원칙을 적용하는 것이다. 이는 물론 네덜란드에서 특정 지역, 종교 또는 계급의 정치적 패권이나 권력 독점을 예방하고 다양한 사회 세력의 공존과 포괄(inclusion)을 실현하기 위한 일련의 제도적 장치라 할 수 있을 것이다.

물론 열거된 제도적 특징 외에도, 네덜란드에서 합의제 민주주의의 성공적 운영은 오랜 기간 그러한 정치제도를 잘 유지해 오면서 사회 내에 형성되게 된 실용주의적 믿음에 어느 정도 기인한다고 할 수도 있다. 다시 말해서, 비교적 오랜 기간 동안 합의제 민주주의를 실천해 오면서 상호관용 그리고 대화와 타협 등의 합의의 정치문화가 네덜란드 국민들과 정치엘리트들 사이에 깊게 내면화됨에 따라 사회에 뿌리 깊은 분열 요소를 정치적으로 잘 관리하고 모두가 공존할 수 있는 길이 바로 합의제 방식에 있다는 공통의 인식이 형성되었다고 할 수 있다.

3) 벨기에: 합의제 민주주의의 또 다른 유형?

1831년 네덜란드로부터 독립한 벨기에는 정치사회 그리고 문화적으로 이웃국가인 네덜란드와 많은 유사성을 갖는다. 벨기에의 주요 사회적 균열은 이질적인 언어를 중심으로 한 지역적 갈등이라 할 수 있는데, 전통적 갈등의 축은 네덜란드어를 사용하는 북부의 플란더스(Flanders) 지방과 프랑스어를 사용하는 남부의 월로니아(Wallonia)를 중심으로 형성되어 있다. 산업화의 물결 속에서 지하자원이 풍부하고 교육수준이 높은 월로니아 지방은 빠르게 발전해온 반면, 벨기에 인구의 다수를 차지하는 플란더스 지방은 저발전의 굴레를 쉽게 벗어나지 못하였다. 따라서 두 지역의 경제적 격차는 점차 크게 벌어지고 플란더스 사람들의 사회경제적 불평등에 대한 불만은 쌓여만 갔다(선학태 2005: 270). 이런 가운에 민주화의 물결을 타고 네덜란드에서 선거권이 점차 확대되어 나가고 벨기에 인구의 다수를 차지하는 플란더스 지방 사람들의 정치적 동원이 가속화되자 지역과 언어 균열에 입각한 사회적 갈등은 더더욱 고조되었다.

한편, 벨기에의 지역적·언어적 균열은 산업화와 함께 계급적 균열과 중첩되어 발전하게 된다(선학태 2005: 275-276). 이와 관련해 산업화의 전개가 상대적으로 빨랐던 남부 월로니아 지방에서는 세속적인 사회주의 균열축이 강세를 보여 이 지역에서 사회주의 정당의 초창기 강세가 두드러졌다면, 상대적으로 산업화가 더디었던 북부 플란더스 지방에서는 종교적 균열이 두드려져 사회주의 정당보다는 가톨릭 정당의 강세가 존재했다. 이와 별도로 주로 서비스 부분이 발달했던 수도 브뤼셀에서는 자유주의 정당이 강세를 보였다(선학태 2005: 276).

이렇게 복합적이고 중첩적인 정치사회적 균열 가운데 벨기에는 정치세력 간 권력분점과 공유를 위한 다양한 정치제도들이 발전하여 왔다. 여타 합의제 민주 국가들과 같이 벨기에에도 다수제가 아닌 비례대표제 선거제도가 도입되었고, 이는 정당들 간에 고른 의석배분으로 이어져 다당제로 나타나게 되었다. 다만, 벨기에의 정당체계가 여타 이웃 국가들과 차별화되는 것은 전국정당이 아닌 지역정당(regional party)을 중심으로 정치가 제도화되어 왔다는 점에 있다(선학태 2005: 286). 즉 다른 서구 민주주의 국가들처럼 노동과 자본, 국가와 (가톨릭) 교회 등의 중심 균열축에 벨기에 고유의 언어적 균열이 중첩되어 정당체계가 발전했다는 것이다. 따라서 같은 계열(party family)의 정당들이 언어권별로 독립적인 지역정당으로 발전해 지역중심의 다당체계가 형성되어 왔다. 예를 들어, 벨기에의 주요 정당을 보면, 언어권별로 가톨릭 교회를 대변하는 기민당(CD&D, 네덜란드어)과 기민당(CDh, 불어)이 각각 독립적으로 공존하고 있다. 그 밖에 자유당, 사회당 등의 주요 정당 계열도 각각의 언어권별로 따로 존재하고 있다. 따라서 극도로 분열된 지역중심의 벨기에 다당제 하에서 연립정부의 구성은 빈번하며, 2014년 10월 선거 이후 형성되어 샤를 미셸(Charles Michel) 총리가 이끌고 있는 중도우파 성향의 현 정부에는 총선에서 1위를 차지한 플레미시 연대(New Flemish Alliance), 네덜란드어권 기민당(Christian Democratic and Flemish), 자유당(Open Flemish Liberals and Democrats), 그리고 프랑스어권 자유당(Reformist Movement) 등의 4개 정당이 참여하고 있다.

이처럼 연정(coalition government)의 형성이 일반적인 벨기에는 그 헌법에 공식적으로 내각에 언어공동체의 대표를 포함시켜야 하는 조항을 규정으로 갖고 있다. 이런 제도 하에서 다수파인 네덜란드어권과 소수파인 프랑스어권을 대표하는 대략 동등한 수의 각료로 내각을 형성하는 것이 일종의 관행으로 정착되었다(선학태 2005: 284). 2차 대전 이후 벨기에에서 단일정당으로 구성된 행정부 내각은 단지 4년에 불구하며 1980년 이래 모든 내각은 4~6개 정당으로 구성된 연정 내각 이었다(선학태 2005: 285).

한편, 벨기에는 1830년대부터 비교적 오랫동안 강력한 중앙집권적 단방제를 유지해 왔으나, 오랫동안 누적된 언어적·지역적 균열에 대한 해법으로 연방주의의 필요성에 대한 요구가 끊이지 않았다. 따라서 벨기에는 1970년 이래 1993년까지 총 4차례의 개헌을 통해 지방자치를 확대 강화하는 연방제 개혁을 추진해 왔다. 따라서 브뤼셀(Brussels)에 존재하는 연방정부를 중심으로 자치지역(regions), 언어공동체

(linguistic communities), 주(province), 자치구(commune) 등의 4종류의 지방정부가 존재하며 각 지방정부는 독자적인 입법부와 행정부를 두고 있다.

4) 스위스: 가장 합의제적 민주주의 국가

스위스는 중세 이래 종교적, 언어적, 인종적으로 다양한 정치사회적 갈등을 경험해왔다. 특히, 보수적 가톨릭 세력과 진보적 프로테스탄트 간의 극심한 종교적 균열은 16~19세기에 걸쳐 여러 차례 내전으로 확대되기도 하였다. 또한 기존 균열에 산업화 과정을 거치면서 사회경제적 불평등이 고조됨에 따라 계층적 분열까지 더해져 복합적이고 중첩적인 사회균열구조를 만들어 냈다. 이와 같은 스위스의 언어, 종교, 계층적 균열은 자칫 정치공동체의 와해로까지 이어질 수 있는 불안정한 잠재요소였고, 이를 예방하기 위해 스위스에는 다양한 합의제적 요소들이 도입 발전되었다.

스위스 합의제 모델의 대표적인 특징은 다차원적 정당체제와 비례대표제라 할 수 있다(유성진 2010: 38). 캔톤(canton) 또는 반캔톤(half-canton)으로 구성되는 스위스 하원의 선거구는 개별 선거구에서 선출되는 의원 수는 인구비례에 의해 결정된다. 비례대표제를 통해 스위스의 다중적인 사회균열은 다차원적 정당체계로 나타나게 되고, 어떤 정당도 절대 다수를 확보할 수 없는 구도 하에서 정당들은 타협과 협의를 통해 공존의 길을 모색하게 된다(선학태 2005: 309).

모든 주요 정당으로 하여금 포괄적인 연립을 통해 행정권을 분담·공유하게 디자인된 스위스의 합의제 모델은 소위 '콘코르단츠 민주주의(Konkordanz democracy)'로 일컬어진다(선학태 2005: 312; 유성진 2010: 39). 뿌리 깊은 정치사회적 분열로 인해 이미 여러 차례 정치적 혼란을 경험한 바 있는 스위스의 정치엘리트들은 다원적 분절집단 간의 화합과 공존을 위해 특유의 집단적 대통령직(collegial presidency)에 해당하는 연방협의회(Federal Council)를 채택하고 있다. 연방협의회에는 대통령과 부통령을 포함한 7인의 각료로 구성되며, 4개의 주요 정당(급진민주당, 사민당, 스위스국민당, 기민당)이 2 : 2 : 2 : 1의 비율로 연립정부에 참여하여 행정권을 공유·분담한다. 연방협의회의 의사결정은 합의제를 따르며, 1년 임기의 연방대통령은 내각 참여 기간의 연륜에 따라 윤번제로 선출된다.

집단지도체제와 더불어 스위스는 지역적 구분에 따라 자리 잡고 있는 사회적 균열구조를 고려하여 지방정부의 자율성을 최대한 존중하는 지방분권적 연방제를 실시하고 있다. 스위스의 연방제는 연방, 캔톤, 꼬뮌 등 세 수준의 정부가 각각 독자성을 갖고 준주권적(semi-sovereign) 자치권을 부여받고 있으며, 현재 스위스에는 약 26개의 캔톤과 약 3,000개의 꼬뮌이 존재하고 있다.

연방제 채택을 통한 권력의 수직적 분할을 도모한 스위스 합의제는 또한 양원제를 통해 의회 권한의 분산을 꾀하였다. 스위스 의회는 국민을 대표하는 국민협의회(National Council: 하원)와 캔톤을 대표하는 주협의회(Council of the States: 상원)로 양분되어 권력이 공유되며, 특히 46명으로 구성된 상원에는 인구규모와 상관없이 모든 캔톤들의 평등한 참여 —20개의 일반 캔톤에는 2명씩, 그리고 6개의 반캔톤에는 1명의 의원 수가 배정— 가 보장되어 소수자에 대한 일종의 특별대표권이 부여된다. 즉 스위스 상원인 주협의회의 구성에 있어서 인구비례를 고려하지 않는 각 주의 권한의 등가성이 무엇보다 중요한 원칙으로 고려된 것이다.

이 같은 스위스 정치제도의 합의제적 특징은 이질적 정치문화와 다층적 사회균열 같은 사회적 분절화에 대한 제도적 대응의 산물이라 평가할 수 있을 것이다. 또한 다중적이고 파편화된 균열이라는 스위스의 정치사회적 유산에 제도적으로 대응해 오는 과정에서 발전되고 정착된 일련의 합의제적 요소들이 스위스가 가장 합의제적 국가로 분류되는데 공헌해 왔다고 할 수 있을 것이다.

5) 독일: 합의제와 다수제 민주주의의 혼합형

레이파트의 연구에 따르면, 독일은 스위스에 이어 두 번째로 합의제의 원형에 가까운 의사결정방식을 갖고 있는 체제로 분류된다. 그러나 때때로 독일은 합의제 방식뿐만 아니라 다수제적 요소를 적절히 혼용해 사용하는 협상민주주의의 대표적 사례로 간주되기도 한다(선학태 2005). 이러한 혼재적 요소는 소위 연동형의 권역별 비례대표제로 불리는 독일식 혼합형 선거제도에 잘 드러난다. 독일은 연방의원 선출에 있어서 하나의 지역구에서 최다득표자를 대표로 선출하는 다수제 방식의 소선거구제(SMD) 방식과 더불어, 지역구 선거의 불비례성(disproportionality) 문제를 조정하기 위한 방편으로서 합의제 방식의 정당본위 비례대표제를 절충하여 사용하고 있다. 즉 전체 599개의 독일 연방의회(German Bundestag) 의석수 가운데 절반인 299개 의석은 각각의 독립적인 선거구에서 단순다수제(first-past-the-post system) 방식으로 선출되고, 나머지 절반의석이 16개 주(Land)별로 각 정당이 제시한 정당명부 (party list) 투표를 통해 뽑힌다. 다만, 독일식 혼합형 선거제도의 특징은 개별 정당 이 가져가는 총 의석수는 그들 정당이 얻은 정당득표에 의해 최종 결정된다는 특 징을 갖는다. 즉 선거결과의 비례성을 제고하기 위해 지역구 선거와 정당명부 선 거가 연동해 작동하며, 이런 이유로 독일식 선거제도를 비례형 혼합제(MMP: Mixed Member Proportional)로 부르기도 한다. 이는 한국의 현행 선거제도인 1인 2표 방식 의 병렬형 혼합제(Parellel Mixed System)와 종종 비교되기도 한다.

결론적으로 독일식 선거제도는 다수제와 합의제를 적절히 혼용하고 있지만, 최 종 의석수가 정당 득표에 의해 궁극적으로 결정되는 경향이 빈번하여 학자에 따라 서는 비례제로 분류되기도 한다. 또한 이런 이유로 독일의 정치제도는 다수제와 합 의제의 혼재형이라기 보다는 합의제에 보다 가깝다고 평가할 수도 있을 것이다. 실 제로 독일의 정당체계는 다수제 선거제도에서 일반적인 양당제보다는 줄곧 다당제 형태로 나타났으며, 이런 이유로 연립정부 구성이 자주 관측되었다(유성진 2010: 42-3). 이렇게 합의제에 가까운 혼합형 정치제도가 독일에 자리 잡게 된 배경에는 근대 국가 성립 이전에 수많은 공국으로 분열되어 있던 독일의 역사적 유산이 존재 한다고 할 수 있다. 독일은 구교와 신교 간의 극심한 종교적 갈등을 비롯해 산업혁 명 이후 분출한 계급 균열이 기존의 지역적 갈등에 더해져 심각한 사회적 갈등과 분열의 기반을 마련하였다(유성진 2010: 41). 이러한 복잡한 사회균열 구조는 독일 제국 형성 후 비스마르크의 강력한 리더십에 의해 적절히 통제되고, 나치정권의 권 위주의적 통치로 유지되어 왔다. 그러나 2차 대전 이후 새로운 방식의 거버넌스 모 델에 대한 요구가 분출하게 되었고, 점차 독일식 의사결정 과정의 대표적 특징이라 할 수 있는 균등(Paritat)원칙이 자리를 잡아감에 따라 합의제 모델로 수렴해 오게 되었다. 이러한 독일식 합의제 민주주의 모델은 수평적 권력분립을 기반으로 독일 연방제를 지탱하는데 크게 공헌해 왔다.

비례대표 선거제도와 더불어 독일식 합의제를 지탱하는 또 다른 제도적 축으로 연방주의를 들 수 있다. 독일의 연방주의는 미국, 스위스, 캐나다 등에서처럼 사회 문화적 다양성과 이질성을 바탕으로 채택된 연방제가 아닌 단일 민족이 형성한 사 례라는 점에서 특징이 존재한다. 이러한 독특한 연방제의 연원에는 분권주의라는 독일의 전통이 존재하는데, 연방제를 통한 중앙과 지방 간의 수직적 권력분립은 입 법·행정·사법으로 권력이 분산되는 수평적 권력 분립과 더불어 독일식 합의제 민주주의의 발전과 정착에 이바지해 왔다.

독일은 이외에도 연방상원(Bundesrat)과 연방하원(Bundesteg)으로 입법기능과 권한이 분산된 양원제를 채택하고 있으며, 개정이 쉽지 않은 경성헌법 체제를 유지하고, 의회와 별도의 연방헌법재판소를 두어 위헌심사권을 포함한 독립적 사법심사권을 보장하는 등 다양한 합의제적 요소를 갖추고 있다. 따라서 소선거구 단순다수제를 중심으로 한 지역구 선거제도, 의회에 대한 행정부의 우위를 특징으로 하는 '수상민주주의' 등 일부 다수제적 요소를 혼합하고 있으나, 여전히 독일의 주요 정책결정과정은 합의제적 방식을 통해 주로 처리된다는 점에서 넓은 의미의 합의제로 분류할 수 있을 것이다.

6) 유럽연합(EU): 초국가적 수준의 합의제 거버넌스

지금까지의 논의는 단일 국가 수준의 합의제 민주주의의 제도적 운용 사례라면, 유럽연합(EU)은 초국가적 수준의 합의제 유형이라 할 수 있을 것이다. 합의제 민주주의 관점에서 볼 때, 유럽연합은 국가의 경계를 균열선으로 하는 분절된 유럽 사회에 기반하고 있다(선학태 2005: 363). 물론, 유럽연합은 연방제라기보다는 국가연합으로 분류된다는 점에서 합의제 모델을 적용시키는데 논쟁의 여지는 있지만, 그럼에도 불구하고 유럽연합이 채택하고 있는 의사결정방식에는 합의제적 요소가 곳곳에 존재한다.

유럽연합의 의사결정방식에는 크게 단순다수제, 만장일치제, 그리고 가중다수결제가 존재한다.[4] 이 중에서 유럽연합의 가장 독특한 의사결정방식으로 종종 거론되는 가중다수결제는 합의제의 특징이 잘 드러나는데, 그것은 일종의 역진 비례대표성에 기반하고 있다. 즉 역진비례대표제는 회원국들의 국력차이를 반영하여 약소국들의 의사 수에 가중치를 부여해 그들의 이해가 의사결정 과정에서 강대국에 비해 과소대표되거나 배제되지 않게끔 조율해 준다(유성진 2010: 46). 결국, 유럽연합은 의사결정 과정에서 합의도출이 용이한 어젠다에 대해서는 단순다수제 방식을, 회원국들의 이해가 상충하는 민감한 이슈에 대해서는 만장일치제 방식을, 그리고 유럽연합의 운영이나 관리에 관한 주제에는 가중다수결제를 차별적으로 적용하는 정치적 유연함을 연출하고 있다. 이는 초국가적 수준에서 다수제와 합의제 의사결정 모델이 적절히 혼용되어 사용될 수 있음을 보여주는 성공적 사례라 평가할 수 있을 것이다.

유럽연합의 의사결정방식 이외에도 유럽연합은 다양한 합의제적 요소를 제도적으로 두루 갖추고 있다(선학태 2005: 261). 무엇보다도 일종의 국가연합(confederation)으로 유럽연합의 회원국들은 폭넓은 자치권을 보유하여, 외교 및 군사부터, 경제, 교육 및 그 밖의 사회정책에까지 많은 독자적 권한을 행사한다. 또한 유럽연합에 참여하는 모든 회원국들이 EU의 행정부라 할 수 있는 유럽집행위원회(European Executive Commission)의 구성에 참여한다는 점에서 EU의 행정권은 전체 회원국들에 폭넓게 분산된 국제연정(international coalition government)으로 간주할 수도 있다(선학태 2005: 366). 뿐만 아니라, 유럽연합의 양원제적 요소 또한 갖추고 있는데, 그것은 EU가 유럽의회(European Parliament)와 별도로 개별 회원국들이 파견한 각료들로 구성된 유럽연합의회(Council of the European Union)를 두고 있다는데서 뒷받침 되고 있다. 그 밖에도 유럽연합은 사법심사를 담당하는 유럽재판소(European Court of Justice)를 두고 있고, EU와 관련한 주요 법률이나 조약의 개정이 만장일치나 초다수제(super-majority rule, 2/3 다수제)를 요구한다는 점에서 경직헌법의 요소도 갖추고 있다.

4 합의제 민주주의에 대한 비판적 논의

지금까지 살펴본 바와 같이 합의제 민주주의는 분절된 사회를 통합하고, 소수세력의 권익을 보호하며, 사회경제적 불평등 문제를 제고하여 궁극적으로 민주주의의 질(democratic quality)을 향상시킬 수 있는 잠재적 장점을 갖고 있다(Lijphart 199). 그러나 합의제 모델은 모든 민주주의 국가들이 안고 있는 문제들에 대한 만병통치약이 될 수는 없다. 실제로 합의제 민주주의의 여러 취약점(weakness)에 대한 비판적 논의도 존재하며, 여기에서는 그에 대한 간략한 소개를 하고자 한다.

우선 합의제 민주주의는 정책결정 과정에 너무 많은 거부권 행위자들(veto players)을 포함할 수밖에 없기 때문에 의사결정 과정이 지나치게 길어질 수 있고 따라서 정책효율성이 떨어질 수도 있다. 최악의 경우에는 정책결정 과정에 너무나 많은 이질적 세력이 참여하게 되는 나머지 심각한 정국의 교착에 빠질 수도 있으며, 이는 결국 통치성(governability)의 문제로 이어질 수도 있다(Schmidt 2002: 150).

실제로 합의제 민주주의 모델의 일반적 특징이라 할 수 있는 정당명부식 비례대표제, 다당제, 그리고 연립정부 등의 조합은 다양한 정치세력 간의 합의 도출이 원활하지 않을 경우 잦은 정부 교체와 정국 불안정성으로 이어질 수 있다. 2차 대전 이전의 독일 바이마르 공화국(The Weimar Republic)은 그것의 대표적인 고전적 사례라 할 수 있을 것이다. 더욱이 협상과정의 지체와 집단 간 교착의 지속은 낭비적이고 경제적으로 비효율적일 수 있으며 궁극적으로는 국가경쟁력의 저하도 가져올 수 있다. 하지만 통치의 효과성(effectiveness)과 정책의 민주적 대표성(representativeness) 간에 존재하는 일종의 상쇄관계(trade-offs) 속에서 무엇에 더 비중을 둘 것인가는 선택의 문제일 수 있을 것이다. 따라서 그 사회가 갖고 있는 일반적 가치체계에 부합하거나 또는 그 정체(polity)에 더 필요한 요소를 선택하는 것이 하나의 타당한 방법일 것이다.

다수제 유형에 대한 합의제 민주주의의 또 다른 취약점은 후자 하에서 상대적으로 빈약할 수 있는 책임성(accountability)의 문제에 있다. 민주주의 질은 정치 참여의 포괄성(inclusiveness)뿐만 아니라 책임성(responsibility)의 영향도 받게 마련이다. 즉 공고화된 민주주의 사회에서 중요한 가치는 비단 특정 소수 세력에 대한 지속적이거나 의도적인 배제 없는 평등한 정치 참여(equal participation)에만 달려 있는 것은 아니다. 정치적 영향력의 포괄성과 더불어 정부나 정치 엘리트들이 선거적 연계(electoral connection)를 통해 유권자에 지속적으로 반응(responsive)하고 책임을 지는(accountable) 책임성의 원리도 민주주의의 질에 큰 영향을 미칠 수 있는 것이다(Kaiser et al. 2002). 실제로 레이파트의 합의제 민주주의에 대해 그간 제기되어 왔던 많은 비판의 초점은 그것이 엘리트 카르텔 그리고 국민과 격리된 정치 엘리트들 간의 밀실협상에 주요 정책 결정의 많은 부분 의존하는 경향이 있었기에 국민이 정치 과정에서 배제되거나 책임을 물을 수 있는 기회가 제약될 수 있다는 데 있었다(Lustik 1997). 특히, 다양한 정치세력 간의 지속적 협상과 정책 합의를 통해 연정(coalition government)이 지속된다면, 선거를 통해 정권교체를 하거나 국민이 현직자에 대한 책임을 묻는 것이 근본적으로 불가할 수도 있다. 하지만 우리는 포용성과 정부 반응성 또는 책임성 간의 상쇄 관계 속에서 어느 일방을 추구하거나 포기하기보다는 안정적 민주주의 운용에 필요한 제도적 유연성을 모색해야 할 것이다.

5 결론을 대신하여: 합의와 형평을 위한 한국의 정치제도 디자인

지금까지 합의제와 다수제라는 레이파트의 민주주의 분류에 따라 각각의 모델을 간략히 살펴보고 두 유형의 상대적 장단점에 대해서도 알아보았다. 또한, 서유럽 민주주의 국가들을 사례로 하여 다수제와 합의제 민주주의가 각각 어떻게 현실적으로 운용되고 있는가도 살펴보았다. 민주주의 유형 논쟁에서 무엇보다 근본적인 문제는 민주주의 사회에서 사회균열과 정치세력 간 갈등이 필연적이고 본질적이라는 것을 전제하되, 민주주의의 성공적 수행에는 이러한 정치적 갈등과 분열을 적절하게 조정하고 해결하는 시스템의 제도화가 필요하다는 국민적 인식과 공감대일 것이다. 즉 사회의 다양한 이익과 상충하는 요구를 반영할 수 있고 이를 적절히 관리할 수 있는 정치제도가 안정화 될 때 민주주의는 한층 공고화 될 수 있다. 정치제도 디자인에 있어서 무엇보다 중요한 관건은 정치적 갈등을 조정 관리하여 국정의 효율성을 추구하는 권력집중형 제도를 추구할 것인가, 아니면 정책결정 과정에서 배제되거나 소외될 수 있는 소수 또는 사회경제적 약자의 권익보호에 보다 초점을 둘 것인가라는 선택의 문제이다(선학태 2010: 70).

주지하다시피 합의제가 다수제에 비해 반드시 질적으로 더 안정된 민주주의를 수반하는 것은 아니며, 또한 다수제 민주주의에서만 보다 책임성 있는 민주주의를 기대할 수 있는 것은 아니다. 실제로 민주화 이래 줄곧 다수제 성격이 강하게 드러나는 여러 민주주의 제도를 선택 운용해 온 한국에서도 책임성의 빈약 또는 부재 문제가 지속적으로 제기되어왔음은 주지의 사실이다(최장집, 박찬표, 박상훈 2007; 유성진 2010: 50에서 재인용). 따라서 문제의 본질은 어쩌면 각각 장단점을 갖고 있는 두 유형의 민주주의가 어떤 정치사회적 맥락과 결합해서 현실적으로 운용되는가에 달려있을 것이다.

잘 알려진 예로 동질적인 사회구조나 정치문화를 갖고 있는 사회에서는 다수제 유형이 안정적 민주주의 운용으로 나타날 수 있으며, 고도로 분절화된 사회적 갈등을 안고 있는 국가에서는 사회 통합을 위해 합의제 유형을 고려해 볼 필요가 있을 것이다. 이러한 일종의 제도적 친화성은 오랜 기간 다수제를 통해 안정적 민주주의 시스템을 유지해온 영국과 미국의 사례, 그리고 합의제 방식으로 사회통합과 민주주의 발전을 이끌어 온 서유럽 국가들의 사례가 경험적으로 뒷받침해 주는 사실이다. 하지만 한 사회는 정치경제적 발전이나 세대 변화를 통해 인구사회학적 변동을 경험할 수 있고, 이는 오랫동안 동질적이었던 사회에 이질성을 더해줄 수도 있다. 한국의 경우 한국 전쟁 이후 수십 년 동안 고도로 압축적인 경제 성장과 그에 이은 민주화를 경험하면서 세대, 지역, 계층에 따른 많은 갈등의 씨앗을 배태해 왔다. 따라서 다수제적 의사결정방식을 비교적 오랜 기간 채택해 온 정치공동체라 할지라도 한국 사회의 장기적 안정과 통합을 위해 합의제적 요소의 보완이 필요하다 할 수 있다.

물론 기존의 대통령제라는 통치체제 하에서 내각제 국가들이 보다 일반적으로 사용해 온 합의제적 요소를 도입한다는 것에 대해 거부감을 가질 수도 있다. 일례로 체제 불안정과 정국 교착으로 인해 합의제적 특징인 연립정부는 대통령제와 어울리지 않는다는 비판도 존재한다(Mainwaring 1993). 그러나 비교민주주의 학자들의 연구에 따르면 연립정부도 결코 내각제의 전유물이 아니며, 실제로 1946년부터 1999년까지 총 218개의 사례 중 97개의 대통령제에서 소수 정부가 발생했으며, 이 중 절반 이상인 52개 사례에서 연립정부가 구성되었다(Cheibub, Przeworski, and Saiegh, 2004). 나아가 연구결과에 따르면 대통령제 하의 연립정부가 행정부의 안정성과 민주주의의 생존에 긍정적인 영향을 미쳤다(홍재우, 조성대, 김형철 2012: 94). 즉 연립정부도 대통령제 하에서 소수파 대통령이 정국의 난국을 타개하기 위해 충분히 생각해 볼 수 있는 정치적 옵션이 될 수 있다는 것이다.

더욱이, 민주주의의 유형과 복지체제 간에는 일정한 상관성이 존재하고, 합의제가 경제적 불평등 해소에 더 적합한 체제로 알려져 있다는 점에서(Birchfield and Crepaz 1998), 심화되는 경제불평등과 이념적 양극화 도전을 받고 있는 한국 사회에서 합의제적 보완이 필요하다고 할 수도 있을 것이다. 예컨대, 다수제 정치제도는 영미형의 자유시장경제(liberal market economies) 체제와 친화성을 보이는 반면, 합의제 정치제도는 유럽형의 조정시장경제(coordinated market economies)와 제도적으로 맞물려 나타나는 경향이 있다(Iverson and Soskice 2009: 444). 즉 다수제 모델은 경쟁의 원리에 따라 작동하는 정치경제체제를 촉진하여 높은 수준의 노동시장 유연화와 낮은 수준의 사회 보장, 그리고 소극적 노동시장정책의 전개 등을 통해 자유주의 복지 레짐으로 연계되고, 소득 불평등과 사회 양극화의 심화로 이어질 수 있다. 반면에, 조정시장경제체제와 연계된 합의제 모델은 글로벌 경쟁의 고도화 속에서 사회적 위험에 노출되거나 희생된 사람들에 대한 적극적이고 포괄적인 사회보장 정책을 펼쳐 사회적 취약 계층의 일방적 희생을 최소화하고 지속가능한 보편적 복지체제를 추구하는데, 이는 노사정 간 사회적 협의를 매개로 이루어진다. 이런 맥락에서 합의제 정치제도는 지속 가능한 보편적 복지국가 구축을 가능하게 하는 정치제도적 전제 조건으로 거론되기도 한다(선학태 2012). 따라서 보편적 복지와 선별적 복지라는 경쟁적 복지 체제 레짐에 대한 논의가 활발한 한국 사회에서도 복지 레짐의 선택이라는 논의와 함께 그에 걸맞은 정치제도 디자인에 대한 보다 활발한 논의가 필요할 수도 있다.

▌미주

1) 다수제와 합의제 민주주의 모델의 제도적 장단점에 대하여는 한정택(2010)의 논의를 참고하였다.

2) 물론, 이러한 "전통적 믿음(conventional wisdom)"과 달리, 레이파트와 크레파즈(M. Crepaz)는 경제성장(economic growth)과 실업률(unemployment rates)이라는 두 가지 거시경제지표를 기준으로 볼 때, 합의제 모델은 경쟁모델인 다수제 유형에 비해 결코 저조한 성과를 보이지 않으며 나아가 우월한 경제적 성과를 가져오기도 한다는 것을 경험적 자료에 기반하여 주장하였다(Crepaz 1996; Lihphart 1999). 또한 크레파즈는 버치필드(V. Birchfield)와의 후속연구를 통해 합의제 민주주의는 또 다른 경제지표라 할 수 있는 불평등(economic inequality) 지수의 완화 측면에서 다수제 보다 우월한 성과를 보인나고 주상하였다(Birchfield and Crepaz 1998). 이러한 주장에 대해 앤더슨(L. Anderson)은 실업과 경제성장이라는 두 경제지표에 기반한 합의제 민주주의의 우월한 성과를 주장한 레이파트-크레파즈의 연구는 그들의 잘못된 개념 조작화(operationalization)에 의한 결과로, 조합주의(corporatism)와 중앙은행의 독립성(central bank independence)이라는 경제적 측면을 배제(통계적으로 통제)하면, 즉 합의제 민주주의의 순수 정치제도적 요소들(the core elements of consensus democracy)은 오히려 낮은 경제성장과 높은 실업률과 연관되어 있음을 들어 반박한 바 있다(Anderson 2001).

3) 본 장의 합의제 민주주의의 제도적 사례에 대한 서술은 선학태(2005)와 유성진(2010)의 논의에 의존하고 있다.

4) 유럽연합이 채택하고 있는 의사결정방식은 단순다수제, 만장일치제, 가중다수결제 등 크게 세 가지로 나뉜다. 회원국 간에 존재하는 인구나 경제 규모의 차이가 고려되지 않는 단순다수결제는 회원국들 사이에 큰 이견이 없어 쉽게 결론에 도달될 수 있는 사안에 한해 주로 사용되며, 유럽연합의 제도적 운영이나 보완 등 회원국들 간 이해나 역학관계에 결정적 영향을 미치는 주요 사안에는 만장일치제가 사용된다. 그리고 유럽공동체의 전반적 운영과 관련한 주요한 결정 사안에 대하여는 가중다수결제를 사용하는데, 가중다수결은 대국 회원들의 투표수 비중은 줄이고 중소국 투표의 비중은 늘이는 특징이 있다(유성진 2010: 45).

▌참고문헌

강신구. 2012. "어떤 민주주의인가?" 『한국정당학회보』, 11(3): 39-67.

강원택. 2001. "한국 정치에서 이원적 정통성의 갈등해소에 대한 논의: 준대통령제를 중심으로." 『국가전략』, 4(7): 29-50.

김재한·레입하트. 1997. "합의제와 한국의 권력구조." 『한국정치학회보』, 31(1): 99-120.

박찬욱. 2004. "대통령제의 정상적 작동을 위한 개헌론." 진영재 편. 『한국 권력구조의 이해』, 171-224. 파주: 나남.

선학태. 2005. 『민주주의와 상생정치: 서유럽 다수제 모델 vs 합의제 모델』. 서울: 다산출판사.

선학태. 2010. "한국민주주의 공고화 관점에서 본 헌정체제 디자인: 합의제형." 『민주주의와 인권』, 10(1): 69-130.

안순철. 2004. "내각제와 다정당체제: 제도적 조화의 모색." 진영재 편. 『한국 권력구조의 이해』. 111-146. 서울: 나남.

유성진. 2010. "합의제 의사결정방식과 민주주의." 『분쟁해결연구』, 8(3): 25-54.

장훈. 2001. "한국 대통령제의 불안정성의 기원: 분점정부의 제도적, 사회적, 정치적 기원." 『한국정치학회보』, 35(4): 107-127.

정진민. 2004. "한국 대통령제의 문제점과 극복 방안." 『한국정당학회보』, 3(1): 279-304.

조정관. 2004. "대통령제 민주주의의 원형과 변형: '한국형' 대통령제의 특징과 제도운영의 문제." 진영재 편. 『한국 권력구조의 이해』. 서울: 나남.

최장집·박찬표·박상훈. 2007. 『어떤 민주주의인가』. 서울: 후마니타스.

한정택. 2010. "다수제와 합의제에 대한 이론적 논의." 『현상과인식』, 34(4): 121-147.

홍재우·김형철·조성대. 2012. "대통령제와 연립정부." 『한국정치학회보』, 46(1): 89-112.

Anderson, C. J., & Guillory, C. A. 1997. "Political Institutions and Satisfaction with Democracy: A Cross-national Analysis of Consensus and Majoritarian Systems." *American Political Science Review*, 91(01): 66-81.

Anderson, L. 2001. "The Implications of Institutional Design for Macroeconomic Performance Reassessing the Claims of Consensus Democracy." *Comparative Political Studies*, 34(4): 429-452.

Birchfield, V., & Crepaz, M. M. 1998. "The Impact of Constitutional Structures and Collective and Competitive Veto Points on Income Inequality in Industrialized Democracies." *European Journal of Political Research*, 34(2): 175-200.

Crepaz, M. M. 1996. "Consensus Versus Majoritarian Democracy Political Institutions and their Impact on Macroeconomic Performance and Industrial Disputes." *Comparative Political Studies*, 29(1): 4–26.

Dahl, R. 1998. *On Democracy*. New Haven, CT: Yale University Press.

Kaiser, A., Lehnert, M., & Sieberer, B. M. 2002. "The Democratic Quality of Institutional Regimes: A Conceptual Framework." *Political Studies*, 50(2): 313–331.

Iversen, Torben and David Soskice. 2009. "Distribution and Redistribution: The Shadow of the Nineteen Century." *World Politics*, 61(3): 438–486.

Lijphart, A. 1968. "Typologies of Democratic Systems." *Comparative political studies*, 1(1): 3–44.

Lijphart, A. 1984. *Democracies: Patterns of Majoritarian and Consensus Government in Twenty-one Countries*. New Haven, CT: Yale University Press.

Lijphart, A. 1999. *Patterns of Democracy: Government Forms and Performance in Thirty-six Democracies*. New Haven, CT: Yale University Press.

Lustick, I. S. 1997. "Lijphart, Lakatos, and Consociationalism." *World Politics*, 50(01): 88–117.

Shaw, M. 2004. "The British Parliament in International Perspective." *Parliamentary Affairs*, 57(4): 877–889.

제5장

유럽 기업의 사회적 책임

제5장

유럽 기업의 사회적 책임

이 정 훈 (연세대학교)

1 유럽의 사회적 기업 연구 배경 및 목적

'나뉘어서 사는 세상!(Divided We Stand)'은 '불평등은 왜 계속 확대되는가?'라는 부제를 붙여서 OECD가 2011년에 내놓은 보고서의 제목이다. 신자유주의적 경제사회정책을 지향하던 유럽에서 글로벌 금융위기라는 전 세계적인 경기후퇴를 겪고 나서 되돌아보니 상위계층과 하위계층 사이의 소득격차는 점점 더 벌어지고 있었을 뿐 아니라, 경기침체기에 더 큰 고통을 당하는 쪽도 하위계층이라는 사실이 확인되고 있다(국제노동브리프 2012. 5.). 이러한 현상은 유럽이 지난 수년간 겪어온 경제위기와 깊은 관련이 있는 것으로 보이지만, 그보다는 시장이 보호기능을 제대로 수행하지 못하게 되면서 사회제도의 중요성에 대한 인식이 커지고 있던 차에 경제위기로 인해 그러한 인식이 급격히 확대되었다고 보는 것이 정확하다(국제노동브리프 기획특집). 사실 경제위기 전에도 〈그림 5-1〉과 같이 1995년과 2008년 사이에 고용률은 EU 15개국에서 평균 약 7%포인트 증가하고 실업은 몇 십 년 만에 최저치를 기록함에도 불구하고 실제로 같은 기간 빈곤율은 EU 15개국 평균 15% 내외로 상대적 빈곤율은 거의 변화가 없었을 뿐 아니라 일부 국가에서는 실제로 빈곤이 증가하기도 하였다. 빈부격차 심화와 사회 양극화 문제는 글로벌 경제의 지속가능성에도 커다란 위협이 될 뿐만 아니라 개별 국가 차원에서 균형적인 경제성장과 조화로운 사회 발전에 걸림돌이 되고 있으며, 사회 구성원 모두에게 유익한 공공선의 달성을 목표로 두어야 한다는 기업의 사회적 책임에도 어긋나는 것이다.

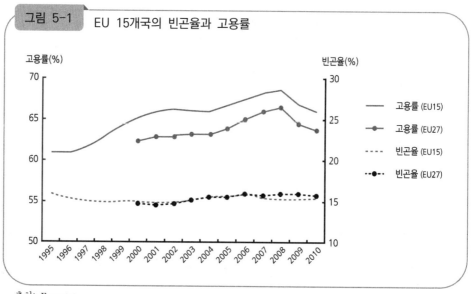

그림 5-1   EU 15개국의 빈곤율과 고용률

출처: Eurostat

이에 대한 대응책으로 UN이나 OECD 등의 국제기구와 유럽 25개국 공동체인 EU의 적극적인 활동이 이루어지고 있으며 아울러 기업의 사회적 책임에 대한 요청은 더욱 강화되고 있어 장애인·취약계층 고용 향상, 빈곤퇴치 등의 전략적 사회공헌 활동이 수행되고 있다. 또한, 최근 유럽 기업의 사회공헌 활동이 비영리 단체에 수익을 기부하던 전통적인 방식을 넘어 비즈니스적 기능으로 재구성되고 있는 만큼 공익성을 지향하면서도 이윤 창출을 위한 경영을 중시하는 '사회적 경제기업 육성'이 유럽에서 확산되고 있다. 경제적·사회적 양극화 심화는 유럽뿐만 아니라 국내에서도 노동시장의 유연화로 인한 비임금근로자(전체 종사자 중 32.8%)와 비정규직이 증가하고 있으며, 고용형태에 따라 근로자 간 현저한 임금격차가 존재하고 있어 사회적 기업을 유력한 대안으로 적극 활용하려고 하지만 노동부 장관 인증을 받은 사회적 기업이 1,124개 정도로 유럽에 비해 훨씬 적은(영국기준 1,171,276) 수를 보유하고 있으며 사회적 기업에 대한 지원은 미미한 실정이다. 본 연구에서는 유럽의 영국, 프랑스, 독일과 비교 분석하여 국내의 사회적 기업의 문제점은 무엇이며, 빈부격차와 사회적 양극화 문제 해결을 위해 국내 사회적 기업이 지향해야 할 방향성을 제시하려고 한다.

2 유럽 기업의 사회적 책임감과 사회적 기업 문헌분석

1) 유럽 기업의 사회적 책임감 배경

빈부격차와 사회 양극화 문제는 기업의 경영활동에서 인권존중 및 보호와 관련된 내용으로 1990년대 이후 UN과 OECD를 비롯한 국제기구에서 주요한 이슈로 다루어 왔으며, 2011년에 제정된 UN의 기업과 인권강령(UN Guiding Principles on Business and Human Rights)에 '인권보호를 위한 국가의 의무', '인권존중을 위한 기업의 책임', '시정을 위한 조치' 등 3가지의 항목으로 구성되어 있다. 그 중 '인권존중을 위한 기업 책임' 운영원칙 부분의 '인권에 대한 상세한 주의', '개선' 및 '사업환경에 대한 문제' 내용에서 빈부격차와 사회 양극화 문제를 다루고 있다.

표 5-1 UN의 기업과 인권강령 내용

인권존중을 위한 기업의 책임(The Corporate Responsibility to Respect Human Rights)
기본원칙(Foundational Principles) • 기업의 인권존중 의무 • 국제적으로 인정된 인권관련 사항에 대한 기업의 준수의무 • 기업의 인권존중 내용 • 기업의 규모, 경영방침, 소유권 및 기업구조 등과 무관한 기업의 인권존중 의무 • 인권존중을 위한 기업의 정책과 진행방식
운영원칙(Operational Principles) • 정책적 서약(Issues of context) • 인권에 대한 상세한 주의(Human rights due diligence) • 개선(Remediation) • 사업환경에 대한 문제(Issues of context)

출처: United Nations, Overview of the UN Global Compact, 2012

UN과 OECD를 위시한 국제기구와 여러 선진국들이 언급하는 인권존중 및 보호는 기업의 사회적 책임(CSR: Corporate Social Responsibility)의 일환으로 제기된 것이며, 구체적으로 기업의 사회적 책임에 대한 정의는 '기업의 경제활동에 있어 사회적, 환경적 고려를 통해 자발적으로 사회적 책무를 다하는 행위'라고 할 수 있다. 기업의 경영활동에서 사회적 책임을 구체적으로 제시한 국제사회의 가이드라인이 UN의 글로벌콤팩트(Global Compact)로 인권부분(Human Rights), 노동규정(Labour Standards), 환경(Environment) 및 반부패(Anti-Corruption) 등 4가지 사안에 대해 '인권보호지지 존중', '강요되거나 강제된 노동 배제', '고용 및 업무에서 차별 배제' 등 기업이 준수해야 할 10개항의 원칙으로 구성되어 있다.

표 5-2 **UN의 Global Compact 10개 원칙 내용**

구분	주요 내용
원칙 1	기업은 국제적으로 선포된 인권보호를 지지하고 존중해야 한다.
원칙 2	기업은 인권학대에 공모하지 않을 것을 확신해야 한다.
원칙 3	기업은 단체교섭에 있어 조합의 자유와 권리의 효과적인 인식을 지지해야 한다.
원칙 4	기업은 모든 형태의 강요되거나 강제된 노동을 배제해야 한다.
원칙 5	기업은 아동 노동을 폐지해야 한다.
원칙 6	기업은 고용 및 업무에서 차별을 배제해야 한다.
원칙 7	기업은 환경도전에 대해 예방적 접근을 지지해야 한다.
원칙 8	기업은 환경에 대한 책임 증진에 솔선해야 한다.
원칙 9	기업은 환경친화적 기술의 개발 및 보급을 지원해야 한다.
원칙 10	기업은 부당가격 청구 및 뇌물을 포함하여 모든 형태의 부패에 대응해야 한다.

출처: United Nations, The Ten Principles, 2012

이러한 기업의 사회적 책임에 관한 국제사회의 논의를 적극적으로 수용하고 있는 국가는 유럽연합 회원국들이다. 유럽연합은 기업경영에서 사회적 책임과 인권존중에 관한 정책을 유럽경제의 활성화와 사회정책과의 연계 등 광범위한 목적에서 실행하고 있으며, 2000년 3월 리스본에서 개최된 유럽이사회에서는 지속적인 성장과 고용을 위한 지식기반 경제로의 전환과 고용확대 그리고 노동시장에서 소외된 여성과 노령인구의 흡수 등을 내용으로 하는 리스본 전략(Lisbon Strategy)

을 발표하였다. 유럽연합은 이러한 리스본 전략에 따라 사회적 의제 2005~2010 (Social Agenda 2005~2010)을 채택하면서 유럽사회모델(European Social Model)을 제기하였다. 유럽사회모델은 이른바 사회적 의제, 즉 사회적 시장경제를 촉진하여 사회보장, 고용, 보건, 노동조건, 차별철폐 등 사회 각 부분에 걸쳐 중소기업의 글로벌 경쟁력 및 경제의 글로벌화에 대응한 유럽연합 전반의 경쟁력 강화와 노동자의 기본권 보장 그리고 삶의 질과 노동조건을 개선한다는 EU차원의 사회정책 목표를 담았다. 또한, '고숙련 노동인력 확대를 위하여 기업의 인력자원 관리', '사업장에서 건강과 안전을 강화', '기업 구조조정 및 현대화 과정에서 노동자의 권익을 보호하고 직업교육 등 변화에 대하여 적응', '기업의 환경영향 및 자원관리를 통하여 유럽연합의 환경기준을 준수' 등 6가지 실행원칙과 실행전략, 정책 제시 등 〈표 5-3〉과 같이 다양한 기업의 사회적 책임에 관한 보고서를 작성하였다. 이와 같이 유럽연합은 리스본전략의 실행방안으로서 기업의 사회적 책임 목적과 실천전략을 2000년대 들어 EU 회원국 및 기업차원에서 강구하였지만, 인권 및 노동조건 개선과 사회적 약자에 대한 지원은 만족스러운 수준에 도달하지 못하였다. EU는 2011년에 기존의 녹서와 보고서를 종합하여 '새로운 EU 기업의 사회적 책임 전략: 2011~14'를 제출하였는데, 이는 기업의 사회적 책임에 대한 국제적인 규범정립으로 2008년에 UN 특별대표부가 '보호, 존중 및 교정'으로 명명한 프레임워크 제출 및 2011년에 기업과 인권강령을 발표한 내외적인 상황변화를 따른 것이다. 또한, 2011년부터 2014년까지 실행해야 할 '우수사례 발굴 및 시상을 통한 기업의 사회적 책임성과 확산', '사회적 책임을 다하는 기업에 대한 경제적 보상체계 마련', '기업의 사회적 책임에 관한 교육 및 R&D', '각 국가에서 CSR 관련 조치 완비' 등 8가지의 실행방안이 제시되어 있다.

위에서 언급하였듯이 유럽은 기업의 사회적 책임감을 공동의 사회적 의제로 채택하면서 의무적으로 제도적 틀 안에서 '기업의 사회적 책임 실행을 위한 6개항의 실행원칙'과 '기업의 사회적 책임에 관한 8개 의제' 등 사회적인 이슈에 관해 엄격히 지침을 설정하고 있으며, 기업의 사회적 책임을 극대화하는 직접적 조치로서 사회공헌 활동 수행과 이에 대한 방안으로 사회적 기업을 적극적으로 육성하고 있다.

표 5-3	EU 기업의 사회적 책임 녹서 및 보고서	

연도	녹서 및 보고서	주요 내용
2001	기업의 사회적 책임 촉진을 위한 기본계획 (Promoting a European Framework for Corporate Social Responsibility)	기업의 사회적 책임에 관한 유럽 차원의 입장 및 정책 방향 제시
2002	지속적 발전을 위한 기업계의 사회적 책임 (Concerning Corporate Social Responsibility : A Business Contribution to Sustainable Development)	기업의 사회적 책임 실행을 위한 6개항의 실행원칙과 실행전략 및 정책 제시
2006	성장과 일자리 창출을 위한 동반자 관계 실행 (Implementing the Partnership for Growth and Jobs: Making Europe a Pole of Excellence on Corporate Social Responsibility)	기업의 사회적 책임 실행을 위한 기업 간 연합 지원 및 실행 방안 발표
2011	새로운 EU 기업의 사회적 책임 전략: 2011-14 (A Renewed EU Strategy 2011-14 for Corporate Social Responsibility)	2014년까지 기업의 사회적 책임에 관한 8개 의제 설정 및 실행

출처: European Union, Summaries of EU Legislation, 2012

2) 유럽 기업의 사회적 책임감과 사회공헌활동

유럽의 기업은 사회가 기대하는 법적, 경제적 역할 수행의 차원을 넘어서 기업이
보유하고 있는 자원을 적극 활용하여 사회공헌활동을 수행하고 있는데, '환경과 개발에

그림 5-2	WCED의 'Triple Bottom Line'

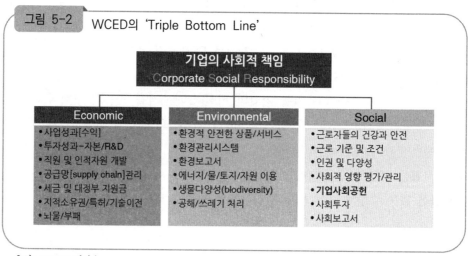

출처: WCED 재인용

관한 세계위원회(WCED)'가 1987년에 발표한 지속가능한 개발(Sustainable Development)
의 개념인 'Triple Bottom Line'을 통해 기업의 사회적 책임 안에 사회공헌활동이
내포되어 있는 것을 확인할 수 있다.

또한, 유럽연합은 기업의 사회적 책임감을 '기업사회 공헌활동은 사회적, 환경
적 관심을 포용하여야 하며, 자발적으로 다양한 이해관계자들의 이해 또한 고려되
어야 하는 것'으로 정의를 내림으로써 사회공헌활동을 중요하게 생각하고 있으며,
SERI의 2011년 보고서 '기업 사회공헌의 본질'에서는 사회공헌활동을 기업의 사회
적 책임감 항목 중 하나로 다루고 있다.

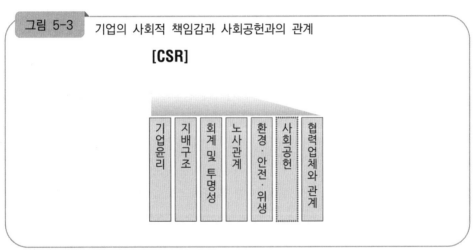

그림 5-3   기업의 사회적 책임감과 사회공헌과의 관계

[CSR]

기업윤리 / 지배구조 / 회계 및 투명성 / 노사관계 / 환경·안전·위생 / 사회공헌 / 협력업체와 관계

출처: 기업 사회공헌의 본질, SERI_2011

기업의 사회공헌활동은 크게 두 가지 정도로 장애인·취약계층에게 일자리 제
공 및 사회서비스를 제공하고 지역사회 주민 삶의 질 향상에 기여하는 사회적 기업
과 사회로부터 얻은 기업의 이익을 사회에 환원하는 자선적 책임을 위한 SRI투자로
나눌 수 있다. 먼저, 기업 사회공헌활동 중 하나인 사회적 기업을 유럽에서는 사회
적 소외와 실업에 혁신적인 해결책을 제시할 수 있는 역량을 가진 공익적 민간 활
동을 수행하는 기업으로 정의하고 있으며, 민법상 법인 조합, 상법상 회사 및 공익
법인, 비영리 민간단체, 사회복지법인, 생활협동조합 등의 비영리 단체로 조직형태
를 구성하고 있다고 한다(EU Executive Summary 2015). 유럽의 사회적 기업과 관련된
내용은 다음에서 구체적으로 언급할 예정이다.

표 5-4	사회적 기업의 조직 형태	

구분		유형
조직 형태	민법상 법인 조합	영리법인, 비영리 법인
	상법상 회사	주식회사, 유한회사, 농협회사 법인
	비영리 민간단체	공익법인, 비영리 민간단체, 사회복지법인, 생활협동조합
	법인 내 사업단	모 법인에서 독립된 사업단 예)인사, 회계, 의사결정

출처: 전라북도 경제통상진흥원, 2011

　　다음으로, 유럽은 지속가능 투자방식인 SRI(Socially Responsible Investment)를 통해 사회공헌을 하고 있으며, SRI란 투자의사결정 시 기업의 사회적 · 환경적 · 윤리적인 요인들까지 고려함으로써 단순히 수익을 많이 내는 기업에 투자하는 것이 아니라 사회적 책임을 다하는 기업인 사회적 기업과 같은 무형자산가치에 초점을 맞추어 지속적으로 성장 가능한 기업에 투자하는 것이다. 유럽 선진 금융시장에서는 지속가능투자 부문에 약 2,413억 유로가 380여 개의 펀드를 통해 운용되는 등 대기업들이 사회로부터 얻은 기업 이익을 사회에 환원하는 자선적 책임에 적극적으로 나서고 있다. 영국, 독일, 프랑스 등 조사대상 13개국의 2013년 SRI 총 규모는 〈표 5-5〉와 같이 약 9조 8,840억 유로(약 1경 3,029조 1,876억원)로 지난 2011년(약 8,916조 8,997억 유로) 대비 약 46% 증가하였다. 조사국 중에서는 프랑스(약 17%)와 영국(약 20%)이 유럽 SRI 시장에서 차지하는 비중이 가장 높은데, 국가가 사회책임투자 활성화를 위한 법 · 규제 마련에 가장 적극적이기 때문이다. 2013년에는 독일, 스위스, 네덜란드의 SRI 성장이 다른 해보다 두드러졌는데 기관투자자와 개인투자자의 적극적인 사회책임투자 활동과 SRI 활성화를 위한 법제 마련 때문이다(European SRI Study 2014).

| 표 5-5 | 유럽의 SRI 규모 현황(2002~2014) | | | | | | (단위: 10억 유로) |

구분	2002	2003	2005	2007	2009	2011	2013
총 규모	€336	€1,033	€2,665	€5,000	€5,000	€6,763	€9,884

출처: Eurosif, 2014

3) 유럽의 사회적 기업

가. 유럽의 사회적 기업 범위 및 유형

유럽은 사회적 기업을 기업적 범위, 사회적 범위, 거버넌스 범위의 3가지 관점에서 정의내리고 있는데, 그 중 기업적 범위에서의 사회적 기업은 자생적으로 수익을 창출할 수 있는 수익 모델 하에 지속적인 경제활동에 관여해야 한다. 하지만, 기본적으로 기업의 설립 목적은 지역사회에 공헌할 수 있어야 하며, 사회서비스를 제공할 수 있는 거버넌스 체계를 갖추어야 한다고 정의하고 있다(EU Executive Summary 2015). 유럽은 1990년대 이후 높은 실업률, 빈부의 격차에 따른 사회적 배제의 확산, 고령화된 사회구조 및 가족구조 변화를 겪었으며, 이러한 사회·경제적인 문제들로 인해 복지시스템의 전환 도모와 함께 사회적 협동조합, 사회적 목적 회사, 유한책임 사회적 협동조합, 사회서비스 협동조합 등 사회적 경제 조직들의 활동을 새롭게 발견할 수 있었다. 또한, 유럽의 사회적 기업이 등장하는 배경이 되었으며, 유럽 각국 사회적 기업 발전 정도에 따라 〈표 5-6〉과 같이 세 가지 유형이 형성되었다.

표 5-6	유럽 사회적 기업 유형
EU 국가	사회적 기업 유형
스웨덴, 덴마크, 핀란드, 복지개혁 이전의 영국	보편적 성격의 복지제도를 가지고 있으며 공공서비스 제공과 현금급여 두 가지 모두를 보장하는 국가
독일, 오스트리아, 프랑스, 벨기에, 룩셈부르크, 네덜란드, 아일랜드 등	보편적 성격의 복지제도를 가지고 있지만 현금급여에 기초하고 사회서비스의 직접 공급에 대해 정부가 제한적인 개입만을 하는 국가
이탈리아, 스페인, 그리스, 포르투갈	상대적으로 복지제도가 덜 발전되어서 주로 현금급여에 기초하고 있고, 지역사회 보호서비스의 공적 공급은 교육이나 의료 같은 소수분야에 제한

출처: 사회적 기업의 해외사례, 전병유, 2003

나. 유럽의 사회적 기업 기준

유럽의 사회적 기업들에 대한 연구는 1996년 유럽연합(EU)의 후원으로 진행된 동명의 대형 프로젝트 이후 출범한 연구자 네트워크인 EMES(Emergence des Entrtprises Socials en Europe)에 의해 수행되어져 왔으며, EMES는 불어로 '유럽 사회적 기업의 출현'이라는 의미이다. EMES의 'European Research Network'는 영국, 독일, 프랑스 등 유럽 15개 나라의 연구를 기반으로 도출된 사회적 기업 구별 기준을 경제적 기준과 사회적 기준인 것을 나누어 9개의 기준을 제시한 바 있다. 먼저, 사회적 기업의 경제적 기준은 지속적으로 재화와 서비스를 생산하는 경제활동과 높은 수준의 자율성, 상당한 수준의 경제적 위험 및 최소한의 유급 고용이 이루어져야 한다. 한편으로 사회적 기준은 지역사회에 공헌한다는 명백한 목적과 지역주민 중심의 기본 원칙 하에 지역 내 지지자들에 의해 주로 조직이 구축되며, 1인 1표의 의사결정구조로 자본 소유에 기반을 두지 않는 의사결정 구조를 이루고 있다.

표 5-7 유럽 사회적 기업 기준

사회적 기업 기준	주요 내용
경제적 기준	지속적으로 재화와 서비스를 생산하는 경제활동
	다국적 기업의 자회사이거나 정부의 정책 수단이 아닌, 스스로가 자신의 운명을 결정하는 높은 수준의 자율성
	최선의 노력이 없으면 기업 운영이 어려울 정도로 상당한 수준의 경제적 위험
	자원봉사자들 같이 무급의 참여자가 아닌 최소한의 유급 고용
사회적 기준	공동체(Community)의 이익에 기여하려는 명확한 목표
	주민조직의 집단적이고 자발적 참여에 의한 설립
	출자(투자)한 정도에 따라 권한이 결정되는 것과 같은 자본주의적 소유구조에 기반하지 않은 의사결정 구조
	고객과 노동자, 자원봉사자, 자본가 등 사회적 기업 활동에 연관된 이해당사자가 자발적으로 참여하는 열린 구조
	이익의 창출과 분배가 가능하기는 하지만 이것을 목적으로 하지 않기 때문에 제한적인 이익 배분

출처: 사회적 기업의 해외사례, Borzaga, 2003

다. 유럽의 사회적 기업 활동

유럽 국가들은 다양한 문화와 인종으로 구성되어 있어 표준화에 기반을 둔 사회적 기업 활동과 관련 통계적 수치 측정에 어려움이 있다. 하지만, 광범위한 분류체계 구성을 통해 사회적인 취약계층들이 경제활동을 위해 조직한 협동조합,

간병·교육·의료서비스와 같은 일반적인 사회서비스, 'Public' 개념의 대중서비스, 민주주의와 시민의 권리 강화를 위한 활동, 환경 보호 및 빈곤하고 궁핍한 나라를 지원하는 공정무역 등 6가지 사회적 기업 활동으로 분류하고 있다. 특히, 유럽 최대 관심사인 환경보호는 EU SELUS 프로젝트를 통해 유럽전역에 확산되는 분위기이다.

표 5-8 유럽의 사회적 기업 활동

No	활동	사회적 기업 국가별 예시
1	경제적으로 어렵고 사회적으로 소외되어 있는 사람들이 뜻을 모아 결성한 협동조합	• 사회적 기업 구조의 절대적인 형태 : 체코, 헝가리, 라트비아, 폴란드, 슬로바키아, 슬로베니아 • 사회적 협동조합: 이탈리아 • 경제활동의 재통합: 프랑스
2	독거노인/장애인 간병, 교육과 육아, 직업훈련과 고용, 의료서비스와 같은 일반적으로 통용되는 사회서비스	• 육아서비스: 아일랜드의 33% • 의료서비스: 덴마크의 41% • 독거노인/장애인 간병: 이탈리아의 40%
3	대중교통 지원, 공적인 공간의 관리와 같은 대중서비스	• 공적 공간에서 공동 경작 및 음식물 처리 : 체코, 말타, 루마니아 • 공적 공간에서 문화, 스포츠 여가 활동 : 크로아티아, 에스토니아, 핀란드, 그리스, 헝가리, 말타 및 스웨덴 • 대중교통 지원: 영국, 독일, 네덜란드
4	민주주의와 시민의 권리 강화 활동	• 인터넷을 활용한 소비자 권리 강화 : 벨기에, 독일, 네덜란드 및 영국
5	배기가스와 낭비를 줄이고 환경 친화적 재생에너지 생산의 환경보호	• EU SELUS 프로젝트 통해 유럽 전역에 확산
6	개발도상국을 지원하는 공정무역	• 아프리카와 중동지역을 지원하는 기업 : 독일, 영국

출처: EU Executive Summary, 2015

라. 유럽의 사회적 기업 재원조달

사회적 서비스 영역에 대한 최근 경향은 국가와 시장과 가족 그리고 민간부분인 비영리단체(NPO), 비정부단체(NGO) 등 제 3 섹터가 주요한 역할을 하며, 그 중에서도 제 3 섹터의 역할 비중이 점점 더 커지고 있다는 점이다. 각 부문별로 차이는 있

지만 보충적인 역할을 하는 영국과 노르웨이를 제외하고는 모든 유럽 국가에서 제3
섹터가 정부보다 더 많은 서비스를 제공하고 있다. 란치(Ranci)는 각국 정부의 자금
지원 정도(60% 이상), 사회적 보호 영역에서 제3섹터의 비중(50% 이상)에 따라서 사
회적 기업을 보조적 모델, 제3섹터 주도적 모델, 정부주도적 모델, 시장주도적 모
델로 분류하였다(The Context of New Social Policies in Europe 2002).

표 5-9 사회적 서비스 제공과 국가재정지원 정도에 따른 사회적 기업 모델

제3섹터의 사회적 서비스 제공 역할	정부의 재정지원 정도	
	주도적 (60% 이상)	부분적 (60% 이하)
주도적 (50% 이상)	보조적 모델 예) 독일	제3섹터 주도적 모델 예) 이탈리아
보충적 (50% 이하)	정부주도적 모델 예) 노르웨이, 스웨덴	시장주도적 모델 예) 영국

먼저, 정부의 자금지원이 높고 제3섹터의 비중도 높은 국가인 독일은 보조적
모델(Subsidiary Model), 정부의 재정지원은 높으나 제3섹터의 비중이 낮은 노르웨이나
스웨덴은 정부주도적 모델(State Dominant Model), 정부의 자금지원은 낮으나 제3섹터
의 비중도 높은 이탈리아는 제3섹터 주도적 모델(Third-sector dominant Model), 정
부의 자금지원도 낮고 제3섹터의 비중도 낮은 영국은 높은 국가인 시장주도적 모
델(Market Dominant Model)로 구분하고 있다.

- **보조적 모델**: 정부는 극히 일부의 사회보호 서비스들만 제공하고 주로 자금조달과
  통제의 기능을 한다. 제3섹터가 사회 서비스의 주요 제공자 역할을 하며 정부의
  역할은 극히 적다. 민간 영리조직은 잔여서비스에 극히 일부 참여하고 있다.
- **제3섹터 주도적 모델**: 종교적인 조직에서 주로 서비스를 제공해왔으며, 정부
  는 거의 직접적인 서비스를 제공하지 않는다. 제3섹터가 이 영역에서 강한
  영향력을 행사하기 때문에 사실상 민간 기업은 거의 진출하지 못한다.
- **정부주도적 모델**: 정부가 주요한 서비스 제공자 역할을 하여 제3섹터 조직들
  은 특정한 영역에 한정해서 주요한 역할을 하고 있을 뿐이다. 또한, 정부의
  자금조달에 전적으로 의존하는 경향을 보이고 있다.
- **시장주도적 모델**: 정부와 제3섹터의 직접 서비스 제공은 물론 상당한 정도로

민간영리조직들이 사회서비스 영역에 참여하고 있다. 제 3 섹터 조직들에 대한 많은 양의 재정지출은 민간기부와 서비스 요금에 의해서 마련된다.

표 5-10 사회적 서비스 제공과 국가재정지원 정도에 따른 사회적 기업 모델

구분	정부주도모델	조합주의모델	시장주도모델	제 3 섹터주도모델
복지체제	사회민주주의	조합주의	자유주의	남유럽모델 (조합주의)
복지혼합의 주도성	공공부문	공공부문/ 제 3 섹터	민간영리부문	제 3 섹터
사회서비스에서 제 3 섹터의 자금조달 (정부/기부금/시장)	70/10/20	65/5/30	39/31/30	57/7/36
사회서비스의 정부지출 수준 (가족서비스지출비율/GDP)	높음 (19.91/3.5)	중간 (9.52/1.9)	낮음 (5.52/2.9)	낮음 (2.34/1.2)
제 3 섹터의 사회서비스 비중	낮음 (17.8)	높음 (38.8)	낮음 (13.1)	높음 (27.5)

출처: OECD Social Expenditure Database

본 장에서는 극심한 빈부격차와 사회 양극화 문제는 전 세계적으로 문제가 되고 있으며, UN과 OECD를 비롯한 국제기구에서는 '기업과 인권강령', '글로벌콤팩트' 등의 원칙으로 주요한 이슈로 다루고 있는 상황 속에서 유럽연합은 리스본 전략에 따라 사회적 의제 2005~2010(Social Agenda 2005~2010) 채택 및 유럽사회모델(European Social Model) 제기, 기업의 사회적 책임에 관한 8개 의제 설정 등 국제사회의 논의를 적극적으로 수용하고 있는 것을 살펴보았다. 또한, 유럽연합은 빈부격차와 사회 양극화 문제를 위한 직접적 조치로서 사회공헌 활동의 2가지 활동인 사회적 기업 육성 및 기업의 사회적·환경적·윤리적인 요인들까지 고려하여 지속가능성과 성장이 기대되는 사회적 기업에 SRI(Socially Responsible Investment) 투자를 시행하고 있었다. 이러한 흐름에 맞추어 유럽연합이 심각하게 겪고 있는 빈부격차와 사회 양극화 문제점을 해결해 줄 수 있으며, 중요한 대안으로 떠오르고 있는 사회적 기업 분석에 앞서 유럽에서의 사회적 기업을 파악하는 것이 중요하다고 고려되어 정의와 배경, 특성, 활동 및 재원조달 등을 조사하였으며, 다음 장에서는 유럽 사회적 기업의 분석을 통해 국내 사회적 기업 모델 발굴 및 적용 방안을 모색하려고 한다.

3 유럽 사회적 기업 분석 및 시사점 도출

유럽과 마찬가지로 국내에서도 극심한 빈부격차와 사회 양극화 문제를 겪고 있지만, 유럽에 비해 국내의 사회적 기업은 아직 역사가 짧고 걸음마를 내딛은 단계이므로 국내에 성공적으로 정착할 수 있는 모델을 발굴하는 것이 중요하다. 본 연구는 '유럽 사회적 기업 분석 방법론'을 통해 유럽과 국내 사회적 기업의 특성을 다양한 관점에서 살펴보고 국내의 사회적 기업 문제점 도출 및 개선 방안을 모색하고자 한다.

1) 유럽 사회적 기업 분석 방법론

유럽 사회적 기업 분석을 통해 국내 적용 및 벤치마킹을 위해서는 기업 경영의 지속가능성에 초점을 두고 발굴, 육성, 지원해 나아가야 할 필요성이 있음을 발견했고, 사회문제 해결 및 사회경제 활성화에 기여할 수 있는 표준화된 유럽 사회적 기업 분석 방법론을 수립하였다.

먼저, EU 국가별 사회적 기업 파악은 대표적인 유럽 국가들을 선정 후 시행하는 것이 중요하다고 판단되어 EU 국가 중 협동조합, 상호공제조합 및 민간단체 등 총 사회경제 기업수를 기준으로 대표적인 유럽 3개 국가들을 선정하며, 본 연구에서는 영국, 독일, 프랑스를 선정하였다.

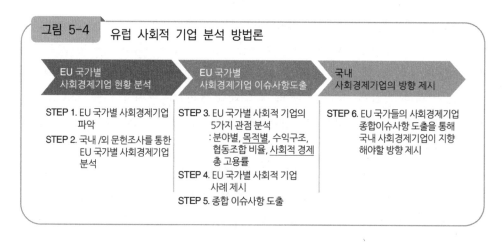

그림 5-4 유럽 사회적 기업 분석 방법론

EU 국가별 사회경제기업 현황 분석 → EU 국가별 사회경제기업 이슈사항도출 → 국내 사회경제기업의 방향 제시

STEP 1. EU 국가별 사회경제기업 파악
STEP 2. 국내 /외 문헌조사를 통한 EU 국가별 사회경제기업 분석

STEP 3. EU 국가별 사회적 기업의 5가지 관점 분석
: 분야별, 목적별, 수익구조, 협동조합 비율, 사회적 경제 총 고용률
STEP 4. EU 국가별 사회적 기업 사례 제시
STEP 5. 종합 이슈사항 도출

STEP 6. EU 국가들의 사회경제기업 종합이슈사항 도출을 통해 국내 사회경제기업이 지향해야할 방향 제시

표 5-11	유럽 사회적 기업 순위				
순위	국가	총기업수	협동조합	상호공제조합	민간단체
1	독일	2,031,837	466,900	150,000	1,414,937
2	프랑스	1,985,150	439,720	110,100	1,435,330
3	영국	1,711,276	190,458	47,818	1,473,000
4	이탈리아	1,330,413	831,024	0	499,389
5	스페인	872,214	488,606	3,548	380,060
6	네덜란드	772,110	110,710	0	661,400
7	폴란드	529,179	469,179	0	60,000
8	벨기에	279,611	17,047	12,864	249,700
9	오스트리아	260,145	62,145	8,000	190,000
10	포르투갈	210,950	51,000	0	159,950
11	스웨덴	205,697	99,500	11,000	95,197
12	핀란드	175,397	95,000	5,405	74,992
13	체코	165,221	90,874	147	74,200
14	덴마크	160,764	39,107	1,000	120,657
15	아일랜드	155,506	35,992	650	118,864

출처: 선진국의 사회적 기업 국제비교, 2012

다음으로, EU 국가별 사회적 기업 분석은 일반적인 배경 및 현황분석 후 관점에 따른 구체적인 분석을 수행하였으며, EU 사회적 기업 보고서 'SE Mapping_Country Report'를 기반 중점적으로 영국, 독일, 프랑스의 일반적인 배경 및 현황분석과 근본적인 사회 양극화 문제 해결, 국가의 이익 향상, 사회적 기업의 성장 및 지속가능성을 고려하여 분야별, 목적별, 수익구조별, 협동조합 비율, 사회적 경제 총고용인원 등 5가지 관점으로 정리하였다.

| 표 5-12 | 통계 분석을 위한 5가지 분류 정의 |

분류	목적	정의
분야별 분류	사회적 기업은 특정 산업에 집중되어 있는 것보다 다양한 산업에 분포된 경우 국가의 이익이 향상됨	사회적 기업진흥원이 제공하는 사회서비스 분야에 따른 분류로 사회복지, 보육, 교육, 보건, 환경, 문화예술, 간병가사, 기타 등 8개로 구분
목적별 분류	단순한 사회취약계층의 고용보다는 보건, 주거지원, 방범 등 사회서비스 제공이 근본적인 사회 양극화 문제 해결이 가능함	사회적 기업이 추구하는 목적에 따른 분류로 일자리 제공형, 사회 서비스 제공형, 혼합형, 기타형, 지역사회 공헌형 등 5개로 구분
수익구조별 분류	정부나 민간단체의 후원보다 자체적 수익구조 보유가 사회적 기업을 성장시킬 수 있음	사회적 기업의 대표적인 수익구조에 따른 분류로 자체 수익구조, 지원 및 후원, 조합원 등의 회비 등 3가지 형태로 구분
협동조합 비율 분류	자색적인 사회경제 기업 설립 및 운영이 사업경제기업의 지속가능성을 높일 수 있음	유럽 내 지역주민의 자생적인 사회경제 기업 설립 및 운영이 중요하기에 협동조합, 상호공제조합, 민간단체 등으로 구분
수익구조별 분류	사회적 기업의 성장가능성을 파악함	사회적 기업의 성장가능성 파악을 위해 전체 임금노동자 대비 사회적 경제 총 고용인원으로 정리

EU 국가별 사회적 기업 사례 소개에서는 장애인과 취약계층의 고용(고용률 40% 이상)을 통해 빈부격차와 사회 양극화 문제 해결을 목적으로 설립된 기업들의 특성, 문제 해결을 위한 역할이나 활동 등의 관점으로 분석을 수행하였다. 제시된 기업은 사회적 기업 전문 기관인 사회적 기업인증원의 '국외 사회적 기업 리스트' 및 EU 사회경제 기업 보고서 'SE Mapping_Country Report'의 사회적 기업에서 도출하였다. 또한, 종합 이슈사항 도출 단계에서는 영국, 독일, 프랑스 국가별 분석과 기업 사례 분석내용을 종합하여 도출된 결과를 기반으로 EU 사회적 기업의 이슈사항을 도출하였다. 마지막으로, EU 사회적 기업의 이슈사항을 기반으로 국내 사회적 기업이 지향해야 할 방향을 제안하고자 한다.

2) 유럽 사회적 기업 특성 및 사례

가. 영국

① 영국의 사회적 기업 특성

영국의 사회적 기업은 EU 28개국 중 연구자 네트워크인 EMES에 소속된 대표 15개국의 사회적 기업 총 10,845,470개 중 1,711,276개인 16%로 세 번째로 많은 기업을 보유하고 있으며, 로치데일 협동조합, 사회적 경제운동 등의 사회운동과 캠페인에서 발생하였다. 17세기부터 자선 및 박애주의 전통을 기반으로 수많은 자선 조직의 설립이 시작되었고, 블레어 정부가 들어서면서 사회적 기업이 본격적으로 활성화 되었다. 영국의 사회적 기업 중 가장 보편적 형태의 사회적 기업은 노동자 생산협동조합, 소비자협동조합, 주택협동조합, 신용조합이다.

유럽 사회적 기업 분석 방법론에 의한 결과 〈그림 5-5〉와 같이 영국은 사회적 기업의 지속성을 위한 교육, 고용 및 훈련 분야에서 지역사회공헌 유형이 가장 많았으며, 자생적으로 생태계를 구성하여 수익을 창출할 수 있는 자체형 비즈니스 모델을 보유한 기업이 많음과 동시에 사회적 기업에 종사하는 고용인원 또한 1,711,276명으로 3번째로 많은 노동자 수를 보유하고 있다.

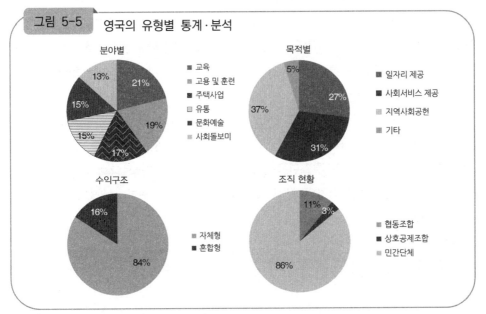

그림 5-5   영국의 유형별 통계·분석

출처: EU Mapping_Country Report, 2014

② 영국 사회적 기업 사례

Social Firms UK

독일과 이탈리아 Social Firms의 모델을 벤치마킹하여 1999년 영국 Surrey에 설립된 'Social Firms UK'는 사회적 기업의 개발 및 지원을 통해 장애인 고용 촉진을 목적으로 설립되었으며, 회사 매출액 50% 이상을 제품과 용역(서비스) 판매로 수익을 창출하고 있다. 'Social Firms UK'의 역할은 학습과 정신 및 건강의 문제를 가지고 있는 장애인 지원을 위한 방법을 제공하며 시장주도적인 기업으로서 장애인에게 제공할 지속 가능한 일자리 창출을 위한 것이다. 또한, 장애인의 가치를 타인에게 증명하기 위한 혁신과 인내를 통해 장애인 고용과 이의 강화를 지속하고 있다. 'Social Firms UK'는 근로자의 40% 이상이 장애인, 고용계약과 최저임금 이상 지불, 고용조건 등에 있어 장애인과 비장애인의 차별 금지, 평등한 기회 보장 및 안전에 대한 절차와 원칙을 철저하게 준수하고 있으며, 외부 확인절차를 거쳐 좋은 고용 사업자로 인정받고 있다.

Newco Products

'Newham Council' 기관 소속으로 영국 London에 설립된 'Newco Product'는 사회적 약자의 노동시장 진입과 특히, 장애인의 노동 시장 참여와 통합을 목적으로 설립된 회사이며, 수입의 100%를 부엌가구, 창틀 및 가구제조인 비즈니스 거래로 충당하고 있다. 'Newco Products'는 전체 86명 직원 중 장애인이 46명으로 장애인 고용 비율 50%를 유지하며, 전 직원은 매년 고용 계약을 체결하고 있다. 또한, 'Newham' 시는 Newco Product에 투입된 재원으로 사회적 기업의 확장과 장애인을 위한 일자리에 투입 예정이다.

영국은 위에서 언급한 'Social Firms UK', 'Newco Products' 이외에도 가출 청소년들의 자활을 위한 요리훈련 및 전문요리사 양성 기업, 취약계층 청소년 및 소득이 없거나 장애를 가진 청소년들에게 특화된 직업 훈련프로그램을 제공하는 등 〈표 5−13〉과 같이 빈부격차와 사회 양극화 문제 해결을 위한 다양한 사회적 기업이 존재하고 있다.

No	구분	기업명	사업모델	사업내용
			표 5-13 영국의 빈부격차와 사회 양극화 문제 해결 목적의 사회적 기업	
1	요리 + 훈련	Fifteen	16~24세 사이의 알코올 및 마약 중독자, 가출 청소년들의 자활을 위한 요리훈련 및 전문요리사 양성 기업	영국 런던에 위치한 레스토랑
2	녹색 사업	Hill Holt Wood	취약계층 청소년 및 소득이 없거나 장애를 가진 청소년들에게 숲을 기반으로 한 특화된 직업훈련프로그램을 운영하는 사회적 기업	1. 직업훈련프로그램: 삼림보존, 원예, 파머컬처, 철공, 목공, 그린목공, 동물보호와 양육, 산림 관리기술, 예술과 공예, 커뮤니티 경영 등 2. 숲의 자원으로 신상품 개발하여 판매
3	공정 무역	People Tree	친환경적이며 윤리적인 옷을 만들자는 취지에서 설립된 윤리적 패션그룹이며, 제3세계 노동자들의 수공, 노동에 정당한 대가를 지불하는 공정무역시스템으로 운영되는 사회적 기업	공정무역 의류(Fair Trade Clothing)를 판매
4	직업 훈련	Reemploy	장애인들의 취업을 지원하고 지속 가능한 고용창출을 촉진하기 위한 사회적 기업	1. 장애인들을 일반기업에 파견 근로로 취업 및 사후멘토관리제 운영 2. 정부보조금으로 운영되는 Workstep 제도 통해 54개 공장 운영

출처: 한국사회적기업진흥원, EU Report

나. 독일

① 독일의 사회적 기업 특성

독일의 사회적 기업은 EU 28개국 중 연구자 네트워크인 EMES에 소속된 대표 15개국의 사회적 기업 총 10,845,470개 중 2,031,837개인 23%로 가장 많은 기업을 보유하고 있으며, 기본적인 독일 사회의 특성인 조합주의적인 성격으로 인해 일반적 경제활동의 한 분야로 간주되는 동시에 사회적 이익을 추구한다는 성격 때문에, 사민사회적인 측면과 사회경제적인 양면을 지니고 있다. 이러한 사회적 기업은 지역사회 전체 취업의 기회를 확대하는 수단이면서 동시에 사회적, 경제적으로 열악한 위치에 놓인 사람들의 일자리를 늘리는 수단이 되었다. 독일의 사회적 기업 중 가장 보편적 형태의 사회적 기업은 협동조합, 자선기구, 재단, 전통적 연합체 등의 전통사회적 경제운동단체들이다.

유럽 사회적 기업 분석 방법론에 의한 결과 〈그림 5-6〉과 같이 다른 유럽 국가들과 다르게 독일은 음악, 미술 예술가들의 재능기부와 FIFA와 협력을 맺은 축구 관련된 기업들이 활동하는 문화, 예술, 스포츠, 장애인과 취약계층들이 사회생활에 정착할 수 있도록 도와주는 사회돌보미 분야 등 지역사회공헌 유형이 많았으며, 특히, 경제적으로 취약한 지역 주민들이 자생적으로 수익을 창출하기 위해 조직을 결성한 협동조합이 전체 유럽 평균수인 230,000개보다 2배 정도 높았다.

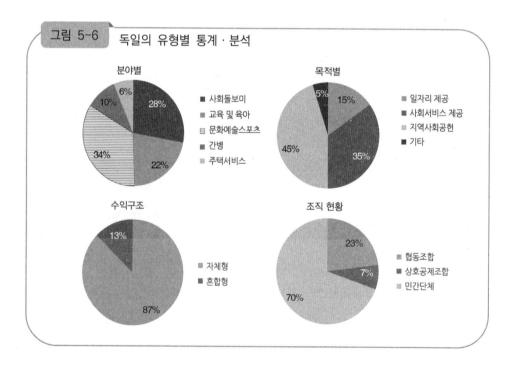

그림 5-6 독일의 유형별 통계 · 분석

② 독일 사회적 기업 사례

통합회사(Integrationsfirma)

통합회사는 중증 장애인들이 일반노동시장에서 어려움에 부딪히는 경우, 즉 중증장애인들의 고용을 촉진시키기 위하여 설립한 회사를 의미하며 중증장애인의 비율이 최소 25% 이상 되어야 한다. 그러나 동시에 중증 장애인의 비율이 50%를 넘지 않도록 규정하고 있는데, 이는 통합고용을 지향하고 중증 장애인들의 비율이 너무 높을 경우 생산성의 결손이 상대적으로 높아질 것을 예방하기 위함이다. 또한, 중증장애인들에게 고용 및 근로생활에 수반하는 보호를 제공하며, 필요한 경우 직접적 향상교육의 조치들 혹은 기업외적 조치들에 대한 참가의 기회와 일반 노동시장의 사업체나 관청으로의 취업알선과 통합사무소에서의 취업을 위한 준비에 관한 조치들을 제공한다. 통합회사에서 지급하는 근로임금은 회사사정에 따라 다르나 일반 근로자에 준하는 임금을 지급하고 있다.

그린바우 GmbH

전통적인 공업도시 도르트문트(Dortmund)에 위치한 사회적 기업인 그린바우 GmbH는 도시재생 프로젝트의 일환으로 북부지구의 사업을 담당, 독립적으로 운영하고 있다. 그린바우의 조직은 3개 부분으로 구성되어 있는데 사회적 경영에 30명이 일하고 있으며, 연간 매출액이 500만 유로 정도로 일반 사업부문이 35%, 공공사업부문이 65% 정도 비중이다. 그린바우 GmbH의 활동은 1987년에 녹색지구를 위한 건설 팀이 만들어지면서 최초로 시작되었다. 당시 설립자인 세 사람은 실업자였으며, 정부에서는 실업자로서 일자리 창출 프로그램을 만들 경우 이들을 지원할 수 있는 정책이 있었다. 이들은 이 정책을 활용하여 자신들이 먼저 고용되고 다시 10명을 고용하였으며, 20년이 지난 지금은 60명의 동료 직원으로 늘어났다. 그린바우 GmbH는 빈부격차와 사회 양극화 문제 해결을 위해 다음과 같이 크게 2가지 사업을 진행해오고 있다.

- **청소년 및 실업자 일자리 제공**: 그린바우 GmbH는 1994년 취약 청소년들이 자립적인 생활을 해 나갈 수 있도록 교육을 지원해주고 주거와 일자리를 동시에 해결할 수 있도록 지원하는 야볼(JAWoLL) 프로젝트를 시작하였다. 16~18세까지 주로 고아 청소년과 같은 취약계층 청소년들에게 일자리를 지원할 경우에는 그들에게 주택건설 및 보수사업 등 직업훈련을 시키고 자격증을 획득하도록 해서 궁극적으로는 정규직 일자리를 얻을 수 있도록 지원한다. 이러한 프로젝트는 시의 청소년국과 공동으로 협의하여 실시하는데, 필요한 자금은 연방정부, 지방정부, 재단 등으로부터 다양하게 지원받아 운영하고 있다.
- **고용을 위한 교육**: 그린바우 GmbH 자체에서 하는 일 중의 하나가 실업자에게 일자리 마련의 기회를 갖도록 도와주는 역할이다. 그들에게 먼저 주거지를 확보할 수 있게 해주고, 문제가 해결되면 가정, 사회, 학교 등의 모든 문제를

도와준다. 그리고 마지막 단계로 일자리를 제공해 줌으로써 그들이 사회적으로 안정화하는데 도움을 준다. 이를 위한 재정은 EU, 주정, 시정부 공동으로 20%, 노동청 20%, 청소년청 19%, 사회청 33%, 기타 재단에서 9% 등의 지원을 받는다.

No	구분	기업명	사업모델	사업내용
1	연극 + 훈련	Projeckfabrik (프로젝트 공장)	노동시장에 진출하지 못한 젊은이들에게 연극 무대에서 하는 연기 경험을 통해 새로운 삶을 찾을 수 있는 용기와 힘을 불어넣어 주는 사회적 기업	1. 잡액트 프로젝트 운영: 18~25세 사이의 청소년을 대상으로 연극과 연계한 직업훈련을 교육
2	직업 훈련	IQ Consult (아쿠 컨설트)	학교에서 이탈한 빈곤층 청소년들이 쉽게 교과과정을 따라 잡을 수 있게 돕는 과정을 만들어 교육 또는 직업 교육을 시키고, 나중에는 창업까지 할 수 있게 하는 사회적 기업	1. 문화와 교육을 위한 포럼 2. 모듈화된 체계적인 직업 교육 3. 체계적인 학습 상담 시스템 구축 운영
3	부모 + 교육	Eltern AG (부모회사)	사회적 취약 계층 자녀들이 교육에 실패하는 원인을 부모에서 찾고, 다양한 워크숍과 홍보를 통해 그 과정에 참여하는 부모들이 자각하고 능동적으로 대안을 모색하게 하는 프로그램을 운영하는 사회적 기업	1. 교육과 멘토코스 운영, 부모집단 조직화, 청소년 도우미 프로그램

표 5-14 독일의 빈부격차와 사회 양극화 문제 해결 목적의 사회적 기업

출처: 한국사회적기업진흥원, EU Report

다. 프랑스

① 프랑스의 사회적 기업 특성

프랑스의 사회적 기업은 EU 28개국 중 연구자 네트워크인 EMES에 소속된 대표 15개국의 사회적 기업 총 10,845,470개 중 1,985,150개인 22%로 두 번째로 많은 기업을 보유하고 있으며, 1990년대 이후 빈부격차에 의한 사회적 배제에 대처하면서 사회적 기업이 활성화되었다. 프랑스 사회적 기업의 대부분은 사회 서비스를 제공하는 사회적 목적 기업과 취약계층에게 노동시장에 진입할 기회를 제공하는 노동통합기업으로 정부 및 사회적 차원의 조직적 대처는 한국보다 훨씬 체계적이다. 또한, 노동통합기업은 교육 수준이나 직업 능력, 건강, 주거 등의 문제로 취업하기 어려운 상황에 놓인 사람들에게 생계유지 기회 제공 및 각종 어려움에 대한 지원 제공을 하면서 경제활동을 통한 사회통합을 이루려고 한다.

유럽 사회적 기업 분석 방법론에 의한 결과 〈그림 5-7〉과 같이 프랑스는 지역 주민 생활의 근간인 농업과 EU SELUS로 유럽의 분위기를 주도하고 있는 환경 분야에서 높은 비중을 차지하고 있으며, 특이한 것은 지역상담 분야의 비중이 22%로 상당히 높다는 점이다. 또한, 영국과 독일이 지역사회 공헌과 사회 서비스 제공을 위해 사회적 기업을 설립하였다면, 프랑스는 일자리 제공이 지역사회 공헌과 비슷한 비율을 보이고 있다는 것이다. 수익구조에 있어서는 수익 모델을 보유하여 자체적으로 수익을 창출하는 자체형도 높았지만, 정부 지원금, 민간단체 후원금과 같은 지원도 상당히 많이 받고 있었다.

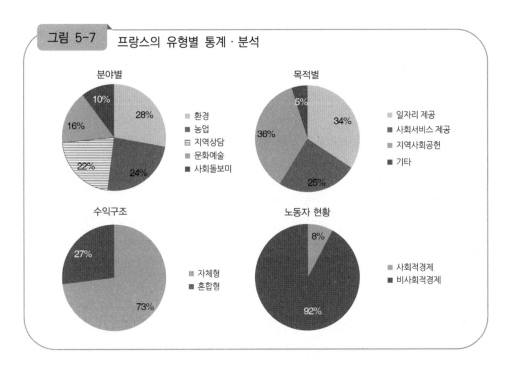

그림 5-7 프랑스의 유형별 통계 · 분석

분야별
- 28%
- 24%
- 22%
- 16%
- 10%

  - 환경
  - 농업
  - 지역상담
  - 문화예술
  - 사회돌보미

목적별
- 34%
- 25%
- 36%
- 5%

  - 일자리 제공
  - 사회서비스 제공
  - 지역사회공헌
  - 기타

수익구조
- 27%
- 73%

  - 자체형
  - 혼합형

노동자 현황
- 8%
- 92%

  - 사회적경제
  - 비사회적경제

② 프랑스 사회적 기업 사례

UNEA(전국사회적 적응 기업연합, Union Nationale des Enterprises Adaptees)

사회적 취약계층 고용 촉진 지원과 장애인 인식개선 홍보 및 취업알선을 목적으로 약 25년 전에 창립된 UNEA는 현재 프랑스 사회적 기업 60%정도의 회원을 보유하고 있으며, 1996년 이후 35%의 장애인 고용인원 수 증가를 보여주고 있다. 빈부격차와 사회 양극화 문제 해결을 위한 UNEA의 주요 사업은 염색, 조경, 재활용 등 직업분야 구성과 개발로 장애인 및 취약계층들에게 취업 기회를 제공하고 있으며, 정기간행물을 발간하여 장애인 인식개선 홍보 활동을 수행하고 있다.

ESPACE AURORE Restaurant

정신장애인의 사회 복귀를 돕는 중간 매개 시설의 성격을 가진 'ESPACE AURORE'는 정부의 지원을 받아 직원 60명 중 50명을 정신장애인으로 고용하여 직업훈련, 주방, 청소, 서빙 4개조로 운영하고 있다. 레스토랑은 주방에 대략 60명의 장애인을 고용하여 주거가 불확실한 사람들에게 셀프 서비스 형태의 식사를 제공하는 음식점인 'ESAT Santeuil'과 50명의 정신장애인을 고용 및 점심시간에 운영하는 'ESAT ESPACE Aurore' 등 2곳에서 운영 중이며, 장애인 등록카드 제시자에게 근로자격을 부여해 매년 근로계약을 체결한다. 또한, 최저임금의 80%를 보수로 지급하고 있다.

표 5-15	프랑스의 빈부격차와 사회 양극화 문제 해결 목적의 사회적 기업			
No	구분	기업명	사업모델	사업내용
1	제빵 + 훈련	John's Bakery	St. John the Compassionate Mission에서 운영하는 사회적 기업으로 개인이 가지고 있는 욕구와 재능을 통해 사회통합을 이루고자 위기청소년과 홈리스 청소년에게 직업훈련과 학습교육을 제공	유기농 이스트 빵과 수제과자 판매

출처: 한국사회적기업진흥원

라. 유럽 주요 3개 국가 분석 및 종합이슈사항 도출

유럽의 사회적 기업을 선도하고 있는 주요 국가인 영국, 독일 및 프랑스의 특성과 사례 분석 결과 3가지 정도 차이점을 발견할 수 있었다. 먼저, 조직 형태로 로치데일 협동조합, 사회적 경제운동 등의 사회운동과 캠페인에서 사회적 기업이

발생한 영국은 지역사회 협동조합이 보편적인 형태이며, 프랑스는 사회서비스 제
공과 취약계층에게 노동시장에 진입할 기회 제공이 목적인 노동통합기업이 대표
적이라고 할 수 있다. 반면에, 독일은 사회적 약자그룹의 사회통합을 위한 조직과
전통사회적 경제단체들이 사회적 기업으로 발전하였다. 또한, 사회적 기업 분야로
영국, 독일, 프랑스는 각각 교육 및 고용, 문화, 예술, 스포츠, 환경 및 농업 등으
로 분류가 가능하였다. 마지막으로, 영국과 독일이 사회적 기업의 목적이 지역사
회공헌과 사회서비스 제공이라면, 프랑스는 일자리 제공을 위하여 사회적 기업을
두고 있다.

표 5-16   **영국, 독일, 프랑스의 사회적 기업 분석**

	영국	프랑스	독일

조직
형태
	• 지역사회협동조합
	• 1985년 회사법 적용을
	  받는 일정 부류의 회사
	• 협동조합을 포함한
	  모든 형태의 기업
		• 공익협동조합(SCIS)
		• 사회적경제개발지원조직
		  (AVISE)
		• 사회재통합기업연합회
		  (CNEI)
		• 노동통합기업(EI)
			• 전통사회적
			  경제운동단체
			• 사회적 약자그룹의
			  사회통합을 위한 조직
			• 자원봉사조직과 기관

사업 분야	• 교육 및 고용	• 환경 및 농업	• 사회돌보미, 실업자 재취업기회 제공

사업
목적
	• 지역이 필요로 하는
	  서비스나 편의 제공
		• 지역문제 해결 및
		  일자리 창출
			• 지역 사회의 공동체
			  생활과 공익을 위한
			  분야 강화

재원
구성
	• 자체 수익구조를 보유
	  한 기업이 90% 형태
		• 자체 수익구조를 보유
		  한 기업이 90% 형태
			• 정부 지원금과 민간단체
			  후원금을 상당히 받고
			  있음(약 30%)

출처: 한국사회적기업진흥원

다음으로 빈부격차와 사회 양극화 문제 개선에 앞장서고 있는 영국, 독일, 프랑
스의 사회적 기업 사례분석을 통해 〈표 5-17〉과 같이 공통적인 종합 이슈사항을
도출할 수 있었다.

| 표 5-17 | 영국, 독일, 프랑스 사회적 기업의 종합 이슈사항 | |

구분	정의	주요 내용
종합 이슈사항 1	정부의 정책이 아닌 사회 취약계층의 고용 창출을 위한 민간의 적극적인 노력	사회적 약자의 노동시장 진입, 장애인의 노동 시장 참여와 통합을 목적으로 기업을 설립
		장애인의 가치를 타인에게 증명하기 위한 혁신과 인내를 통해 장애인 고용과 이의 강화를 지속
종합 이슈사항 2	단기적인 고용이 아닌 매년 고용계약을 체결하며, 고용조건 등에 있어 장애인과 비장애인의 차별금지	기업 내 근로자의 40% 이상을 사회취약계층으로 고용하며, 매년 고용 계약을 체결
		사회적 취약계층의 최저임금 이상 지불이나 일 반근로자에 준하는 임금을 지급
종합 이슈사항 3	일자리가 다른 일자리를 창출하는 프로그램을 지원하는 정책	실업자였던 기업의 설립자가 자신이 먼저 고용 되고 다시 10명을 고용한 후 20년이 지난 지금 은 60명의 동료 직원으로 늘어남

본 절인 유럽 사회적 기업 특성 및 사례 분석에서는 영국, 독일, 프랑스의 사회 적 기업 배경 및 사례 분석으로 조직 형태, 사업분야, 사업목적, 재원구성 등 4가지 특성을 파악하였으며, 종합 이슈사항을 도출하였다. 도출된 3가지 종합 이슈사항은 다음 절의 국내 사회적 기업 문제점들과 비교 및 분석을 통해 국내 사회적 기업의 방향성에 제시하려고 한다.

3) 국내 사회적 기업 분석

가. 국내의 사회적 기업 현황 및 배경

국내 사회적 기업의 현황을 보면 연평균 약 56%씩의 성장으로 1,124개의 기업 중 서울과 경기도 지역에서만 35%인 394개의 사회적 기업이 존재하고 있으며, 그 개념은 매우 다양한 전문가 집단에 의해 각국으로부터 도입되었다.

사회적 기업에 대한 논의가 시작되던 초창기에는 유럽 대륙 국가의 사회적 기 업이 주요한 모델로 인용되었으며, 그것은 사회적 경제에 기반은 둔 기업의 설립을 지향하고 있었다. 하지만 2003년 사회적 일자리 사업이 제도화되고 많은 연구자들 이 관심을 기울임에 따라 영국과 미국의 사회적 기업에 대한 연구가 활발하게 이루 어 졌으며, 다분히 실용주의적 관점에서 유럽 대륙과 영미 모델로부터도 영향을 받

아 각 모델로부터 시사점을 차용하고 있다. 이로 인해 정부차원에서는 노동부가 사
회적 일자리 사업을 재정지원 일자리 사업의 효율성 제고를 위한 모델로 도입하였
으나 여전히 국가 재정지원 의존도가 높고, 단기·저임금 일자리가 다수를 차지하
는 등 근본적 개선 필요성이 대두되었다. 이에 2005년 들어서 고용 없는 성장의 구
조화, 사회서비스 수요의 증가 등에 대한 대안으로 유럽의 사회적 기업 제도 도입
과 관련한 논의가 본격화 되었다. 그 과정에서 사회적 일자리 사업이 수익을 창출
하고 자립을 도모할 수 있는 모델로서 기업 연계형 모델을 시도하여 성과를 거둠으
로써 비영리법인·단체 등 제 3 섹터를 활용한 안정적 일자리 창출 및 양질의 사회
서비스 제공모델로서 사회적 기업 도입 논의가 구체화되었다. 이에 2005년 3월 노
동부와 관계부처, 민간전문인 등으로 '사회적 일자리 TF'를 구성하여 법제정 방향을
논의하고 이를 토대로 법률초안을 마련하였다. 이후 2006년 3월 '사회적 기업 지원
법안'이 국회에서 발의되고 2006년 12월 국회 본회의에서 법안이 통과되어 2007년
1월 13일 '사회적 기업 육성법'이 제정되고 2007년 7월 1일부터 본격적으로 시행되
기에 이르렀다.

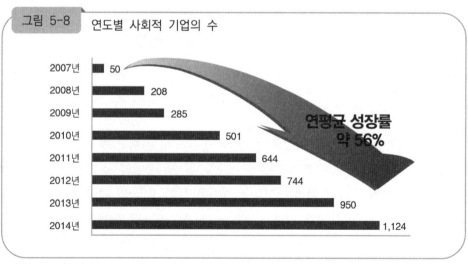

그림 5-8 연도별 사회적 기업의 수

출처: 국토연구원

나. 국내의 사회적 기업 유형별 통계

사회적 기업 유형별 통계 분석을 통해 국내는 문화예술과 환경 분야에서 취약
계층에게 일자리를 제공하는 사회적 기업이 다수 존재하였지만, 장기적인 관점에서

지역 인적자원을 양성할 수 있는 교육 분야는 미비하였다. 또한, 지역 주민들이 중심이 되어 사회적 기업을 구성하는 생활협동조합이나 영농조합법인 비중이 낮았으며, 사회적 기업에 종사하는 노동자 비율은 매우 낮았다.

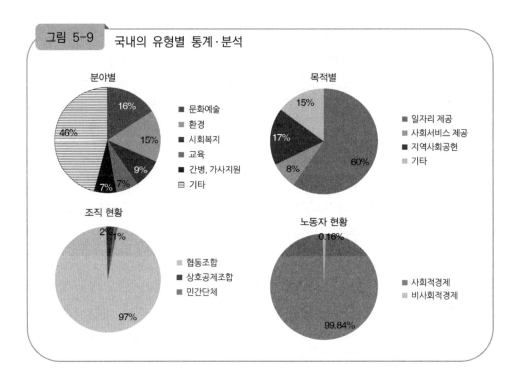

그림 5-9 국내의 유형별 통계·분석

다. 국내 사회적 기업의 문제점

유럽 사회적 기업 분석 방법론 중 분야별, 목적별, 사회적 경제 총고용률 등 5가지 관점의 영국, 독일, 프랑스의 분석 결과와 동일한 관점의 국내 사회적 기업 분석 결과로 도출한 국내 사회적 기업의 문제점은 유럽 3개국의 평균 사회경제 기업수가 190만여개 정도인 것에 비해 국내는 1,124개에 불과하였으며, 사회경제 종사자수 또한 영국 7%, 독일 5.8%, 프랑스 8%의 1/60인 0.16%만 차지하였다. 사회적 기업의 지속가능성과 지역의 성장을 가늠하는 기준이 될 수 있는 협동조합의 비중은 유럽 3개국 중 가장 낮은 영국에 비해서도 5배 차이가 발생하였으며 보건, 주거 지원, 방범과 같은 사회서비스 제공도 10% 이내였다. 이러한 비교 분석 결과를 통해 국내 사회적 기업의 문제점을 종합하면 아래와 같다.

• **문제점** 1: 유럽의 사회적 기업 역사가 오래된 것에 비해 국내의 경우 외환위

기 이후 빈곤과 실업을 극복하기 위한 정책적 고려에서 단기간에
사회적 기업이 등장하여 양적/질적 측면에서 부족한 면을 보임
- 문제점 2: 국내 사회적 기업은 시민사회 차원의 다양하고 폭넓은 실천과 노력
  이 미약한 편으로 현재까지는 사회취약계층의 고용을 위한 기업 성
  격이 강해 공공선 가치 실현이라는 사회적 기업 설립 목적에 어긋
  나고 있음
- 문제점 3: 국내 사회적 기업은 지역경제 활성화를 위한 협동조합의 비중이 사
  회적 기업 전체에 비해 절대적으로 부족하며, 대부분이 민간단체로
  인증제도라는 정부의 규제와 지원 속에 수익창출과 사회적 수혜를
  동시에 달성해야 하는 어려움이 있음

4) 연구의 결론 및 국내 사회적 기업 방향성 제안

빈부격차 심화와 사회 양극화 문제들은 글로벌 경제의 지속가능성에도 커다란
위협이 될 뿐만 아니라 개별 국가차원에서 균형적인 경제성장과 조화로운 사회발전
에도 걸림돌이 되고 있어 기업의 사회적 책임에 대한 요청이 더욱 강화되고 있다.
특히, 유럽의 양극화는 심해지고, 정부 역할과 재정지출은 축소되는 상황에서 사회
공헌활동을 통해 기업의 사회적 책임감 극대화와 동시에 공익성을 지향하면서도 이
윤 창출을 위한 경영을 중시하는 '사회적 기업 육성'이 유럽에서 확산되고 있으며,
양극화를 해결할 수 있는 대안으로 관심이 집중되고 있다. 유럽과 마찬가지로 국내
에서도 극심한 빈부격차와 사회 양극화 문제를 겪고 있지만, 유럽에 비해 국내의
사회적 기업은 아직 역사가 짧고 걸음마를 내딛은 단계이므로 국내에 성공적으로
정착할 수 있는 모델을 발굴하는 것이 중요하다. 현재 국내에서는 다양한 방안들을
모색해 사회적 기업 발전을 지향하고 있는데, 본 연구는 유럽과 국내 사회적 기업
의 특성을 다양한 관점에서 살펴보고 국내의 사회적 기업 발전을 위한 시사점을 얻
고자 하였다. 그 결과 본 연구가 얻을 수 있었던 시사점은 다음과 같다.

첫째, 국내 사회적 기업의 대부분은 사회공헌과 지역경제 활성화를 위한 협동
조합보다는 민간단체로 인증제도라는 정부의 규제와 지원 속에 고용 및 수익창출과
사회적 수혜를 동시에 달성해야 하는 어려움이 있어 기존 국가의 정책방향이 전환
되어 사회적 기업이 스스로 활동할 수 있는 기반을 제공해주어야 한다. 이런 측면

에서 현행 인증제도의 핵심은 인증을 통한 정부의 직접적 지원으로, 사회적 기업 인증 시스템도 개편될 필요성이 있지만 이는 사회적 기업의 시장에서의 생존에 어려움을 줄 수 있으며, 지속가능성과 자립성을 훼손할 가능성이 높다. 또한, 현재 시점에서는 인증 시스템의 개편보다는 세제 혜택, 자금 융자, 전문 지원 조직 육성과 같은 간접적 지원으로 사회적 기업의 자생력을 높여주어야 한다.

둘째, 국내 사회적 기업은 '함께 만들어가는 세상, 더불어 사는 시민' 등 사회적 가치를 추구하는 기업의 성격 보다 사회취약계층의 고용을 위한 기업의 성격이 더 강한데, 이러한 현상은 사회적 기업의 설립 목적인 사회적 가치 실현에 어긋난 것으로 사회적 기업은 각 단체가 추구하는 사업내용과 조직이 지향하는 가치를 구성원들과 공유함으로써 사회적 기업에 취업한 노동자들이 노동조건을 폭넓게 이해할 수 있도록 만들 필요성이 있다.

마지막으로, 유럽의 사회적 기업에 비해 역사가 짧고 걸음마를 딛는 단계인 국내 사회적 기업은 양적/질적 측면에서 부족한 면을 보이는 것은 당연한 현상일 수 있으며, 국내에 성공적으로 정착할 수 있는 모델을 발굴하는 것이 중요하기에 사회경제 기업이 활성화되기 위해서는 민간의 적극적인 참여와 후원이 필요하다. 유럽의 경우 사회적 기업은 지역공동체 가치 실현을 목적으로 시민들의 자생적 이니셔티브로서 지역사회에 기반을 두고 있다. 하지만, 국내의 사회적 기업에는 시민사회와의 연계와 소통이 부족하며, 이에 대한 비판이 많은 만큼 사회적 기업에 대한 민간의 참여와 역할을 진작시켜야 할 것이다.

5) 기타 사례

가. 이탈리아 볼로냐(Bologna)

원어명 Bologna로 인구 382,460명 거주의 에델리아 로마냐 주(州) 볼로냐 시는 이탈리아의 대학도시로 사회주의와 공산주의가 인기가 높으며, 유럽에서 4번째로 부유한 협동조합의 도시이다. 볼로냐에는 약 400여 개의 협동조합이 볼로냐 전체 경제의 약 45%를 담당하고 있으며, 임금은 국가평균의 2배이자 실업률은 약 3%에 불과하다. 볼로냐의 상위 50개 기업 중 협동조합기업이 15개 국내 총생산의 약 30%로 이는 볼로냐가 속한 에밀리아로마냐 주 총생산의 1/3을 차지하고 있다.

| 표 5-18 | 볼로냐의 사회적 협동조합 유형 |

사회적 협동조합	
A 유형	B 유형
사회·보건·교육 서비스를 통해 시민들의 사회적 수준을 통합하고, 인권을 증진시키는 지역 공동체 형성에 목적을 둠	장애우들을 포함한 취약계층 일자리 확보를 위해 농업이나 2차산업 또는 서비스 분야에서 활동영역을 구축, 유형에는 사회적 불이익자들의 전체 고용이 30퍼센트 이상을 차지해야 함

이들 협동조합은 노숙인 자활 프로그램 및 직업 연계 프로그램 운영을 통한 지역 인력자원 양성과 소규모 프로젝트 단위에 대한 젊은층의 적극적인 참여 유도로 사회적 약자 및 젊은층의 고용에 힘쓰고 있으며, 볼로냐의 레가코프 볼로냐의 경우 가입조합들이 수익의 2.5%를 의무 납부하여 신생 협동조합 설립을 위해 기부하는데 이를 통해 협동조합들의 연계과정에 필요한 소규모 협동조합 설립에 청년 창업가들과 교류하고 있다. 또한, 협동조합 간 협력을 통한 생산품의 판매라인 확보 운영방식을 적용하여 사업의 안전성을 확보하였다.

나.스페인 마리날레다(Marinaleda)

원어명 Marinaleda로 인구 2,724명(2009년) 거주의 에스파냐 안달루시아 자치지역의 세비야주는 에스파냐 공산당(PCE) 계열의 정치가로 30년 동안 시장직을 역임한 고르디요(Gordillo) 시장이 '평화를 위한 유토피아 건설'을 슬로건으로 내세우며 시 전반에 사회주의 시스템을 도입해 도시를 만들었다. 이곳의 모든 주민은 사회주의식 협동농장에서 일하기 때문에 실업률은 0%로 모두 동일한 임금을 받는데 주택과 토지는 개인 소유가 허용되지 않으며, 시청 소유 임대 아파트에 입주하려면 시 정부가 정한 여러 집회에 의무적으로 참가해야 한다. 또한, 우마르 농장(1200HA)의 생산물은 스페인 전역과 해외를 대상으로 판매되고 잉여가 생기면 모두 재투자하여 더 많은 일자리를 창출하였으며, 협동조합에서 일하는 사람들에게 모두 같은 액수의 봉급을 지급하였다.

마리날레다 내의 협동조합은 노동이 많이 필요한 작물 재배와 수확물의 가공농장도 일자리를 많이 창출하여 주민의 일자리 창출을 늘리기 위한 방법으로 사용됨과 동시에 공동체가 함께 벌어들인 소득은 공동체의 지속 가능한 운영을 위해 다시 공공공간에 대한 투자로 환원되었으며, 마을 주민 전체 모임인 '총회'와 '기금 모음'의 형식으로 콘서트를 주최함으로써 공동체 결집력을 강화시켰다.

그림 5-10 농장에서 함께 일하는 주민들

다. 스페인 몬드라곤(Mondragon)

바스크 지역은 독자적인 언어와 문화 발달과 15세기 이후 철강, 금속 산업이 지역의 중심산업인 인구 22,011명(2010년, 40%가 바스크인) 거주의 에스파냐 바스크 자치지방의 기푸스코아주이다. 이곳은 호세 마리아 아리스멘디아리에타 신부가 설립한 노동자 생산협동조합인 몬드라곤 협동조합 운동의 중심지이다. 호세 신부가 기술학교를 세우고 그 졸업생들과 1956년 작은 석유난로공장 울고(ULGOR)를 설립한 것이 몬드라곤 협동조합기업(MCC)의 시작이었으며, 현재 스페인에서 7번째 큰 기업으로 250개의 사업체로 구성되어 있다. 몬드라곤 협동조합은 지역산업과 관련하여 전문가를 양성하는 교육 커리큘럼이 기술학교를 통해 실현되었으며, 졸업생들은 협동조합을 통해 지역에 지속적으로 헌신하였다. 또한, 중간관리조직을 통해 노동자가 희망하는 다른 협동조합으로 이직이 가능하였는데 이는 실패한 협동조합의 구조조정 및 지원을 통해 생산성을 높여줌과 동시에 협동조합원이 새로운 회사를 설립하고자 경영경험과 연구, 훈련의 기회를 제공하고, 계획의 전망이 밝은 경우 재정적 지원을 하거나 노동인민금고로부터 대출을 보장해 주었다. 몬드라곤 협동조합의 주민교육을 통한 지역산업 육성과 협동조합을 관리 운영하는 중간관리 조직의 운영 방식은 여러 협동조합이 서로 경쟁하는 사업이 아닌 긍정적 영향을 주고받는 복합체로서 발전할 수 있는 기회를 창출하였다.

그림 5-11   몬드라곤협동조합의 지원 시스템

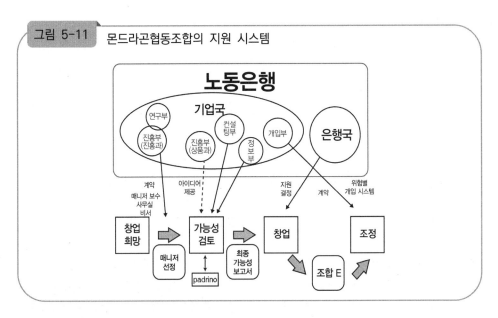

그림 5-12   몬드라곤협동조합의 운영 시스템

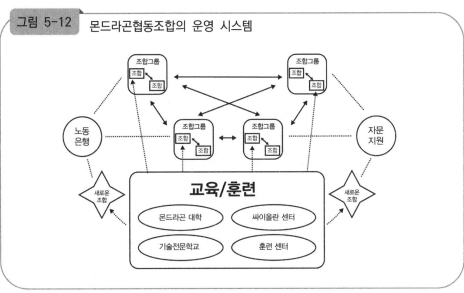

▌ 참고문헌

강영기. 2014. "기후변화와 기업의 사회적 책임, 사회적 기업 활성화 등에 관한 소고." 『법과 기업연구』, 4(1): 123-152.

김명희. 2008. "영국의 사회적 기업 사례 연구와 한국에의 정책적 함의." 『사회복지정책』, 33: 135-157.

김선민. 2014. 『해외 사회책임투자(SRI) 현황』. 서울: 한국기업지배구조원.

류정아. 2011. 『문화예술분야 사회적 기업 국내외 사례 조사 및 활성화 방안』. 서울: 한국문화관광연구원.

민병욱. 2015. "역사적 제도주의 관점에서 본 독일과 한국 사회적 기업 특성 비교연구." 『한·독사회과학논총』, 25(3): 101-132.

배규식. 2014. 『시간선택제 일자리 해외사례 연구』. 서울: 고용노동부.

송병준·임종헌. 2013. "유럽연합에서 기업의 사회적 책임." 『경영컨설팅리뷰』, 4(1): 43-62.

양용희. 2008. "사회적 기업의 자본시장 조성을 위한 과제." (사)한국사회책임투자포럼, 정책자료집, 6-24.

오용선·송형만·신승혜. 2007. "독일의 사회경제 발전모델과 사회적 기업의 특성." 『환경사회학연구 Eco』, 11(2): 81-120.

이회수. 2011. "사회적 기업 관련 법제에 관한 비교연구." 고려대학교 노동대학원 석사학위 논문.

장석인. 2012. "선진국의 사회적 기업 국제비교." 『경영컨설팅리뷰』, 3(2): 79-95.

장원봉·김유숙. 2010. 돌봄사회서비스영역의 사회적 기업 설립과 교육과정. 서울: 사회투자지원재단.

장지연. 2012. "유럽에서 불평등 연구의 쟁점." 『국제노동브리프』, 1-2.

전태국. 2008. "사회양극화에 대응하기 위한 사회정책모형 개발에 관한 연구-사회양극화와 사회국가." 서울: 보건복지가족부.

정병순·신경희. 2008. "사회적 기업을 통한 서울시 양극화 해소 방안." 『정책리포트』, (7): 1-20.

정호진. 2010. "기업사회공헌으로서의 사회적 기업의 지속가능 경영에 관한 연구." 한양대학교 공공정책대학원 석사학위 논문.

허그림. 2015. "사회적 기업의 국제개발협력 참여 연구: 미국, 영국, 스웨덴 지원 정책과 사례를 중심으로." 경희대학교 공공대학원 석사학위 논문.

Ive Marx. 2012. 경제위기 이후 유럽의 사회정책. 국제노동브리프, 40-54

David P. Baron. 2005. "Corporate Social Responsibility and Social Entrepreneurship.

Stanford Graduate School of Business." *Research Paper* No. 1916.

European Commission. 2014. A Map of Social Enterprises and Their Eco-systems in Europe. Executive Summary.

European Commission. 2015. A Map of Social Enterprises and Their Eco-systems in Europe. Synthesis Report.

Son, Yun Hwa. 2012. "A Study on Comparison of CSR in Korea and the EU Countries." Master's Thesis Pusan National University.

제6장

세계화와 유럽의 사회협약 정치

제6장

세계화와 유럽의 사회협약 정치

김 인 춘 (연세대학교)

1 세계화 시대의 사회협약

이 글은 세계화 시대 유럽의 사회협약(social pacts) 정치가 어떻게 전개되고 어떤 변화를 보이는지를 검토하고 그 의의를 살펴보는데 목적이 있다. 1980년대 이후 세계화가 진행되면서 유럽에서는 2차 대전 후 발전된 수요중시 사회 코포라티즘(social corporatism) 형태의 사회협약 정치가 크게 후퇴하고 새로운 형태의 사회협약 정치가 나타나게 되었다. 전후 케인즈주의 시대의 거시적 노사정 삼자협의체계를 통한 기존의 개입방식에서 벗어나 기업의 생산성 향상과 국가의 경쟁력 강화를 위한 미시적 또는 경쟁적 코포라티즘, 공급중시 코포라티즘이 등장한 것이다. 2차 대전 후 20여 년 동안 제도화된 노사정 협의를 통한 노동시장 또는 이해관계 조정 양식은 일반적으로 코포라티즘 이론으로 설명되어 왔다. 이 시기 사회 코포라티즘 국가들의 특징은 정부와 노동시장 대표조직 간의 중앙집중적 삼자협의 제도였다. 전후 경제호황과 복지국가 발전을 반영하여 노조의 임금 자제보다는 국가의 복지정책, 임금 및 고용 안정이 중요한 협의 대상이었다. 신자유주의적 세계화 이전 시기에 적용된 한 국가 차원의 분배와 성장을 위한 사회·경제정책의 정치적 교환 또는 사회적 타협이었던 것이다.

그러나 거시적 사회 코포라티즘이 쇠퇴하고 세계화가 심화된 1980년대 말부터는 임금억제와 노동시장 갈등 조정을 위한 사회협약 양식이 조명되기 시작하였다. 글로벌 자본주의와 세계화라는 외부적 요인과 함께 유럽의 경기침체와 실업 문제, 재정적자 등 변화된 사회·경제적 상황에서 새로운 대응이 필요했기 때문이다. 세계화 시대의 새로운 사회협약은 2008년 글로벌 경제위기 이후에도 다양한 형태의 사회적 협의로 발전하고 있는 추세이다. 세계화 시대의 사회협약은 강력한 노사 중앙조직과 좌파정당 등 제도와 구조라는 선행조건이 있어야만 가능하다고 인식되었던 사회 코포라티즘을 비교론적 관점에서 보게 된 계기가 되었다. 이러한 조건이 결여된 나라에서도 사회협약이 이루어져 왔기 때문이다. 사회 코포라티즘이 정부와 사회적 주체들이 일시적 또는 전략적으로 선택할 수 있는 유연하고 역동적인 기제로 변화하고 있는 것이다.

1980년대 이후 세계화가 진행되던 시기에 사회협약은 코포라티즘적 전통이 강한 나라에서는 물론 그렇지 않은 나라들에서도 많이 시행되어 왔다. 특히, 유럽의 경제통합이 심화되던 1980년대 후반 이후 유럽의 여러 나라에서 사회협약이 급증하였다. 1993년 마스트리히트 조약과 1990년대의 세계적인 경제적 불안정성, 또는 개별 국가의 경제위기에 대응하여 각국의 사회협약이 크게 증가한 것이다. 중요한 것은 아일랜드(1994년과 1997년), 이탈리아(1993년과 1996년), 포르투갈(1997년), 스페인(1996년과 1997년), 한국(1998년)처럼 1990년대 중반 이후 사회적 합의를 통해 일정 정도 성과를 거둔 나라들은 모두 이익대표 체계의 구조가 비교적 파편화되어 있고, 협의 주체들의 중앙집중화 역시 상당히 미약한 나라들이었다(Fajertag and Pochet 1997). 그 결과 중앙집중화된 이익대표 체계가 노사정 협력을 위한 절대적인 선행조건은 아닌 것으로 보는 관점이 나타나게 되었다. 변화된 외부적 조건과 내부적 상황, 이에 따른 다양한 도전과 문제를 극복하기 위한 사회협약과 사회협의의 정치는 세계화 시대에 필요한, 또는 요구되는 국가의 정치사회적 전략 또는 특수한 거버넌스 양식이 되고 있는 것이다.

본 장은 세계화 시대 유럽의 사회협약 정치를 전반적으로 서술하고 다양한 사회협약 경험의 유형과 사례를 검토하고자 한다. 주로 1980년대 이후 유럽 국가들을 대상으로 하며 2008년 글로벌 금융위기 이후의 상황은 제한적으로만 포함될 것이다. 1980년대 말부터 노사정 사회협약이 실행된 나라들의 사회협약 형식과 내용, 성과와 지속성은 서로 다르지만 노동시장의 활성화와 경제위기의 대응 전략으로 사회협약 정치가 작동되었다는 점에서는 매우 유사하다. 스웨덴은 강력한 노사 중앙 조직과 좌파정당에 기반하여 유럽에서 사회 코포라티즘이 제도적으로 가장 잘 발전된 나라 중 하나이다. 1930년대부터 노사정 삼자협의 제도를 통해 완전고용, 임금 조정과 안정, 복지확대, 생산성 제고와 경제성장이라는 성공적인 '스웨덴 모델'을 만들어 왔다. 그러나 1980년대 들어 중앙 노사협상 제도가 약화되었고 1990년 이후 스웨덴의 삼자협의체제는 쇠퇴하였다. 1990년대 중반 이후 최근까지 다양한 형식의 분권화되고 약화된 사회협약을 시행해 오고 있는 반면, 중요한 구조개혁으로 스웨덴의 고용과 경제, 복지제도는 양호한 성과를 보여주고 있다. 아일랜드는 자유주의적이고 파편화된 이익대표체제, 허약한 좌파정당 등 유럽에서 사회 코포라티즘적 제도가 매우 미비했던 나라 중 하나이다. 그러나 아일랜드는 1987년 이후 세계화 시대에 '자유주의에서 사회협약의 정치로' 경로혁신적 전환을 이루었다(권형기 2014). 이 두 사례는 세계화 시대 선진 자본주의 국가들에서 사회협약의 발전과 변화는 매우 역동적이며 역사적 경험과 경로, 선행조건이 절대적이지 않음을 보여주고 있다. 사회협약은 이미 형성된 코포라티즘적 제도 하에서 뿐 아니라 이러한 제도가 미비한 조건에서도 인식의 변화와 행위자의 전략, 실천적 과정에 따라 변화하거나 새롭게 수립될 수 있기 때문이다.

2 사회협약의 이론적 배경: 전통적 코포라티즘과 코포라티즘적 사회협약

사회협약에 대한 정의나 설명은 연구자마다 약간의 차이가 있다. 사회협약을 '임금, 노동시장, 복지정책의 조정을 위한 노사정 간 사회적 협의를 공식적으로 합의 (formal agreements)'한 것을 말하는가 하면(Avdagic, Rhodes, Visser 2011: 3), '통합적 공공정책에 대한 정부, 노조, 사용자조직 간의 정상 수준의 합의(Baccaro and Lim 2007)', 또는 보다 협의로는 '임금 규제 혹은 복지나 노동시장 개혁을 위한 정부와 노조 그리고 때로는 사용자 간의 합의(Hamann and Kelly 2011)'를 말하기도 한다. 이러한 사회협약을 정치적 차원에서 설명하는 사회협약 정치는 이해관계자들 간의 정책 협의와 사회적 파트너십을 통해 사회협약을 이끌어냄으로써 공공정책의 결정 및 집행이 이루어지는 사회경제적 거버넌스 시스템이라 할 수 있다(선학태 2006). 개념과 설명에서 약간의 차이에도 불구하고 중요한 공공정책에 대해 노사정 간 또는 주요 사회세력 간 사회적 협의를 통해 합의를 이끌어내는 행위라는 공통점이 있다고 하겠다.

세계화 시대의 사회협약을 노사자율주의적인 전통적 사회 코포라티즘과 구별하여 정부 주도 코포라티즘의 한 형태로 분류하거나(Traxler 2004), 경제적 생산성을 중시하는 경쟁적 코포라티즘(Rhode 1998; 구춘권 2006)으로 설명하기도 한다. 더욱 중요한 점은 세계화 시대의 사회협약을 정책결정자의 필요에 의한 일시적 규제 수단으로(Visser and van der Meer 2011) 보는 관점이다. 따라서 정치전략적인 정부 주도의 사회협약은 자율적 노사협의 수준이 낮고 분산적 임금협상 국가들에서 보다 용이하게 실행되는 면이 있다. 전통적 사회 코포라티즘 국가들에서와 달리 노사관계가 분산적이거나 규제적 노동시장의 특징을 갖는 국가들에서 많이 나타나고 있기 때문이다. 1990년대의 이탈리아와 한국의 경우, 경제회복과 개혁을 위한 정부의 강력한 의지가 사회협약에 영향을 미친 사례로 사회협약은 경제적 요인 외에 정부의 의지가 중요한 요인임을 보여주는 사례이다(Baccaro and Im 2007; 박성호 2012).

사회협약에 대한 이론적 배경은 코포라티즘에서부터 출발한다. 코포라티즘에 대한 정의 또한 다양하지만 일반적으로 다음과 같이 정리할 수 있다. '노동시장의 단일하고 위계적인 이익집단들의 이익대표체계(Schmitter 1974)', '조직화된 사회경제적 집단 간의 긴밀한 협의체계 및 이들 집단과 국가와의 특수한 정책협의 양식(Lembruch 1977)', 또는 '독점적이고 중앙집중적이며 내적으로 위계적인 특수한 이익집단 구조와 정책결정 과정(Baccaro 2003; Slomp 1996)'을 지칭한다. 쉽게 말하면, 코포라티즘은 사회의 주요 이익대표 조직들 간 합의의 제도적 양식과 그와 결합된 노사(정) 간 정책 결정과정 및 체계를 말한다.

코포라티즘을 제도화된 이익조정체계라고 한다면 사회협약은 보다 전략적인 정책조정 양식이라 할 수 있을 것이다. 그럼에도 두 가지 양식 모두 중요한 이해관계를 협상하고 조정한다는 공통점이 있다. 따라서 코포라티즘 체계 내에서 사회협약은 노사조직 간 또는 노사정 간 합의에 초점을 두며 특정한 정책협의 양식을 지칭한다고 할 수 있다. 이러한 성격으로 인해 사회협약은 '재분배적'이기보다는 '규제적'이며 특수한 국면이나 상황에서 운용되는 우연적이고 덜 제도화된 조정 방식으로 평가되기도 한다(Avdagic, Rhodes, Visser 2011). 본 장에서 사회협약은 기본적으로 노사정 삼자 간에 체결되는 협약을 의미한다. 형식적으로는 노사 간 협약일지라도 정부가 이 협약을 추동하고 조정하는 역할을 수행하거나 협약 체결 이후 이를 법적

·제도적으로 보장하는 경우도 사회협약으로 본다. 코포라티즘은 기본적으로 의회 민주주의체제 하에서의 사회 코포라티즘을 의미하며, 주요 사회세력의 이해관계 조정과 정책결정 과정에의 참여 및 협상의 제도화된 정치사회적 운영 기제를 말한다.

　이러한 사회협약 정치는 1980년대 이후 세계화에 대한 적응 과정의 한 방안으로 논의되고 실천되어 왔다. 세계화 시대에는 코포라티즘과 같은 조정 자본주의 모델은 더 이상 작동하지 않으며 자유시장 자본주의로 수렴된다는 지배적인 신자유주의 담론과 달리 정치적 협력 과정으로서의 노사정 협의가 세계 각국에서 발전한 것이다. 아일랜드와 포르투갈, 스페인과 같이 전통적인 코포라티즘 제도가 미비한 나라에서 사회협약이 실행된 것은 경제위기나, 새로운 정치적 상황이나, 노사(정) 협상 실천 과정에서 사회협약이 이루어질 수 있음을 보여준다. 이는 과거 코포라티즘의 경험만으로는 오늘날 유럽의 사회협약 정치를 설명하는 데에 한계가 있음을 보여준다. 아일랜드나 남유럽 국가들은 노동과 자본의 포괄적·독점적 이익대표체계, 강력한 좌파정당의 존재 등 코포라티즘 조정에 유리한 것으로 알려진 제도적 조건들을 갖추고 있지 않은 자유시장경제 체제 또는 '분절적 코포라티즘(disjointed corporatism)' 국가들이었다(Lavdas 2005). 사회적 협의(social concertation) 혹은 코포라티즘적 사회협약(corporatist social pact)의 정치는 위계적·포괄적 이익대표체계, 강력한 사회민주주의 정당, 합의주의 의회 제도 등과 같은 제도적 조건 하에서만 가능한 것은 아님을 보여주는 것이다.

　세계화 시대 사회협약의 특징은 제도적 조건이 절대적이지 않다는 사실 외에 나라별로, 한 나라에서도 시기별로 다양한 형태와 성과, 진화를 보여주고 있다는 점이다. 장선화(2014)의 연구에 의하면 핀란드, 벨기에, 스페인, 아일랜드 4개국은 1990년대 이후 정부 주도적 사회협약이 제도화되었다고 한다. 4개국 모두 정권교체 등 정치적 요인의 변화에도 불구하고 2000년대에 이르러서도 사회협약이 주기적으로 체결되었다. 이러한 사회협약은 경제위기 시 집권정당들의 일시적 위기관리 정책뿐 아니라 복지개혁 추진을 위해 지속적으로 실행되었다. 하지만 형식적 제도화의 성공에도 불구하고 아일랜드를 제외한 세 국가에서 사회협약은 전후 사회 코포라티즘이 수행했던 노사정 정책 협의, 노사갈등 조정의 역할, 경제안정화 기능을 하지 못하는 한계를 보였다고 한다. 전통적으로 코포라티즘 국가였던 벨기에는 정치사회적 갈등으로 사회협약이 후퇴했고, 핀란드는 탈냉전 후 국내외적 전환기에 사회 코포라티즘을 처음 시행한 국가로서 성과를 내기 어려웠다. 스페인은 실업과 이중 노동

시장의 문제를 해결하지 못하여 사회협약의 성과를 내기 어려웠다. 행위자들의 이
해관계를 변화시켜 실질적 합의에 이를 수 있는 동인을 제시하지 못하였던 것이다.
그러나 핀란드와 스페인은 2008년 글로벌 금융위기 이후 악화된 경제상황 하에서
도 사회협약을 통해 일정한 성과를 보여주고 있다.

3 유럽통합과 사회협약 정치

　유럽통합은 회원국들의 사회협약 정치에 큰 영향을 미쳐 왔다. 1986년 단일유
럽의정서(SEA: Single European Act) 도입으로 시장통합이 추진됨에 따라 금융·통화
분야로 정책통합 논의가 확산되었다. 1989년 마드리드 정상회의에서 3단계의 경제
통화동맹(EMU: Economic and Monetary Union) 창설안이 제출되어 1990년 7월 이전
까지 회원국 간 거시경제정책 조율, 자본이동의 자유 및 전 회원국의 유럽통화제도
(EMS: European Monetary System) 가입을 핵심으로 한 1단계 EMU를 시행하기로 합
의하였다. EU는 1993년 EU창설조약(마스트리히트조약) 발효 이후 1996년 통화통합
을 위한 제도와 세부 추진방안에 대한 최종합의를 도출하였다. 이러한 급속한 유럽
경제통합 과정은 각 회원국에게도 신속하고 적절한 대응을 요구하게 되었다. 소위,
물가, 재정, 금리, 환율 안정 등 '마스트리히트 수렴조건'을 충족하기 위한 회원국
내부의 개혁이 중요해진 것이다. 이에 유로존(eurozone)에 가입하려는 회원국들이
사회협약을 통해 경제·사회개혁과 수렴조건을 충족시키고자 하였다.[1] EU 차원의
시장통합과 통화통합은 국가적 차원에서의 공급중시 정책과 코포라티즘적 삼자협
의 뿐 아니라 다양한 형태와 내용의 사회협약을 추동했다. 1990년대 이탈리아, 스
페인, 포르투갈, 아일랜드에서 사회협약이 활성화된 것도 이러한 유럽 경제통합이
직접적인 요인이었다.
　반면, 2008년 글로벌 금융위기 이후 각국의 사회협약에 큰 영향을 미친 요인도
유럽통합이었다. 글로벌 금융위기와 유로존 재정위기에 대한 EU 차원의 대응방식
이 사회협약에 큰 영향을 미치고 있는 것이다. 1990년대의 사회협약이 유럽 경제통
합에의 대응이었다면 이번에는 유럽 경제통합 위기에의 대응 전략이었다. 2008년
미국발 글로벌 금융위기로 유럽 경제통합의 제도적 취약성이 드러나면서 그리스,
이탈리아, 스페인, 포르투갈, 아일랜드의 연쇄적 재정위기가 발생했다. EU는 긴축

재정과 강도 높은 구조조정 요구를 동반한 막대한 구제 금융으로 유로존위기에 대응하였고 이는 유로존 회원국 간 뿐 아니라 회원국 내의 새로운 사회적 갈등과 대립의 배경이 되어 왔다. 아일랜드, 스페인, 포르투갈 등 구제 금융을 받은 유로존 재정위기 국가들은 물론 EU의 많은 회원국들이 사회협약을 통해 문제를 해결하고 새로운 돌파구를 찾기 위한 노력을 하고 있다. EU의 안정화 협약이 강제하는 구조적 압력에 따라 자국의 경쟁력을 높이기 위한 목표에서부터 긴축정책을 실행하면서 나타나는 사회 내부의 저항과 갈등을 완화시키기 위한 목표에 이르기까지 위기에 대한 대응은 사회협약 차원에서 다양하게 진행되고 있는 것이다.

2008년 글로벌 금융위기 이후 사회협약은 무엇보다 각국의 노동시장 갈등을 조정하는 양식으로 작동해 오고 있다. 프랑스에서는 2012년 이후 노사 뿐만 아니라 시민단체까지 포괄한 사회대토론회가 이해관계자들 간의 논의를 통해 사회협약 발전에 영향을 미치고 있다. 전통적으로 사회협약 체계가 취약하고 저발전된 것으로 평가되는 프랑스에서 2003년 자크 시라크 대통령이 노사협의 없이는 근로관계 및 고용에 관한 법안을 도입하지 않을 것을 선언함으로써 단체교섭을 포함한 사회적 협의의 역할이 중요해졌다. 그 후 보수당과 사회당 정권을 막론하고 복지개혁을 위해 사회적 대화와 협의를 시도해 왔고 2012년 사회당의 올랑드 대통령이 집권 내내 '사회대토론회'를 추진할 것을 약속하면서 정부 운영에서 사회적 협의의 중요성을 강조하고 있다. 사회대토론회는 기존의 정부·의회 자문기구인 '경제사회환경위원회'와 전국적 교섭에 역동성을 제공하기도 했다(손영우 2012).

2008년 이후 EU 집행위원회는 협력적 노사관계와 사회적 대화, 삼자협의를 통해 회원국들의 사회 통합과 위기 극복을 강조하고 각국의 사회협약 체결을 촉진해 오고 있다.[2] 유로존 위기라는 변화된 환경에서 사회협약의 중요성과 사회협약의 지속가능성을 강화시키는 것이 중요하다고 판단하였기 때문이다. 무엇보다 유로존 위기의 관리 및 극복은 경제적 안정의 문제이자 동시에 사회적 안정의 문제이기 때문이다. 사회협약은 사회적 합의로 경제·사회정책을 조정하고 지속시키는 것을 목표로 하며, 국가의 역할과 역량에 대한 신뢰를 높이는 것이기도 하다. EU 집행위원회는 회원국들이 사회협약을 통해 정치적 안정을 이루고 민주적이고 효과적인 공공정책을 달성하여 각국의 위기 극복은 물론 유럽통합의 목표에도 기여할 수 있기를 기대하고 있다.

4 세계화 시대 유럽 사회협약의 유형과 사례

세계화 시대 유럽의 사회협약은 많은 나라에서 다양하게 나타나고 있다. 아일랜드, 이탈리아, 스페인, 포르투갈, 슬로베니아 등 전통적인 사회 코포라티즘 국가가 아닌 나라들에서도 사회협약이 수립되고 발전해 왔다. 전통적인 코포라티즘 국가들의 경우에도 사회협약이 비교적 지속되어온 국가들과 후퇴한 국가들이 있으며, 지속되어온 국가라 하더라도 재구조화의 과정을 거쳐 온 나라들도 있다. 따라서 사회협약의 내용과 성과는 나라마다 다르며 한 나라의 사회협약 형태와 성과 또한 시기에 따라 변화하고 있다. 이에 기존 주요 연구에 기반하여 사회협약의 진행 및 변화 유형을 살펴보고 주요 사례를 간략히 소개하고자 한다.3)

1) '새로운 코포라티즘' 유형

아일랜드, 이탈리아, 스페인, 포르투갈, 슬로베니아 등은 전통적인 코포라티즘 국가들이 아니었으나 세계화 시대에 사회협약을 추진해 왔다. 이들 사회협약의 성과는 서로 다르지만 '새로운 코포라티즘' 유형이라는 점에서 하나로 묶을 수 있다. '새로운 코포라티즘' 국가 유형이란 세계화 시대에 선행조건이 미비함에도 불구하고 사회협약을 수립하여 일정한 성과를 실현한 국가들을 말한다. 여기서는 가장 성공적으로 사회협약을 수립하고 실천해온 아일랜드 사례를 살펴보고자 한다. 아일랜드는 1980년대 말부터 정부주도적 사회협약의 제도화를 통해 노사정 합의를 이끄는데 성공한 사례로 대표적인 '새로운 코포라티즘(new corporatism)' 국가이다(Woldendorp 2011).

아일랜드는 코포라티즘 국가가 아니었으나 성공적인 사회협약을 추진해 오면서 (Teague and Donaghey 2004; Roche 2007) 사회협약의 제도화에 성공한 국가로 잘 알려져 있다. 아일랜드의 정치경제체제 및 사회제도는 자유시장 경제, 분산적 노사관계, 유연한 노동시장, 선별적 복지를 특징으로 하는 앵글로색슨적 사회모델에 속한다. 아일랜드 노동시장 조직은 파편화된 앵글로색슨적 자유주의 시장경제의 특징을 지니고 있으며 오랫동안 보수주의 양당 간 경쟁 구조가 유지되어 왔다. 아일랜드 노동당은 10% 정도의 지지를 받는 소수 정당이며, 1980년대 말부터 보수주의 정당인 Fianna Gael과 Fianna Fáil이 각각 노동당 및 녹색당과 연정을 구성하고 있다.

아일랜드는 1987년 경제위기와 IMF 구제금융 사태를 맞아 '사회연대협약'이 체결된 것을 시작으로 노사정 삼자협의를 넘어 사회 구성원들이 정부가 주도하는 사회협약에 참여해왔다. '국가경제사회위원회(NESC)'에서 전국 단위 경제사회 문제의 합의를 추구하여 왔는데, NESC는 노사단체의 대표와 정부기관 대표뿐만 아니라, 농민단체, 공동체·봉사단체, 환경단체, 전문가집단 역시 참여함으로써 그 구성에서 기존의 삼자주의보다 훨씬 광범위한 형태를 만들었다. 세계화 시대에 아일랜드는 '1987 좌우대타협', '아일랜드 범사회연합' 등을 통해 '자유시장'모델이 아니라 '사회협약'모델을 통해 1990년대 세계화의 도전에도 불구하고 경제도약에 성공할 수 있었다(권형기 2014). 1987년 이전 시기 자유주의적 다원주의 체제의 성격을 가졌던 아일랜드 노사관계는 1987년을 기점으로 질적으로 변화했다. 1987년 이후 경로 혁신적인 전환에 성공하여 사회협약 체제로의 전환이 이루어지면서 많은 주목을 받았다. 중요한 것은 아일랜드가 자본 일방적 혹은 노동 배제적 앵글로색슨 자유시장 모델과 다른 코포라티즘적 사회협약을 통해 경제적 성공을 거두었던 것이다. 아일랜드는 1987년 처음 사회협약을 체결한 이래 20여 년간 정부, 자본, 그리고 노동을 비롯한 시민사회 내 여러 사회세력들이 거시 경제정책과 사회정책을 함께 협의하고 조정하는 '사회 파트너십' 혹은 코포라티즘적 '사회협치체제'를 발전시켜 왔다.

2008년 글로벌 금융위기 이후 아일랜드는 기존의 노사정을 중심으로 하는 사회협약을 해체하였지만 1987년 이전의 단순 '자유시장'모델로 복귀한 것이 아니었다. 2010년 '크로크파크 합의(Croke Park Agreement)'와 같은 새로운 조정 메커니즘을 통해서 같은 시기에 국가채무 위기에 직면했던 그리스, 스페인, 포르투갈에 비해 빠르고 성공적으로 위기에서 벗어났다. 이러한 아일랜드 모델의 성공은 기존의 신자유주의적 발전전략에 대한 일반적 지배담론을 무너뜨렸고, 역사적·제도적 배경이 코포라티즘적 사회협약 모델과는 달랐던 국가라는 점에서 중요한 사례가 되었다. 아일랜드는 코포라티즘적 사회 조정을 위한 제도적 조건들이 거의 부재한 상태였기 때문이다. 아일랜드가 코포라티즘적 사회조정 체제를 수립할 수 있었던 것은 무엇보다 주요 행위자들 간에 사회적 합의 혹은 문제 진단과 바람직한 해결책에 대한 '공유된 인식'을 가질 수 있었기 때문이다. 또한 정상 조직의 위계적 권위를 대신할 수 있는 '민주적 권위'를 강화할 수 있었기 때문이다. 이러한 사회적 합의와 민주적 권위는 포괄적·위계적 이익대표체계와 같은 공식적 제도들을 대신해 수직적·수평적 조정을 가능하게 하는 '기능적 대체물'로 작용했던 것이다(권형기 2014).

2008년 글로벌 금융위기 과정에서 아일랜드는 '전환적 합의(transitional agreement)' 를 통해 임금협약을 통한 소득정책을 성공적으로 실시했으며, 2010년과 2011년에도 중앙 차원의 임금합의를 도출해 내고 있다. 1990년대에 아일랜드는 사회협약을 안정 적으로 재생산하기 위해 시민단체들의 참여 확대와 부의 공정한 분배에 초점을 두었 다. 그러나 이것은 전체적인 비용의 증대를 가져와 오히려 사회협약의 위험 요인으로 작용하게 되었고 사회협약의 재생산을 위해 기존의 분배와 다른 새로운 정당화와 제 도 강화를 위해 사회협약의 변화를 가져왔던 것이다. 아일랜드 사회협약은 제도적 조 건에 의해 선험적으로 규정된 것이 아니라 주요 행위자들의 정치적 담론과 정치적 교 환들에 의해 수립되고 지속적으로 재구성될 수 있었다고 한다(권형기 2014).

아일랜드 사례는 전통적 코포라티즘 국가가 아니더라도 세계화 시대에 자유시 장 논리에 기초한 신자유주의만이 유효한 대안은 아니고 새로운 발전모델이 가능함 을 보여주고 있다. 새로운 발전모델이란 단순 '자유시장'이나 '형식적 민주주의'를 넘어서 경제적으로 효율적이면서 동시에 사회적으로 분배와 실질적 민주주의가 실 현되는 조정시장경제 또는 코포라티즘 체제를 말한다. 이에 따라 세계화 시대에 전 통적 코포라티즘의 제도적, 구조적 전제조건은 필요조건도 충분조건도 되지 못하고 있다. 무엇보다 과거의 제도적 경험이 현재의 성공을 보장하지 않으며, 새로운 경 로 혁신 또한 가능하다는 점이다. 기존의 코포라티즘 체제의 선행조건이 긍정적으 로 작용할 수 있지만 선행조건 자체보다 노사정 행위자들이 어떤 전략으로, 어떻게 상호작용하여 사회협약을 만들어내는지가 핵심이 된 것이다.

2) '현상유지 코포라티즘' 유형

전후에는 물론 세계화 시대에도 코포라티즘 정책 조정을 비교적 잘 지속해온 나라들이 있다. 다양한 대내외적 도전과 변화, 코포라티즘 기제에서 부침의 과정을 거쳤지만 결과적으로 사회협약을 체결하여 성장과 분배의 성과를 달성하면서 코포 라티즘 기제를 유지해 온 것이다. 대표적으로 오스트리아, 네덜란드, 덴마크, 노르 웨이, 핀란드 등이다. 그러나 이들 나라들의 사회협약 형태와 내용은 동질적이지 않다. 오스트리아는 변화가 거의 없었고, 노르웨이와 핀란드는 강력한 정부 주도력 으로 사회협약을 유지해 왔다. 반면, 네덜란드와 덴마크는 재구조화라는 중요한 변화를 경험하였지만 오히려 경로혁신적 사회협약 정치가 양호한 사회경제적 성과를 달성하는데 긍정적으로 기여하였다. 덴마크는 1980년대 들어 자본의 협력으로 경제 위기를 소위 '유연안정성 모델'을 통해 극복하였고, 네덜란드는 노사정 사회협약으로 성장과 분배를 담보한 공급중시 코포라티즘을 구축하였다. 이에 네덜란드 사례를 좀 더 살펴보고자 한다.

네덜란드는 사회협약 정치 혹은 코포라티즘적 노사관계로 잘 알려진 나라다. 코포라티즘적 성격이 강하면서도 국가개입도 강하고 노사양자 협약도 강력하게 추진되는 복합적 성격을 갖는 것으로 알려져 있다(정병기 2014). 세계화 시대에 네덜란드의 사회협약 정치는 공급중시 코포라티즘으로 전환되었으며 이를 통해 '네덜란드 병'이라 불리는 심각한 경제위기를 극복한 것으로 평가되었다. 네덜란드는 역사적으로 노사 갈등 뿐 아니라 이념적, 종교적 갈등과 분리 문제를 극복하기 위해 정치·사회적으로 협의주의가 작동되어 왔다. 이러한 협의주의가 경제적으로 국가중심적 협의경제로 발전하였고 노사협력을 중시하게 되었다. 2차 대전 직후인 1945년 사회협약 모델의 양대 핵심 기제의 하나로 작동해온 노사 양자 협의 기구인 '노동재단(StAR: Stichting van de Arbeid)'을 설립하였다. 또한 1950년 '사회경제평의회(SER: Sociaal-Economische Raad)'라는 노사정 삼자협의체를 설립하여 정부의 본격적인 개입과 지원으로 사회협약 정치가 제도화되었다(김인춘 2007; 김용철 2000).

이러한 네덜란드의 전후 사회협약 기제는 성장과 분배, 사회적 안정이라는 성공적인 수요중시 코포라티즘의 성과를 가져왔다. 그러나 관대한 복지국가 네덜란드는 1970년대의 오일쇼크, 1980년대의 경제위기로 재정위기에 처하게 되었고 바세나르 협약으로 위기를 벗어나게 되었다. 1982년 '바세나르 협약(Wassenaar Accord)'은 정부 주도의 위기 대응 협약으로 세계화와 유럽 경제통합에 따른 전략과 정책을 추진하게 되었다. 복지개혁과 재정 안정, 일자리 공유를 통한 고용 안정, 임금 자제 등이 그것이다. 바세나르 협약으로 경제위기를 극복하고 성공적으로 공급중시 코포라티즘으로 전환한 네덜란드는 1993년 '신노선 협약'을 체결하여 노동시간 단축과 파트타임노동자 보호, 임금자제와 단체교섭의 분권화를 추진하였다. 네덜란드 정부는 1994~95년 여성 고용을 장려하는 정책과 1996년에는 파트타임도 고용 6개월이 지나면 연금을 포함한 모든 사회보장 프로그램의 혜택을 주는 '근로시간에 따른 차별금지법'을 제정했다. 1996년 이후에는 유연성과 안정성을 강화한 유연안정성에 관한 협약을 이루면서 네덜란드는 전통적인 수요중시 코포라티즘과는 그 성격이 다른 공급중시 코포라티즘을 정착시켜왔다.

1980년대와 90년대 사회적 합의를 기초로 임금 안정, 파트타임 도입과 복지개혁을 통해 일자리 창출과 안정적인 복지제도를 재창출할 수 있었다. 이러한 네덜란드의 사회협약 정치는 실업문제를 해결한 '네덜란드 기적'이라는 긍정적 평가와 함께 노동유연성 강화와 '파트타임 경제'라는 한계를 보여왔다(김학노 2004). 그럼에도 네덜란드는 최근까지 고용증대와 비정규직 보호, 경제회복을 달성하고 있다. 특히 분배 측면에서도 북유럽 국가들보다 소득격차가 적은 분배 성과를 보여주고 있다 (OECD 2014). 세계화 시대에 네덜란드의 사회협약 정치가 구조적으로 변화하였지만 공급중시 코포라티즘으로의 경로혁신이 양호한 사회경제적 결과를 가져온 것이다. 1982년 바세나르 협약 이후 정기적인 후속 협약을 추진해 온 네덜란드의 노동재단은 2013년 4월 새로운 사회협약을 체결하였다.[4]

3) '후퇴한 코포라티즘' 유형

매우 성공적인 코포라티즘적 정책조정을 실현해온 서유럽 국가들 중 코포라티즘이 후퇴한 나라들이 있다. '후퇴한 코포라티즘(declining corporatism)' 유형의 대표적인 나라로는 스웨덴과 벨기에, 독일을 들 수 있다. 스웨덴과 독일은 전형적인 전통적 사회 코포라티즘 국가들로서 역사적 경험과 제도에 기반하여 사회협약이 이루어져 왔다. 그러나 1990년대 들어 두 나라는 노사타협과 노사정 삼자협의제도가 크게 약화되면서 코포라티즘 체제가 후퇴하였다. 강력한 수출중심 자본의 힘과 효율과 국가 경쟁력을 중시하는 신자유주의적 경제사회정책을 통해 경제성과와 대외적 경쟁력은 강화되었으나 분배는 악화되었다. 두 나라는 영국, 네덜란드, 덴마크 등 다른 유럽 국가들과 달리 1980년대까지도 여전히 거시경제적 조정과 수요중시 코포라티즘을 지속해 왔다는 점에서 '패러다임 전환(paradigm shift)' 수준의 정책 변화와 코포라티즘 후퇴를 보여주었다. 그럼에도 스웨덴과 독일의 코포라티즘 후퇴는 전후의 성공적인 노사자율주의적 코포라티즘 비교하여 상대적으로 약화된 것으로 유럽 전체에서 보면 여전히 사회협약 기제가 작동되고 있다는 점은 강조되어야 할 것이다.

독일은 대표적인 비공식적 3자협의의 코포라티즘 국가였으나 1990년대 고실업과 경제침체 상황에서 노사정 간 사회적 합의를 구축하는데 성공적이지 못했다. 전통적인 사회 코포라티즘 국가들이 세계화 시대에 더욱 규제적인 사회협약을 추진하는 사례가 있는데 독일이 바로 그러하다. 10% 수준의 고실업과 성장둔화, 재정위기로 인한 '독일병(German disease)'에도 불구하고 성공적인 사회협약을 이루지 못하였다. 이에 1998년 집권한 사회민주당의 슈뢰더 정부는 '아젠다 2010'을 통해 조세 개혁, 복지국가 개혁, 노동시장 개혁 등 광범위한 사회경제 개혁을 추진하게 되었다. 고실업 문제는 2002년 슈뢰더 정부의 강력한 '하르츠(Hartz) 개혁'을 통해 해결되었다. 독일은 노동조합의 힘이 강하여 정규직 고용 보호 수준 또한 세계적으로 가장 높은 편이다. 그러나 2000년대 초반 실업률이 스페인이나 이탈리아 보다 높은 11.2%까지 급격히 높아지는 상황에서 노동시장 개혁을 추진하였던 것이다. 노동 시간, 임금 등을 다양하게 하는 '내부적 유연성'을 높여 노동시장을 변화시켰다. 실업률이 높아지면서 독일 노동자들은 임금 상승 억제 정책에 동의할 수밖에 없었다.

그러나 하르츠 개혁을 통한 노동시장 규제완화는 미니잡(Mini-job)이나 파견근로와 같은 저임금 시간제 근로를 크게 증가시켰고 그 결과 소득분배의 악화, 저임금 노동자의 증가 등 노동시장의 양극화 문제를 초래했다. 2005년 집권한 중도우파의 메르켈 정부는 슈뢰더 정부의 사회경제 개혁을 더욱 시장친화적으로 추진해 왔다. '하르츠 개혁'과 '아젠다 2010' 등 독일 역사상 가장 큰 규모로 시행된 사회경제 개혁 프로그램은 노동비용 하락과 대외적 가격경쟁력을 높였지만 독일 노동자들의 실질소득 하락을 가져왔고 저임금과 임시직의 새로운 저소득 계층을 만들어 냈다. 1990년대에 독일은 막대한 통일비용과 세계화의 도전에 직면했으나 분배보다 효율과 경쟁력을 중시하는 경쟁적 코포라티즘을 위한 개혁과 유로화의 효과로 10여 년 만에 경상수지 적자 국가에서 막대한 흑자 국가가 되었다.

독일의 저임금 문제는 헌법재판소의 위헌 판결을 받는 등 오랫동안 큰 정치사회적 논란의 대상이었다. 그 결과 이들에 대한 제도적인 임금 보장 및 근로 보호를 위해 일부 직종을 제외하고 2015년 1월부터 상당히 높은 수준(시간당 8.5유로/2015년 상반기 적용 월 1,473유로)의 최저임금제를 도입, 시행하고 있다. 독일모델은 2008년 글로벌 금융위기 이후 '근로시간단축'과 '조업단축지원금제도' 등 노동시장과 사회안전망의 결합을 통해 '독일 노동시장 기적'이라 평가되는 고용위기 극복 전략을 사회협약 체계에 기반해 추진하였다(Burda and Hunt 2011). 오늘날 독일의 사회협약은 전통적 사회 코포라티즘과는 다르나 역사적 경험과 제도적 틀에 기반한 비공식적인 사회적 협의체제를 통해 사회·경제정책을 조정하고 있다.

스웨덴은 유럽에서 사회 코포라티즘이 제도적으로 가장 잘 발전된 나라 중 하나이다. 1930년대부터 노사정 삼자협의 제도를 통해 완전고용, 임금조정과 안정, 복지확대, 생산성 제고와 경제성장이라는 성공적인 '스웨덴 모델'을 만들어 왔다. 1970년대까지 제도화된 사회 코포라티즘을 실행해온 스웨덴은 1970년대 말부터 여러 대내외적 도전과 위기에 직면했다. 1970년대의 내부적 노사갈등, 1980년대 이후 세계화와 유럽통합으로 임금협상이 탈중앙화되면서 전통적·사회적 합의모델은 쇠퇴했다. 1990년대 초 경제위기 상황에서 정부 주도의 일시적인 노사정 합의가 이루어지기도 했으나 노사정 협력체제는 거의 와해되었다. 그 후 스웨덴은 다양한 형식의 분권화되고 약화된 사회협약을 시행해 오고 있다. 1997년부터 노사 중앙조직의 비공식적 조정과 제조업부문의 3년 단위 노사협상이 진행되면서 노사 간 협상 관행이 유지되면서 '새로운 스웨덴모델'이 구축되고 있다(Tsarouhas 2008).

5 세계화 시대 유럽 사회협약 정치의 특징과 시사점

오늘날 유럽에서 사회협약은 필수적인 요소가 되었다고 할 수 있다. 성장과 경쟁력을 중시하고, 주로 임금억제와 고용을 교환하며 동시에 노동시장 및 사회적 양극화에 대한 대응이 결합된 형태로 나타나고 있다. 그러나 사회협약의 효과와 성과는 나라와 시기에 따라 매우 다양하다. 사회협약은 세계화 시대에 필수적인 정치적 기제이기는 하지만 각 나라에서의 작동 형태와 성과는 매우 다양하다는 것을 알 수 있다. 세계화 시대 유럽 사회협약의 특징은 다음과 같이 요약할 수 있을 것이다. 첫째, 코포라티즘적 사회협약(corporatist social pact)의 정치는 위계적·포괄적 이익대표체계, 강력한 사회민주주의 정당, 합의제 의회 제도 등과 같은 제도적 조건 하에서만 가능한 것은 아니라는 것이다. 코포라티즘에 대한 전통적인 이론모델들이 설명하는 이익대표체계나 정책협의 및 집행체계가 존재하는 나라들에서는 물론, 이러한 조건이 미비한 나라들에서도 주체들의 '전략적 선택(strategic choice)'에 의하여 사회협약이 시도되는 등 다양한 사회협약의 유형이 나타나고 있다는 점이다.

둘째, 세계화 시대의 사회협약이 제도적이기 보다 전략적이고 역동적인 성격을 갖는 만큼 언제라도 변화와 진화, 해체의 가능성이 있다는 점이다. 특히, '새로운 코포라티즘' 유형의 국가들에서 변화와 붕괴의 가능성이 클 것이다. 아일랜드 사례는 제도의 성공적인 안정화 혹은 제도화 과정은 제도의 붕괴와 해체의 가능성도 가질 수 있음을 보여준다.

셋째, 사회협약은 국민경제 규모의 크기나 대외경제 체제에 의존하는 정도와 반드시 비례하는 것은 아니다. 프랑스는 큰 경제규모에도 사회협약이 가능하며, 독일은 거대한 개방경제에도 역사적으로 구축된 사회협약체계의 토대 위에 사회협약 기제가 작동되고 있다. 경제의 대외의존성과 같은 구조적 제약보다는 정치적, 전략적 선택이 더욱 중요함을 보여주는 중요한 사례이다. 그럼에도 대외의존성이 높은 유럽 소국의 경우 대내적 조정과 합의의 필요성이 더욱 크다는 점도 고려되어야 할 것이다(Katzenstein 1985).

넷째, 세계화 시대 유럽의 사회협약은 국가와 지역에 따라 매우 다양한 형태로 등장한다는 점이다. 프랑스나 아일랜드는 범사회연합의 모습을 보여주고 있으며, 네덜란드와 독일은 노사 양자 또는 노사정 삼자대표, 오스트리아는 농민까지를 포함하는 '동등위원회(parity commission)'의 독자적인 권련분점 구조 하에서 사회협약이 시도되고 있다. 이러한 현상은 자본주의 체제 하에서 노사 및 사회집단들이 다양한 '내용'과 '수준'에서 합의를 강조하는 '코포라티즘적 접근(corporatist approach)'이 여전히 유럽 국가들의 거버넌스 체제를 설명하는 중요한 틀임을 보여준다.

세계화 시대 사회협약의 중심 내용은 전후 1970년대까지의 복지국가적, 수요 중시 코포라티즘이 더 이상 아니며 효율과 국가 경쟁력, 노동시장 정책이 주요 내용을 형성하고 있다. '경쟁적 코포라티즘(Rhodes 2002)' 또는 '공급중시 코포라티즘(Traxler 2004)' 등의 개념은 이러한 변화를 반영하고 있다. 이러한 '위기대응 코포라티즘(crisis corporatism)'은 보수와 진보의 대타협의 형태로 전개되었다. 1982년 네덜란드의 바세나르 협약, 1987년 아일랜드의 국가회복프로그램(Program for the National Recovery), 1997년 스페인의 비정규노동에 대한 노동시장 합의, 2008년 독일(Burda 2011; 이호근 2014)과 2013년 네덜란드의 사례가 이러한 대타협을 보여주고 있다. 이들 사례의 공통점은 노조를 사회적 협의와 사회협약에 참여하도록 하는 정부의 의지와 전략이 중요하다는 점이다(Baccaro 2003; Regini 2000).

사회협약의 부상과 발전, 제도화, 또는 쇠퇴는 매우 역동적이며 그 과정과 내용, 형태 또한 매우 다양하다. 따라서 사회협약에서의 제도 변화를 설명하기 위해서는 외적 충격 요인뿐 아니라 내부적 동학 요인도 함께 고려되어야 한다. 세계화 시대의 사회협약은 조직적 특성과 제도적 자원뿐 아니라 행위자들 간의 상호작용과 전략적 게임에 의해 지속되기도, 변화하기도, 쇠퇴하기도 하기 때문이다. 전후 전통적 사회 코포라티즘의 제도와 구조가 필수적인 조건이 되지는 않지만 새로운 사회협약은 행위자들 간의 상호작용과 전략에 따라 성과가 달라지게 된다. 유럽의 일부 국가들에서는 중앙 단위 사회협약 체계가 불완전하더라도 업종이나 산업별로 공식·비공식적 협의 기제를 통해 고용안정, 산업과 지역의 균형발전을 모색할 수 있는 체계를 구축하고 있다. 또한 사회협약 정치의 내용이 임금과 고용에 대한 직접적 협상이라기보다는 고용과 관련된 여러 여건들을 만들어 내는 방향에 맞춰지고 있음을 볼 수 있다. 요컨대 고용의 질을 담보하는 정책이나 입법, 근로자의 고용가능성을 제고할 수 있는 적극적 노동시장정책 및 사회보장과 연계된 노동복지 전략, 나아가 노동시장 양극화를 해소할 수 있는 노동정책 등이 주요 의제가 되고 있다. 유럽의 사회협약 정치는 국가의 핵심정책 영역인 복지정책과 관련된 의견수렴의 장으로서도 중요한 역할을 하고 있다.

글로벌 금융위기 이후 유럽의 사회협약 사례는 우리에게 많은 시사점을 제공한다. 위기 과정에서 유럽의 사회협약 정치는 노사 간, 노사정, 나아가 다른 사회세력들의 참여에 이르기까지 다양한 협의의 형식을 보여주었다. 핵심 경제주체인 조직화된 노사뿐 아니라 다양한 사회단체들이 사안에 따라 직접적인 관계자로 참여하는 등 그 구성과 운영을 탄력적으로 하고 있다. 사회협약 전통이 취약한 프랑스에서 2012년 이후 '사회대토론회'의 성공은 한국과 같은 나라에서도 목표와 의지가 있다면 사회적 협의 정치가 성공할 수 있음을 보여주는 사례라 할 것이다. 네덜란드의 경우는 노사가 지속가능한 경제와 노동·복지체제의 발전을 위해 어떤 책임과 목표를 설정하고 있는지를 보여주는 사례이다. 노동시장 조직화가 상대적으로 낮은 아일랜드의 사회협약 성공 사례도 우리에게 주는 시사점이 크다. 독일은 제도화된 틀에 의존하기보다는 상시적인 사회협약 체계의 작동을 통해 문제를 해결하고 있다. 유럽의 다양한 경험은 우리에게 사회협약 정치의 발전에 많은 시사점을 주고 있다.

6 한국에의 함의와 사회협약 가능성

한국은 어떤 형태로든 코포라티즘적 조정과 사회협약이 필요함을 많은 전문가들이 인식하고 있다. 전통적인 임금억제와 고용의 교환이 아닐지라도 한국의 노동시장과 복지제도가 당면하고 있는 많은 과제는 정부와 노사의 긴밀한 협의와 논의를 필요로 하고 있기 때문이다. 최근 한국의 경제와 노동시장은 실업과 저임금 계층을 양산하면서 내수 부족에 따른 저성장과 심각한 사회 불평등 문제를 만들어 내고 있다. 이를 완화하기 위한 구조개혁은 이해관계자들 간 대화와 토론, 합의를 필요로 하지만 많은 노력과 시도에도 불구하고 제대로 실현되지 못하고 있는 실정이다.

한국은 전통적인 코포라티즘적 발전 조건이 부재한 상태에서 1997년 12월 IMF 구제금융 신청 직후인 1998년 초 주체들의 '전략적 선택'에 의해 위기 대응 사회협약이 성사된 바 있다. 이전에 한국은 1993~94년 중앙임금협약을 이루기도 하였으나 1998년 노사정 협약은 경제위기라는 환경 하에서 노사정이 문제 인식을 공유했던 것이다. 정부의 일방적 개혁 추진이 심각한 노정 갈등을 불러왔기 때문에[5] 1998년 코포라티즘적 노사정 합의에 모든 주체들이 큰 기대를 가졌었다. 이 합의는 경제위기 극복에 기여했으나 협약 내용이 제대로 지켜지지 않은 부분이 있었고 이는 추후의 노사정 협상에 큰 장애가 되었다. 무엇보다 경제위기로 인해 실업이 크게 늘어난 상황에서 노동시장 유연화를 위한 제도 도입으로 한국의 노동시장은 구조적으로 변화하였다. 대표적으로 정리해고와 비정규직의 도입으로 고용보호와 임금보장이 크게 후퇴했으며 이에 대한 노조의 불신과 불만이 크게 증대되었다. 그 결과 실질적인 사회협약은 시행되지 못하였으며 지금까지 경제사회발전노사정위원회라는 사회협약 제도의 형식적 틀만이 유지되어 오고 있다.[6]

경제사회발전노사정위원회는 한국의 경제 및 사회발전과 관련해 많은 중요한 의제들을 논의해 왔으나 그 실질적 성과가 매우 미미했다. 우리의 구조적 조건이 사회협약이 추구하는 효율적 시장경제와 실질적 민주주의, 사회통합에 긍정적으로 기여할 수 있는 기제가 되기 어려운 면도 있다. 노동조합의 대표조직이 양분되어 있고 조직 내에서도 기업의 규모나 업종에 따라 임금과 근로조건의 양극화가 매우 크기 때문에 사회협약이 성공할 수 있는 여건이 안 된다는 주장도 강하다. 그러나 스웨덴은 가장 전형적인 코포라티즘 국가로 오랜 기간 중앙 차원의 노사정 협의와 사회협약을 실현해 왔음에도 1980년대와 1990년대에 노사정 협의의 와해와 정책 조정에서의 후퇴를 경험하였다. 또한 아일랜드 사례에서 보듯이 우리와 같이 미흡한 조건 하에서도 관련 주체들이 공통의 문제의식 하에 상호신뢰 할 수 있는 행동을 보여준다면 합의와 협력이 가능할 수도 있다.

노동시장의 양극화와 노사관계의 파편화라는 현재 한국의 상황에서 새로운 지속가능한 사회경제적 발전모델을 구축하는데 노사정 협의 공간이 존재한다는 것은 그 자체로 의미가 있을 수 있다. 한국의 새로운 사회경제적 발전모델을 어떻게 가능하게 할 것인가라는 문제의식은 1987년 민주화와 1997년 외환위기, 2008년 글로벌 금융위기 등을 경험하면서 지속적으로 등장하였다. 코포라티즘적 협의가능성에 대한 회의론에도 불구하고 2008년 글로벌 금융위기 이후 실업과 노동시장 양극화, 사회적 불평등 문제가 심각한 사회문제로 등장하면서 사회적 합의에 대한 관심이 다시 커졌다. 정부는 고용위기 극복을 위해 많은 정책을 펼쳤지만 노사 참여 없는 정부의 노력에는 한계가 분명했다. 2014년 9월 노동시장 구조개혁을 위한 노사정 협의가 시작된 것은 이러한 한계를 극복하기 위한 불가피한 선택이었다. 노동시장 구조개혁에 성공하여 고용 안정과 노동유연성을 달성하기 위해서는 노사정의 대타협과 협력관계 유지가 반드시 필요하기 때문이다. 2015년 9월 15일 고용유연성 강화와 사회안전망 확대를 주고받으며 노사정 간 합의가 타결되었다.[7] 이 타협에 대해 긍정적인 평가도 많았으나 애초에 민주노총이 불참하였고 최근 한국노총의 탈퇴선언으로 그 의미가 상당히 퇴색하고 있다.[8]

한국에서 노사정 합의가 제대로 작동되지 못하는 것은 무엇보다 정부와 사용자에 대한 노동의 불신이 뿌리 깊기 때문이다. 실제로 정부가 노동을 설득시키고 노동을 위한 정책을 펼쳐 왔는지 의문인 것도 사실이다. 노사정 협의가 제대로 가동되기 위해서는 정부가 중요한 경제·사회정책 의사결정권을 노사와 함께 나누어 가져야 하기 때문이다. 이는 노동이 타협안에 대해 구성원을 설득하고 책임을 가질 수 있는 조건이기도 하다. 노동의 양보를 강조하기 전에 정부와 사용자의 양보, 설득력 있는 방안 제시와 신뢰를 보여주어야 하는 것이 중요하다. 독일과 같이 최저임금을 크게 올리거나 소득세나 법인세율을 높이는 것 등이 그것이다. 현재 한국은 고용과 임금안정을 위한 노동시장정책, 소득보장과 복지정책, 양극화 완화가 무엇보다 중요하며 이를 위한 새로운 발전모델과 사회협약이 매우 필요한 시점이다.

서유럽 선진 국가들이 각자의 발전모델을 통해 효율적인 시장경제와 실질적인 민주주의를 이루어 온 것에서 여러 모델들과 시사점을 찾는 것도 중요하다. 스웨덴 모델, 네덜란드 모델, 아일랜드 모델 등을 비롯해 강소국, 강중국(強中國) 등의 사회 모델에 대한 다양한 관심과 논의가 그것이다. 이들 모델에 대한 논의와 검토, 전망은 많이 이루어져 왔지만 어떻게 실행할 것인지에 대해서는 회의적인 입장이 많았다. 유럽의 사례들과 한국의 경험, 제도적 배경과 역사 등이 다르다는 것이다. 사실

제도적 조건의 미비는 실제로 사회적 타협체제의 수립에 큰 어려움으로 작용해왔
다. 그러나 세계화 시대에 이러한 제도적, 구조적 조건은 필수조건도 충분조건도
아닌 것으로 나타나고 있다. 제도나 구조보다 주요 행위자들의 인식 변화와 해결책
에 대한 사회적 합의와 상호신뢰가 사회협약의 수립과 지속에 중요한 것으로 나타
나고 있기 때문이다(Woldendorp 2011; 권형기 2014).

따라서 한국의 사회적 타협 창출 능력을 제고하는 것도 이러한 인식 전환의 하
나가 될 수 있을 것이다. 과거 몇 번의 사회타협이 있었지만 그 성과나 결과는 매
우 단기적이었고 그 어떤 의미 있는 제도화를 이루지도 못했기 때문이다. 그 결과,
사회타협에 대한 불신과 냉소, 소극적 대응이 지속되면서 우리 사회는 사회타협이
나 사회적 합의를 이루기 어렵다는 사고가 지배적이었다. 이에 사회타협 창출능력
을 만들어내고 구축하는 일, 즉 사회타협 창출능력을 '발명'해야 한다는 주장(유근춘
2014)은 매우 의미 있다. 중요한 것은 사회타협 창출능력이 노사정뿐 아니라 시민사
회/제3섹터의 공공성과 밀접한 관계가 있다는 점이다. 개인과 사회조직, 기업, 그리
고 국가기관의 책임성과 공공성을 강화하여 사회타협 창출능력을 '발명'하는 것이
다. 시민사회의 공공성과 책임성은 사회자본의 핵심요소로 사회타협 창출능력의 기
반이 되기 때문이다.

7 결론: 역동적 사회협약 정치와 민주주의

세계화 시대의 사회협약은 과거와 다르게 진행되고 있다. 역동적이고 변화할
수 있으며 어느 나라도 항상 성공적이지는 못하다는 점이다. 전통적인 코포라티즘
적 노사정 협의체계가 1980년대 이후 점차 탈중앙화되고 다층적이 되어감에 따라
보다 좁은 차원에서 진행되는 사회협약의 체결 및 이와 관련된 다양한 행위자, 조
건, 성공요인 등이 중요해졌다. 세계화 시대의 사회협약은 노동과 사용자 대표 조
직 간 자율적 합의가 제도화 되어 있지 않은 국가들에서도 정부가 경제위기의 극복
이나 정치적 목적으로 노사의 협력을 추구하고 합의를 이끌어 내기 위해 추진되고
있다. 1980년대 말 이후 아일랜드, 1990년대 말 이탈리아, 스페인 등 코포라티즘
전통이 약한 국가들에서 정부 주도의 노사정 합의 도출이 이루어지면서 한국에서도
사회협약의 가능성에 대한 관심이 커지게 되었다.

　　세계화 시대의 사회협약은 경제적 조정 또는 협의에 기반하여 개혁을 달성하기 위한 주요 수단으로 작동한다. 사회협약 정치가 작동하지 않는 환경은 노사 대립구조를 더욱 심화시킬 것이며 이는 정책결정의 민주화를 약화시키고 사회적 갈등과 불평등을 고착시키게 될 것이다. 따라서 협상 과정과 행위자 간 상호작용의 동학이 중요한 요인이 되는 것이다. 한국에서 사회협약이 성공적이지 못한 것은 구조적, 제도적 조건의 문제도 있지만 인식공유와 상호신뢰의 문제가 핵심적인 것으로 보인다. 갈수록 갈등적이고 양극화되고 있는 현재 한국의 상황에서 사회통합 혹은 사회 파트너십을 위해서는 무엇보다 서로를 먼저 협력의 상대로 인정한 다음 '공유된 이해와 가치'의 폭을 넓혀 가는 것이 필요할 것이다. '새로운 코포라티즘' 유형의 국가들에서는 물론, 덴마크, 노르웨이, 핀란드 등 '현상유지 코포라티즘' 유형에서도 국가의 역할이 매우 중요했다. 한국은 역사적으로 발전국가의 유산으로 국가의 역할이 강하다는 특징이 있다. 특히, 아일랜드가 발전국가의 성격을 가져왔다는 점에서 한국의 발전국가 유산을 어떻게 재구성하고 재구조화하여 코포라티즘적 사회협약 체제로의 전환을 가능하게 할 것인가가 핵심 문제이다.

　　중요한 경제·사회정책 의제를 사회적 협의의 틀 속에서 논의하고 정책과 관련 입법에 반영토록 하는 사회협약 체제의 발전은 효율적인 시장경제와 실질적인 민주주의의 구축을 위해 매우 중요한 과업이라고 하겠다. 다원주의 또는 신자유주의 정치의 대안으로 간주되기도 하는 사회협약 정치는 경제적 효율성과 사회적 형평성을 동시에 추구하여 궁극적으로 사회경제적 발전과 개인의 삶의 질을 높이는 것이다. 선행조건과 구조에 의존하기보다 행위자들의 적극적인 전략과 상호작용, 기존 제도의 내생적 진화와 새로운 변화를 통해 사회 통합적·협력적 사회조정을 실현할 수 있는 것이다. 세계화 시대의 사회협약은 역동적이며 사회협약이 주는 임금과 공공정책의 안정성, 예측가능성은 세계화 시대의 불안정성과 불확실성을 일정 정도 해소할 수 있을 것이다.

▋ 미주

1) 1998년 5월 브뤼셀 정상회담에서 경제수렴기준을 충족한 독일, 프랑스 등 11개국을 EMU 최초 참가국으로 확정하고 유럽중앙은행(ECB: European Central Bank)이 출범하였다 1999년 1월 1일 Euro화가 도입되었고 2002년 1월 1일부터 유로화 지폐와 동전이 당시 12개 참가국에 통용되었다. 최초 참가 11개국은 벨지움, 네덜란드, 룩셈부르크, 오스트리아, 핀란드, 프랑스, 독일, 아일랜드, 이탈리아, 포르투갈, 스페인이며 2001년 그리스의 참여로 12개국이 2002년 유로화를 사용하게 되었다.

2) European Commission은 2008년부터 ILO와 협력 하에 "Promoting a balanced and inclusive recovery from the crisis in Europe through sound industrial relations and social dialogue" 프로젝트를 지원하고 있다.

3) 특히 Avdagic, Rhodes, Visser (2011), Woldendorp (2011) 연구를 많이 참고하였다.

4) 이 사회협약은 네덜란드의 향후 10년을 전망한 "사회적 책임을 다하는 진취적 국가를 위한 전망(Prospects for a socially responsible and enterprising country: emerging from the crisis and getting back to work on the to way)"이다.

5) 1996년 말 정부의 노동법 개혁은 근로자들의 거센 반발과 총파업을 불러왔고 결국 정부가 노동법 재개정을 하였다.

6) 노사정위원회의 출범(1998년)은 스웨덴, 네덜란드 등 유럽에서 성공적 모델로 평가되어온 사회적 코포라티즘 사회협약 체계의 한국적 도입을 시도한 것이었고 경제사회발전노사정위원회로의 전환(2007년) 역시 아일랜드의 위기극복 모델인 사회통합적 사회협약 사례에서 시사점을 얻은 것이었다.

7) 2015년 9월 15일 노사정 합의로 고용 유연성 강화, 실업보험 확충, 산재보상 강화, 근로시간 단축, 통상임금 범위 확정 등 그동안 많은 논의를 거치면서도 타결을 보지 못한 안건들이 일괄 타결되었다. 이 노사정 합의에 대해 많은 사회세력들의 반대에도 불구하고 적지 않은 전문가들이 국제통화기금(IMF) 관리체제 극복에 도움이 된 1998년 1월 노사정 대타협 이후 가장 획기적인 합의로 평가하였다. 박지순 "노사정 합의와 그 적들" 동아일보 2015.09.22. 참고.

8) http://news.naver.com/main/read.nhn?mode=LPOD&mid=sec&oid=001&aid=0008125594&isYeonhapFlash=Y

▌ 참고문헌

강명세. 1999. 『경제위기와 사회협약』. 세종연구소.

구춘권. 2006. "코포라티즘의 전환과 노동관계의 유럽화." 『국제정치논총』, 46(4): 241 -265.

권형기. 2014. 『세계화 시대의 역행? 자유주의에서 사회협약의 정치로-아일랜드 사회협약 모 델의 수립과 진화』. 서울: 후마니타스

김용철. 2001. "신자유주의적 구조조정과 조합주의적 관리: 네덜란드의 경험과 정책적 함의." 『국가전략』, 7(2): 109-135.

_____. 2010. "사회협약정치의 출현·교착·지속에 대한 분석." 『산업노동연구』, 16(2): 33-75.

김인춘. 2015. "자본주의 다양성과 유로체제 – 신자유주의적 유럽통합의 경제사회적 결과." 『사회과학연구』, 23(1): 106-142.

_____. 2007. "2차 대전 후 네덜란드와 덴마크의 복지국가와 생산체제." 『대한정치학회 보』, 15(2): 299-332.

_____. 2007. "자본주의 다양성과 한국의 새로운 발전모델: 민주적 코포라티즘의 조건." 『한국사회학』, 41(4): 202-241.

김학노. 2004. "'네덜란드 모델'의 성과와 한계." 『한국정치학회보』, 38(3): 411-434.

배규식. 2015. "노동시장구조개선을 위한 사회적 대화, 어떻게 하나." 노동시장 구조개선을 위한 사회적 대화, 대안과 진단. 경제사회발전노사정위원회 토론회 (2015.6.3).

선학태. 2007. "사회협약정치와 민주주의 공고화: 스페인과 한국의 비교연구." 『민주주의와 인권』, 7(2).

선학태. 2006. 『사회협약정치의 역동성: 서유럽 정책협의와 갈등조정 시스템』. 서울: 한울.

손영우. 2012. "프랑스 사회당 정부의 '사회대토론회'의 내용과 의미." 『국제노동브리프』, 11 월호.

양재진. 2007. "한국 사회협약 실험의 추동력과 한계: 조정시장경제로의 전환 가능성 검토." 『사회과학연구』, 15(1): 38-67.

유근춘 외. 2014. 『사회대타협을 위한 사회협약 국제사례 연구와 시사점 사회협약 창출능력 을 중심으로』. 서울: 한국보건사회연구원.

이호근. 2011. "사회협약 '정치'의 평가와 과제." 『노동저널』, 2월호: 37-50.

_____. 2014. "독일의 사회협약 창출능력 사례연구."

이호근·김재원. 2009. 『덴마크 일자리 창출방안에 관한 연구』. 한국노동연구원 부설 고성과 작업장혁신센터.

임상훈·루치오 바카로. 2006. "약자들의 사회협약-아일랜드, 이탈리아 및 한국 사례 비교연

구." 워킹페이퍼, 2006-01. 한국노동연구원.

장선화. 2014. "사회협약의 정치: 세계화시대 경제위기와 집권 정당의 위기극복 전략 (핀란드, 벨기에, 스페인, 아일랜드)."『한국정당학회보』, 13(2).

전명숙·임상훈. 2012. "기능적 분업과 연계를 통한 사회적 협의 활성화: 아일랜드·핀란드 사례를 중심으로."『산업관계연구』, 22(4).

전병유 외. 2005.『고용 없는 성장에 대한 대응전략연구』. 서울: 한국노동연구원.

정병기. 2014. "네덜란드의 사회협약 창출능력 사례연구."

정이환. 2013.『한국 고용체제론』. 서울: 후마니타스.

최연혁. 2014. "스웨덴: 북구유럽국가 사회복지제도의 정치·사회적 함의."

한국노동연구원 편. 2004.『세계 각국의 사회협약』. 서울: 한국노동연구원.

Avdagic, Sabina, Martin Rhodes, Jelle Visser(eds.). 2011. *Social Pacts in Europe: Emergence, Evolution, and Institutionalization* Oxford University Press.

Baccaro, Luccio and Sang-Hoon Lim. 2007. "Social Pacts as Coalitions of the Weak and Moderate: Ireland, Italy and South Korea in Comparative Perspective." *European Journal of Industrial Relations* 13(1): 27-46.

Baccaro, Lucio. 2003. "What is Alive and What is Dead in the Theory of Corporatism." *British Journal of Industrial Relations* 41(4): 683-706.

Burda, Michael C. and Jennifer Hunt. 2011. "What Explains the German Labor Market Miracle in the Great Recession?" The Evolution of Inflation Dynamics and the Great Recession. Brookings Papers on Economic Activity. Spring.

Cameron, David R. 1984. "Social Democracy, Corporatism, Labour Quiescence and the Representation of Economic Interest in Advanced Capitalist Society." in John H. Goldthorpe (ed.). *Order and Conflict in Contemporary Capitalism*, Clarendon Press.

Compston, Hugh. 1997. "Union Power, Policy Making, and Unemployment in Western Europe, 1972~1993." *Comparative Political Studies* 30(6): 732-751.

Fajertag, G. and P. Pochet (eds.) *Social Pacts in Europe*, Brussels ETUI, 63-78.

Field, Bonnie and Alfonso Botti (eds.). 2013. *Politics and Society in Contemporary Spain: From Zapatero to Rajoy*. Palgrave

Freyssinet, Jacques. 2013. "Evolution of Social Pacts and Bargaining Decentralisation." *Social Europe Journal* 30/09/2013 http://www.social-europe.eu/2013/09/evolution-of-social-pacts-and-bargaining-decentralisation/

Guillen, Ana. 2010. "Defrosting the Spanish Welfare State: The Weight of Components."

in Bruno Palier (ed.). *A Long Goodbye to Bismarck?-The Politics of Welfare Reform in Continental Europe*. Amsterdam University Press.

Hamann, Kerstin and John Kelly. 2011. *Parties, Elections, and Policy Reforms in Western Europe: Voting for Social Pacts*. Routledge.

Hassel, Anke. 2007. *Wage Setting, Social Pacts and the Euro: A New Role for the State*. Amsterdam University Press.

Lavdas, Kostas A. 2005. "Interest Groups in Disjointed Corporatism: Social Dialogue in Greece and European 'Competitive Corporatism'" *West European Politics*, 28(2): 297-316.

Katzenstein, Peter J. 1985. *Small States in World Markets: Industrial Policy in Europe* Cornell University Press.

Kelly, John, Kerstin Hamann, and Alison Johnston. 2013. "Union against Governments: Explaining General Strikes in Western Europe, 1980~2006." *Comparative Political Studies*, 46(9).

Kenworthy, Lane. 2002. "Corporatism and Unemployment in the 1980s and 1990s." *American Sociological Review*, 67(3).

Lehmbruch, Gerhard. 1977. "Liberal Corporatism and Party Government." *Comparative Political Studies*, 10.

Madsen, P. K. 2005. "The Danish Road to Flexicurity: Where Are We. And How Did We Get There?." T. Bregaard & F. Larsen(eds.). *Employment Policy from Different Angles*. CARMA.

Miguel, Martinez Lucio. 2012. "스페인 경제위기에 대한 보수적, 신자유주의적 대응." 『국제노동브리프』.

Molina, Oscar. 2014. "Self-regulation and the State in Industrial Relations in Southern Europe: Back to the Future?" *European Journal of Industrial Relations* 20-21.

Nousios, Petros et al. 2012. *Globalization and European Integration: Critical Approaches to Regional Orders and International Relations*. Routledge.

OECD. 2014. "Shares of top 1% Incomes in Total Pre-tax Income, 1981~2012 (or closest)" (http://www.oecd.org/els/soc/OECD2014-FocusOnTopIncomes.pdf).

Pedersini, R. 2008. "Flexicurity and Industrial Relations", EIRO 2008. http://www.eurofound.europa.eu/eiro/studies/tn0803038s/tn0803038s_3.htm.

Regini, M. 2000. "Between Deregulation and Social Pacts: The Responses of European Economies to Globalization" *Politics and Society* 28(1): 5-33.

Rhodes, M. 2002. "The Political Economy of Social Pacts: 'Competitive Corporatism' and

European Welfare Reform." in P. Pierson (ed.). *The New Politics of the Welfare State*. Oxford University Press.

Rhodes, Martin. 1996. "Globalization and the Welfare State: A Critical Review of Recent Debates." *European Journal of Social Policy*, 6(4).

Roche, W. K. 2007. "Social Partnership in Ireland and New Social Pacts" *Industrial Relations*, 46(3): 395-425.

Rohlfer, Sylvia. 2012. "Perspectives on Social Pacts in Spain: Social Dialogue and the Social Partners." *Management Revue*, 23(1).

Royo, Sebastian. 2002. "A New Century of Corporatism?" *Corporatism in Southern Europe-Spain and Portugal in Comparative Perspective*. Praeger

Sapir, André. 2006. "Globalization and the Reform of European Social Models." *Journal of Common Market Studies*, 44(2).

Scharpf, Fritz W. 2002. "The European Social Model: Coping with the challenges of diversity." *MPIfG working paper* No. 02/8.

Schmitter, Philippe C. 1974, "Still the Century of Corporatism." *The Review of Politics*, 36(1).

Schmitter, Philippe. 1982. "Reflections on Where the Theory of Corporatism Has Gone and Where the Praxis of Neo-corporatism May Be Going." in G. Lehmbruch and P. Schmitter. *Patterns of Corporatist Policy-making*. Sage.

Siaroff, Alan. 1999. "Corporatism in 24 Industrial Democracies: Meaning and Measurement." *European Journal of Political Research*, 36.

Slomp, Hans. 1996. *Between Bargaining and Politics: An Introduction to European Labor Relations*. Praeger.

Teague, P. and J. Donaghey. 2004. "The Irish Experiment in Social Partnership" in H. Katz et al (eds.) *The New Structure of Labor Relations* Cornell: ILR Press: 10-37.

Traxler, F. 2004. "The Metamorphoses of Corporatism : From Classical to Lean Patterns" *European Journal of political Research*, 43.

Tsarouhas, Dimitris. 2008. *Social Democracy in Sweden: The Threat from a Globalised World* Library of European Studies (Book 6).

Visser, J. and Marc van der Meer. 2011. "The Netherlands: Social Pacts in a Concertation Economy" in S. Avdagic, Martin Rhodes, Jelle Visser (eds.). *Social Pacts in Europe: Emergence, Evolution, and Institutionalization* Oxford University Press

Vivekananan, B. 2012. "The Finnish Welfare State in the 1990s: Challenges and Responses."

International Studies, 49(1, 2).

Woldendorp, Jaap. 2011. "Corporatism in Small North-West European Countries 1970~ 2006: Business As Usual, Decline, or a New Phenomenon?" Working Paper Series Department of Political Science, VU University Amsterdam. (http://www.fsw.vu.nl/ en/Images/WP_Woldendorp_2011_tcm250-199579.pdf).

제7장

유럽 이민자 통합 정책의 다양성

제7장

유럽 이민자 통합 정책의 다양성

홍 지 영 (연세대학교)

　　현재 이민자 통합 문제는 유럽의 사회통합에 있어서 그 어느 문제보다 중요한 문제가 되었다. 물론 오늘날에는 유럽 국가들이 분명한 이민 수용국으로 인식되고 있다. 그러나 불과 수 십 년 전만 하더라도 유럽 국가들은 이민을 주로 보내는 국가였던 탓에 대량으로 이민을 받아들인 경험이 거의 없었다. 그러므로 유럽 시민들이나 정치인들은 이민으로 인해 최근에 나타나는 여러 상황이나 문제가 매우 생소한 경험이라 할 수 있다. 우선, 대다수 유럽 국가들의 경우 전통적 이민 국가인 미국이나 캐나다, 호주 등에 비해 이민자들의 사회통합이 잘 이루어지지 않아 이민자와 수용국 주민 간에 사회경제적 격차가 크게 나타나고 있다. 이렇게 수용국 사회로의 통합에 실패한 이민자들의 불만은 소요나 시위 사태로까지 번지고 있고, 이러한 상황에 대해 유럽 각국은 당황감을 감추지 못하고 있다. 또한 유럽 이민 인구의 상당 부분을 차지하고 있는 무슬림들의 문화적·종교적 권리 요구로 인해 무슬림 이민자들과 수용국 사회 간 갈등이 빈번하게 나타나고 있다. 최근에는 무슬림과의 갈등으로 인해 테러 등 폭력사태까지 나타나고 있으며, 이에 따라 유럽 각국에서 무슬림을 겨냥한 극우정당들이 부상하고 있는 상황이다.

　　이렇게 이민 문제로 몸살을 겪고 있는 유럽에게 자국에 거주하는 이민자들을 어떻게 통합하는가 하는 문제는 그 어느 문제보다 중요한 문제가 되고 있으며, 이에 대한 효과적인 정책 마련에 고심하고 있다. 이러한 고민의 결과는 바로 2000년 이후 유럽의 여러 국가에서 나타나기 시작한 '시민통합(civic integration)'에 기반한 이민자 통합 정책으로 나타나고 있다. 이 새로운 이민자 통합 정책은 이민자들에게 수용국의 언어와 역사 및 사회 지식 습득을 의무화 하는 것을 주 내용으로 하는 정책이다. 1998년 네덜란드에서 처음으로 도입된 시민통합에 기반한 이민자 통합 정책은 이후 유럽 여러 국가에서 실시되었으며, 현재 계속 확대되는 추세에 있다(Goodman 2010, 2012; Joppke 2007).

이렇게 유럽 많은 국가에서 수용국의 언어 및 사회 지식 습득을 의무화하는 이민자 통합 정책이 확대되자 많은 학자들은 유럽의 이민자 정책이 이민자 수용국의 문화를 강요하는 동화주의 모형 쪽으로 수렴하고 있다고 주장하고 있다(Brubacker 2001; Joppke 2007; Tridafilopoulos 2011; 김용찬 2008; 고상두 2012). 그러나 '시민통합'을 기반으로 하는 이민자 통합 정책이 수용국의 언어, 국가지식 습득을 핵심으로 하기는 하지만, 특수 문화 가치를 강제한다기보다는 시민적 가치 습득을 장려한다는 면에서 주류 문화로의 흡수를 강조하는 동화모형과는 차이가 있다고 할 수 있다. 또한 이민자에게 부과하는 '시민통합' 요건도 범위나 강제성 여부에 있어서 국가마다 다양하게 나타나기 때문에 유럽 국가들이 동일한 정책으로 수렴한다고 보기에는 무리가 있다(Akkerman 2012; Goodman 2010, 2012).

본 장에서는 유럽에서 2000년 이후 여러 국가에서 나타난 '시민통합'을 핵심으로 하는 이민자 통합 정책으로 유럽 국가들의 이민자 통합 정책에 어떠한 변화가 생겼으며, 과연 기존 학자들이 주장하듯이 이들 국가의 이민자 통합 정책이 같은 방향으로 수렴하고 있는가를 살펴보고자 한다. 본 장에서는 기존 주장과는 달리 유럽의 많은 국가에서 '시민통합'적 요소를 가진 이민자 정책을 실시했음에도 불구하고 유럽 국가들이 모두 비슷한 이민자 통합 정책을 갖는 것이 아니라, 각국의 역사, 기존에 시행하고 있던 이민정책, 정치적 요인 등으로 인해 '시민통합' 정책의 강도나 강제성 등에 차이가 나타나고, 이 때문에 유럽 각국에서 여전히 다양한 이민자 통합 정책이 나타난다는 것을 주장하고자 한다. 본 장에서는 독일, 스페인, 네덜란드, 스웨덴의 사례를 통해 이를 확인하고자 한다.

1 유럽의 기존 이민자 통합 유형

20세기 후반 들어 이주가 기존의 전통 이민국가에만 해당되는 문제가 아니라 점점 더 많은 국가로 확대됨에 따라 이민자를 받아들인 국가는 이민자를 수용국 사회에 통합하기 위해 나름대로 정책을 시행하고 있다. 2차 대전 이후 많은 이주 노동자를 받아들여 다문화·다인종 사회로 발전하게 된 많은 서유럽 국가들도 각국의 역사적 배경과 정치·사회적 실정을 고려하여 나름대로 차별화된 이민자 통합 정책을 채택하여 발전시켰다. 이민자를 수용국 사회에 통합하기 위한 각국의 정책을 바탕으로 여러 학자들은 그동안 이민자 사회통합 방식을 유형화 하였다. 우선, 시민권을 부여하는 방식이 출생지에 의한 것인지 아니면 혈통이나 인종에 인한 것인지에 따라 이민자 통합 방식을 유형화한 부르베이커(Brubaker 1992)는 속지주의(출생지주의, jus soli)와 속인주의(혈통주의, jus sanguinis)를 구분하여 이민자 통합 방식을 설명하였다.

이민자 통합 방식을 속지주의와 속인주의로 구분한 이후 이를 보완한 여러 유형이 제시되었지만, 그동안 이민자 통합 방식을 설명하는 데 가장 대표적으로 사용되어온 이민자 통합 방식 구분법은 캐슬스와 밀러(Castles and Miller 2003)가 제시한 세 가지 유형이다. 앞서 말했던 출생지나 혈통에 의한 '시민권 부여 방식'과 '다문화 포용' 여부를 동시에 고려하면 이민 수용국 정부가 이민자를 통합하는 방식을 크게 차별배제(differential exclusion) 모형, 동화(assimilation) 모형, 다문화주의(multiculturalism) 모형 등 세 가지 유형으로 구분할 수 있다(Castles and Miller 2003). 이 세 가지 유형을 표로 나타내면 〈표 7-1〉과 같다.

표 7-1 이민자 통합 방식 유형화

시민권 부여방식	속인주의	속지주의	속지주의
다문화 포용 여부	×	×	○
이민자 통합 방식 유형	차별배제 모형	동화 모형	다문화주의 모형

우선, 차별배제 모형은 혈통적·인종적 기준에 따라 시민권을 부여하므로 외국인에게 시민권을 부여하는 것을 엄격하게 차단한다. 이 모형을 채택한 국가에서는 이주 노동자의 형태로 노동시장과 같은 경제적 영역에만 이민자를 받아들이고, 복지혜택, 선거권, 피선거권 등의 사회적·정치적 영역에는 이민자를 절대 받아들이지 않는다(설동훈·이병하 2013). 그러므로 차별배제 모형에 속하는 국가에서는 실질적으로 이민자를 수용국 사회에 통합하려는 노력이 거의 부재하다고 볼 수 있다. 다음으로 동화 모형은 속지주의 원칙에 따라 시민권을 부여하지만 이민자의 출신국 문화를 포용하지 않는 통합 모형이다. 동화 모형은 이민자가 출신국의 언어 및 문화를 포기함으로써 수용국의 주류 사회에 완전히 편입되는 통합 방식으로, 일방적인 동화 정책을 통해 이민자가 기존사회에 완전히 통합되는 것을 궁극적인 목표로 삼는다. 마지막으로 다문화주의 모형은 속지주의 원칙에 따라 시민권을 부여할 뿐 아니라, 다문화를 포용하여 이민자가 출신국 문화를 유지하는 것을 인정하고 장려하는 통합 모형이다. 다문화주의 모형은 소수 이민자 집단이 주류사회로 동화하는 것보다는 이들이 수용국 사회에서 주류문화와 공존하는 것을 목표로 삼고 있으며, 이는 이민자들이 자신들의 문화 다양성을 포기하지 않고 수용국 사회의 모든 영역에서 동등한 권리를 누리는 것을 의미한다(Castles 2002; Castles and Miller 2003). 이 세 가지 이민자 통합 모형을 살펴보면, 차별배제 모형이 외국인 또는 이민자에게 가장 배타적이며, 다문화주의 모형이 가장 호의적인 것으로 나타난다(설동훈·이병하 2013). 그리고 사회통합 강도는 동화주의 모형에서 가장 크게 나타남을 알 수 있다(Emerson 2011; 고상두 2012).

2차 대전 이후 많은 노동이민자를 받아들여 다문화 사회로 발전하게 된 서유럽 국가들은 각국의 역사 및 문화적 배경과 정치적 상황에 따라 각각 차별화된 이민자 통합 방식을 발전시켰다. 우선, 종족적·인종적 민족 개념을 중시하는 독일의 경우는 1999년 국적법 개정이 있기 전까지 순수한 속인주의를 기준으로 시민권을 부여해왔던 전형적 차별배제 모형 국가이며, 정치적 민족 개념에 기반을 둔 공화주의 가치를 공화국의 기본 가치로 채택하고 있는 프랑스의 경우 동화주의 모형을 채택하여 이민자들이 프랑스 시민이 될 것을 강제하는 이민자 통합 정책을 펴왔다. 반면, 영국과 네덜란드의 경우는 90년대 후반 국적법 개정이 있기 전까지 소수인종의 차별금지나 다양한 소수 집단 문화를 인정하고 장려하는 쪽으로 이민자 통합 정책을 펴온 대표적 다문화주의 모형 국가였다. 이렇듯 90년대 중반까지 서유럽 국가들

은 차별배제 모형, 동화모형, 다문화주의 모형 중에서 자신의 상황에 맞는 모형을
채택하여 발전시켜왔다.

2 '시민통합' 정책 이후의 이민자 통합 유형

1) '시민통합' 정책의 도입 배경: 다문화주의의 한계

사실 유럽에서는 한동안 차별배제 모형, 동화모형, 다문화주의 모형 등 기존의
세 가지 이민자 통합 방식 중 다문화주의 모형이 가장 이상적인 통합 방식으로 인
식되기도 했다. 여러 학자들은 자유주의 국가란 이민자에 대한 차별·배제나 강요
된 동화를 피하며, 속지주의에 따라 시민권을 부여하는 개방적 이민자 통합 정책을
추구하는 국가이며(Freeman 1995; Joppke 2001; Kymlicka 1998), 이러한 다문화주의
통합 방식이 결국에는 지배적인 이민자 통합 방식으로 확대될 것이라고까지 주장하
였다. 특히 서유럽 각국에서 반차별법이 도입되고(Bleich 2003; Joppke 2007), 차별배
제 모형의 대표 국가였던 독일에서 조차 1999년 국적법 개정으로 시민권 취득에
속지주의적 요소가 가미됨에 따라 다문화주의에 기초한 개방적 이민자 정책이 확대
되었으며, 이러한 추세는 지속될 듯 했다.

그러나 다문화주의로 인한 이민자 통합 문제가 계속 제기되면서 지배적 패러다
임으로 자리 잡을 것처럼 보였던 다문화주의는 위기에 직면하게 되었다. 우선, 다
른 종족 집단이나 종교 집단보다 문화적·종교적 권리를 많이 요구하는 무슬림 이
민자가 다른 지역보다 유럽에 훨씬 많이 분포하고 있으며, 이에 따른 무슬림 이민
자와 수용국 사회 간의 갈등이 많이 나타난 것이 유럽에서의 다문화주의 통합 모형
이 문제시 된 첫 번째 이유로 꼽을 수 있다(Koopmans 2013). 2004년 이슬람의 여성
차별을 비판한 영화를 제작했던 네덜란드 영화감독인 반 테오 고흐가 살해당한 사
건, 2006년 덴마크 신문의 마호케트 풍자만화를 둘러싼 유럽과 중동 간의 갈등, 최
근 2015년 프랑스의 샤를리엡도 테러사건, 유럽 여러 국가에서 나타난 부르카 및
히잡 착용 금지 등으로 인한 무슬림과 수용국 사회와의 갈등 등 여러 관련 사건들
을 찾아볼 수 있다.

다문화주의 통합 유형으로 분류되는 국가에서 이민자들의 노동시장 및 교육제

도에서의 통합 결과가 다른 유형에 속하는 국가보다 뒤처지는 점 역시 다문화주의 통합 정책이 비판에 직면한 중요한 원인 중 하나이다. 출신국 문화 유지를 장려한 정책으로 인해 오히려 이민자들이 수용국 사회 및 경제활동 참여에 소극적인 태도를 보이고 결국 배제되는 결과가 나타났기 때문이다. 이민자가 수용국 언어를 습득하는 것은 정치참여, 노동시장 진출, 교육에의 통합 등에 필수적인 요소라 할 수 있다(Van Tubergen et al. 2004). 그러나 몇몇 연구에 따르면 언어다원주의 정책이 이민자들의 수용국 언어 습득에 해가 되는 것으로 나타나고 있다(Ersanili 2010). 예를 들면, 90년대 후반까지 대표적인 다문화주의 국가로 소개되던 네덜란드의 경우 이민자들의 수용국 언어사용 능력이 다른 유형에 속하는 국가보다 낮게 나타난 반면, 대표적 동화주의 모형 국가인 프랑스의 경우 수용국 언어사용 능력이 매우 높게 나타난 점은 이를 충분히 증명하고 있다(Ersanili 2010). 또한 서유럽 국가 이민자들의 노동시장 참여율을 살펴보아도 다문화주의 유형 국가들의 통합 결과가 만족스럽지 않음을 알 수 있다. 특히 다문화주의 국가의 복지 수준이 높은 경우 이러한 경향은 더욱 두드러지게 나타난다. 다문화주의 유형 국가에 속하면서 복지 수준이 비교적 높은 네덜란드, 스웨덴, 벨기에의 경우 이민자로 하여금 노동시장 진입에 필요한 언어습득, 수용국 주류사회와의 인적교류 등을 위한 동기를 감소시키는 것으로 나타나고 있다(Koopmans 2010, 2013).

이렇듯 다문화주의 통합 방식으로 인한 문제가 여러 측면으로 불거지자 유럽 각국의 정치 지도자들은 이민자 통합 방식으로서의 다문화주의의 실패를 공식적으로 인정하기에 이르렀다. 2010년 독일의 메르켈 총리는 인터뷰에서 '다문화주의'의 실패를 공언하였으며, 2011년 프랑스의 사르코지 대통령도 메르켈 총리의 발언에 동의하는 입장을 표현한 바 있다. 또한 같은 해 영국의 캐머른 총리 역시 다문화주의의 문제점에 대해 동의하였다. 물론 약간의 입장 차이는 있겠지만, 서로 다른 이민자 통합 정책을 추구하는 것으로 알려진 독일, 프랑스, 영국의 지도자가 한 목소리로 다문화주의의 문제점을 지적한 것은 주목할 만한 것이라 할 수 있다(Koopmans 2013).

이민자 통합에 있어 다문화주의 정책의 문제를 인식한 서유럽 국가들은 1990년대 후반부터 이민자를 적극적으로 수용국 사회에 통합하는 쪽으로 정책을 선회하기 시작하였다. 최근 서유럽 각국의 이민 정책 변화에서 가장 두드러진 점은 바로 수용국의 언어나 수용국의 역사·정치·사회에 대한 지식 습득을 의무화함으로써 이민자들이 수용국 사회에 보다 잘 통합할 수 있도록 하는 것이다(Goodman 2010, 2012). 주로 '시민통합(civic integration)' 개념으로 알려진 이러한 이민자 통합 정책은 1998년 네덜란드가 시민권 획득에 있어서 수용국의 언어와 수용국 사회에 대한 지식 습득을 의무화하는 것을 골자로 한 '네덜란드 시민통합 프로그램(Dutch Civic Integration Program)'을 도입하여 실시하면서 시작되었다. 네덜란드의 이러한 시도는 이후 마찬가지로 이민자 통합 문제로 고민하던 다른 유럽 국가들에게 영향을 미치면서 이제는 몇몇 국가를 제외한 대다수의 유럽 국가에서 찾아볼 수 있는 정책이 되었다.

이러한 '시민통합' 정책의 내용을 살펴보면, 시민권이나 영주권 획득을 위해 수용국의 언어 및 국가지식을 습득하고 이에 대한 테스트를 거쳐야 하며, 이와 더불어 자유민주주의 가치를 존중하고 수용국에 대해 충성할 것을 서약하는 등의 절차가 포함되어 있다. 이러한 '시민통합' 정책은 단순히 시민권 부여를 위한 규정이 아니라 이민자들이 수용국 사회에 성공적으로 통합될 수 있도록 언어 및 수용국 사회 관련 지식 습득을 의무화 하는 것이다. 사실 전통적 이민 국가로 알려진 미국의 경우 언어 및 국가 지식 테스트를 이미 1980년대부터 실시해 왔기에 유럽의 '시민통합' 정책이 그다지 새로운 정책은 아니다. 그러나 유럽의 경우 이러한 '시민통합' 정책 도입이 의미하는 바는 매우 크다고 할 수 있다. 이는 유럽이 단순하게 이주 노동자만을 받아들이던 국가에서 진정한 이민국가로 변화하고 있다는 것을 의미하는 것이기 때문이다(Goodman 2012).

최근 많은 유럽 국가에서 도입되고 있는 '시민통합' 정책의 경우 수용국으로의 통합을 강조하고 있기에 언뜻 보면 이주자를 수용국 문화를 흡수하는 것을 목적으로 하는 동화(assimilation)정책과 비슷해 보이기도 하다. 그러나 시민통합 정책과 동화주의 정책은 뚜렷하게 구분된다고 볼 수 있다. 동화주의 정책이 이민자가 수용국의 주류사회로 흡수되는 집단적인 문화적 통합을 강조하는 반면(Goodman 2010; 고상두 2012), 시민통합 정책은 이민자 개인이 수용국의 공동가치를 존중한다는 사실을 바탕으로 이들의 경제적 통합 및 정치적 통합을 강조하는 것이라 할 수 있다(Goodman 2010; 고상두 2012). 즉 시민통합에 기반한 이민자 통합 정책은 이민자 개인에 수용국으로의 통합 책임을 부과한다는 점이 중요한 특징이라 할 수 있다.

2) 시민통합 정책 이후의 이민자 통합 유형

이렇게 수용국 사회로의 개인적 통합을 강조하는 시민통합에 기반을 둔 이민자 정책이 유럽 각국에서 나타나자 많은 연구자들은 유럽의 이민자 통합 정책이 한 방향으로 수렴하고 있다고 주장하고 있다(Brubacker 2001; Joppke 2007; Tridafilopoulos 2011; 김용찬 2008; 고상두 2012). 즉 유럽 국가들이 이민이라는 공동의 문제에 직면하게 됨에 따라 거의 동일한 이민자 통합 정책을 취하게 되었다는 주장이다. 이들에 따르면 80년대와 90년대에 다문화주의에 바탕을 둔 개방적 이민자 정책이 확대되었으며 이에 대한 반작용으로 최근 통합을 강조하는 엄격한 방향의 정책으로 이민자 정책이 수렴하게 되었다는 것이다(Tridafilopoulos 2011). 이러한 유럽에서의 이민자 통합 정책의 수렴을 주장하는 학자들 가운데는 현재 다문화주의가 후퇴하고(Joppke 2004), 기존의 동화주의 정책으로 회귀하고 있다는 주장도 있으며(Brugacker 2001; 김용찬 2008), 동화주의와는 약간 차별되는 상호문화주의로 수렴하고 있다는 주장도 있다(고상두 2012).

그러나 이러한 수렴화 주장에 대한 반대 주장도 찾아볼 수 있다. 이들에 따르면, 비록 많은 국가에서 동일한 내용의 '시민통합' 요소를 띤 정책을 도입한다고 하더라도 기존에 존재하는 이민자 통합 정책, 각국의 역사적·문화적 배경 및 상황, 정치적 요인 등에 따라 최종 정책 결과는 달라질 수밖에 없다고 주장한다(Akkerman 2012; Goodman 2010, 2012). 뿐만 아니라 추가로 도입되는 '시민통합' 정책 자체도 완전히 동일할 수 없기 때문에 결국 유럽 각국의 이민자 통합 정책은 다양하게 나타날 수밖에 없는 것이다(Goodman 2010, 2012). 실제로 겉으로는 비슷해 보이는 '시민통합' 조건도 국가마다 다양하게 나타나고 있으며, 이러한 이유로 유럽의 각국에서 실시되는 이민자 통합 정책의 경우 국가 간에 차별성을 찾아볼 수 있다는 것이 이 주장의 핵심이다.

본 장에서도 역시 유럽 각국에서 규정하고 있는 시민통합 요건의 강도나 강제성 여부에 따라 이민자 통합 정책의 국가 간 차별성이 나타난다는 의견에 동의하면서 현재 유럽의 서로 다른 이민자 통합 방식을 유형화하고, 각각의 유형에 해당하는 대표 국가의 사례를 살펴보고자 하는 것이다. 이러한 이민자 통합 방식의 유형화를 위해 본 장에서는 '시민권 부여방식'과 '시민통합 요건 강도' 등 두 가지 기준을 동시에 고려하고자 한다. 이 유형화는 굿맨(Goodman 2010)이 사용한 유형으로,

첫 번째 기준인 '시민권 부여 방식' 기준은 시민권 부여 방식이 개방적인가 아니면 배타적이고 규제적인가를 나타내는 것으로, 이 기준에 따라 '개방적 시민권' 국가와 '배타적 시민권' 국가로 분류할 수 있다. '개방적 시민권' 부여 방식을 사용하는 국가에서는 속지주의 기준에 따라 시민권을 부여하며 이중국적을 허용하고, 시민권 획득에 필요한 최소 거주 기간이 비교적 짧은 반면, '배타적 시민권' 부여 방식을 사용하는 국가에서는 속인주의 원칙에 따라 시민권을 부여하며 이중국적을 불허하며, 시민권 획득에 필요한 최소 거주 기간이 비교적 긴 국가를 의미한다. 두 번째 기준인 '시민통합 요건 강도' 기준은 시민권 획득을 위해 필요한 시민통합 요건(수용국 언어 습득, 수용국 국가·사회 지식 습득, 수용국의 공동가치 수호 서약)의 수준이 높고 강제성을 띠는지, 아니면 비교적 자유롭게 적용되며 이주자가 선택할 수 있는 임의적인 것인지 등을 나타내는 기준이다.

이 두 가지 기준을 동시에 고려하여 이민자 통합 정책을 유형화한 것을 그림으로 나타내면 〈그림 7-1〉과 같다.

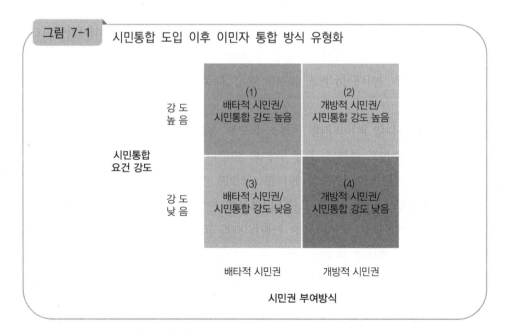

그림 7-1 시민통합 도입 이후 이민자 통합 방식 유형화

우선, (1)번 유형은 시민권 부여 방식이 배타적인 동시에 시민통합 요건의 수준이나 강도도 높은 국가로서, 이 유형에는 기존의 유형에서 차별배제 모형인 국가들이 여기에 속한다. 약간의 변화는 있다고 하더라도, 시민권 획득을 위한 기준이

여전히 까다롭고 규제적인 국가이며, 원칙적으로 속인주의를 사용하는 국가이다. 이중국적을 허용하지 않으며, 시민권 획득을 위한 필수 거주 기간이 비교적 긴 국가가 여기에 속한다. 또한 시민통합 요건이 의무화되어 있으며, 요구하는 언어나 국가 지식 등의 수준이 높은 편에 속한다. 이 유형에 속하는 대표적인 국가는 오스트리아, 독일, 덴마크이다. 유형 (2)는 시민권 부여 방식이 비교적 개방적이며 자유로운 편이지만 시민통합 요건의 수준이나 강도가 높은 국가이다. 이 유형에 속하는 국가들의 경우, 시민권 부여에 있어 속지주의 원칙을 사용하며, 이중국적이 허용되며, 시민권 획득에 필요한 거주 기간이 비교적 짧은 국가들이다. 이 유형에 속하는 국가는 기존의 동화모형에 속했던 프랑스를 들 수 있으며, 기존의 다문화주의 모형에 속했지만 현재 이민자 통합을 위해 강도 높은 시민통합 정책을 도입한 네덜란드나 영국이 이 유형에 속한다. 유형 (3)은 시민권 부여 방식이 배타적이지만, 시민통합 요건 수준이나 강도가 낮은 국가이다. 이 유형에 속하는 국가는 이탈리아, 그리스, 스페인 등으로 전통적으로 이민 송출국이었던 관계로 이민자에 대한 시민권 부여 규정이 제대로 마련되지 않아 배타적 시민권 국가로 분류되고 있다. 또한 이민자 통합에 큰 관심이 없기 때문에 시민통합 요건의 강도가 낮은 상태로 머물러 있는 특징을 보인다. (4)번 유형은 개방적 시민권 방식이 사용되고, 시민통합 요건 강도도 낮은 국가이다. 이 국가는 기존의 다문화주의 모형에 속하는 국가 중 시민통합 정책을 도입하지 않았거나 그 수준이 약한 국가로, 스웨덴이나 벨기에 등을 들 수 있다.

3 유럽 각국의 이민자 통합 사례

본 절에서는 유럽의 이민자 통합 정책이 시민통합 정책의 도입으로 인해 동일한 정책으로 수렴하지 않고, 각국의 역사적·문화적 배경 및 기존의 시민권 정책, 정치적·사회적 상황 등으로 인해 다양하게 나타난다는 것을 보여주기 위해 위의 네 가지 유형에 속하는 대표적 국가를 선별해 사례를 분석하고자 한다. 분석을 위해 각 유형에서 선별된 국가는 다음과 같다. 우선, 유형 (1)의 경우 배타적 시민권 부여 방식이 사용되며, 시민통합 정책이 강하게 나타나는 독일을 선별해 분석하였으며, 유형 (2)의 경우, 다문화주의 모형에서 시민통합 정책을 적극적으로 도입하여 시민통합 정책의 모델이 되고 있는 네덜란드를 분석하였다. 유형 (3)의 경우 시민권 부여 방식이 배타적이면서 이민자 통합 정책에도 거의 관심을 보이고 있지 않은 스페인 사례를 선별해 분석하였으며, 유형 (4)의 경우 기존의 다문화주의를 계속 유지하면서 시민통합 정책은 소극적으로 채택하고 있는 스웨덴 사례를 분석하였다. 이 중 네덜란드와 스웨덴의 경우는 두 국가 모두 다문화주의를 채택한 국가지만, 한 국가는 시민통합 정책을 적극적으로 도입한 국가이며, 한 국가는 시민통합 정책을 전혀 고려하고 있지 않은 국가인 만큼 대비가 되는 사례라 할 수 있다.

1) 독일의 이민자 통합 정책

그동안 차별배제 모형의 대표적 국가로 간주되던 독일에는 2015년 현재 전체 인구의 9.4%에 달하는 770만 명의 외국인이 거주하고 있으며, 이미 독일 국적을 취득한 이민자까지 포함하면 이 비율은 20%까지 올라간다(독일통계청 2015). 이러한 수치는 비록 독일이 차별배제 모형의 대표적 국가로 소개되고 있지만, 이민국가로서의 위상을 확인해주는 것이라 할 수 있다. 독일에 거주하는 이민자들의 출신을 살펴보면, 터키 출신 이민자가 압도적으로 커다란 비중을 차지하고 있다.

독일에 이민자가 급격하게 증가하기 시작한 것은 2차 대전 이후 이주 노동자가 대거 유입되면서 부터이다. 1950년대 경제성장으로 노동력 부족 현상이 나타나자 독일은 1955년 이탈리아와 노동자 초청 협약을 체결한 것을 시작으로 국가 차원에서 수많은 국가로부터 외국인 노동자를 본격적으로 받아들였다(고상두 2012; 한영빈 2015). 로테이션을 통해 이주 노동자들을 고국으로 돌려보낸다는 원칙 하에 1960년대 도입된 '초청노동자' 제도는 이주 노동자를 독일에 정착하지 못하도록 한 제도로 독일의 민족주의적 의도가 명확히 반영된 제도라 할 수 있다(박명선 2007; 박채복 2004; 한영빈 2015). 이주 노동자에 기본적으로 배타적인 인식을 갖고 있던 독일정부는 이들을 독일사회로 통합시킬 필요성을 전혀 느끼지 못하였다(한영빈 2015). 1973년 오일쇼크로 인한 경제위기로 '초청노동자' 제도가 폐지될 때에도 독일정부가 이민자에게 기본적으로 갖고 있던 통제 및 배제 인식은 그대로 나타났다고 할 수 있다.

한편, 독일정부는 '초청노동자' 제도의 폐지로 외국인 수가 대폭 감소할 것으로 기대했으나 이주 노동자들이 본 국에서 가족을 초청하여 가족 재결합 형태로 독일에 정착하게 되면서 외국인은 계속 증가하게 되었다. 기대와는 달리 외국인이 계속 증가하자 1980년대 독일정부는 '독일은 이민국가가 아니다'라는 원칙을 천명하기에 이르렀고, 이러한 독일정부의 입장은 1983년 제정된 '외국인 귀국촉진법'에 잘 반영되어 나타났다(한영빈 2015). 1980년대까지 독일정부가 강조하던 이러한 원칙은 자국 거주 이민자 통합에 있어서 차별적 배제정책을 유지하는 기초가 되었다(한영빈 2015).

이렇게 외국인 이주자에 대해 차별배제적 원칙을 유지하던 독일이 기존의 정책 기조에서 벗어난 것은 1990년대 들어와서이다(고상두 2012; 한영빈 2015; Joppke 2007). 공산주의 붕괴로 동유럽 및 구소련 지역의 독일인 및 난민들이 독일로 대거 이주하면서 독일의 이민 정책은 기존의 규제적 기조에서 벗어나 개방적인 요소를 갖추기 시작하였다(고상두 2012; 한영빈 2015; Joppke 2007). 2000년 새롭게 개정된 국적법은 이러한 변화를 잘 반영하고 있다. 2000년 개정된 국적법에서는 그동안 독일이 고수해온 속인주의 원칙에 속지주의적 요소가 도입되어 독일에서 출생한 외국인 자녀에게 국적을 제공하는 것을 내용으로 하고 있으며, 외국인 거주자의 경우 합법적 거주 기간이 8년 이상인 경우 독일 시민권을 획득할 수 있게 됨으로써 거주 기간이 15년에서 8년으로 단축되었다. 물론, 이중국적을 불허하고 시민권 획득에 필요한 거주 기간이 여전히 길게 적용되는 점 등 시민권 부여 방식이 완전히 개방적으로 변한 것은 아니지만 기존의 배타적 정책에 비하면 상당한 변화가 있었다고 볼 수 있다.

그러나 보다 개방적인 시민권 부여 방식을 통해 이민자들의 통합을 용이하게 하려던 정책 효과가 생각보다 크게 나타나지 않자 독일정부는 네덜란드에서 처음으로 시도했던 시민통합 정책을 도입하여 독일사회로의 통합에 있어 이민자들의 책임을 강조하는 방향으로 정책을 선회하게 된다(고상두 2012; 한영빈 2015; Joppke 2007; Goodman 2012). 이러한 맥락에서 제정된 2005년 이민법의 가장 큰 특징은 이미 독일에 거주하고 있는 외국인에 사회통합 교육을 의무적으로 이수하도록 한 것이다. 사회통합 교육에는 독일어 교육과 독일 역사 및 정치 등 독일사회에 대한 교육이 포함되어 있다(고상두 2012; 한영빈 2015). 또한 2005년 법에 따라 내무부 산하에 연방이민난민청이 신설되어 이민자 사회통합 정책을 하나의 통일된 부서에서 관리하도록 한 것도 이민자 사회통합의 중요성이 커진 것을 의미한다(고상두 2012). 또한, 2007년 이민법 개정으로 입국 전부터 사회통합 시험을 실시하도록 한 것도 시민통합 요소가 대폭 강화된 것으로 볼 수 있는데, 독일에 거주하는 외국인이 본국에서 자국민을 초청하는 경우 입국희망자는 거주지에서 언어시험에 합격해야 입국비자를 받을 수 있게 되었다(고상두 2012).

앞에서 살펴본 대로 독일의 경우 기존에 이민자를 전혀 받아들이지 않는다는 원칙 하에 폐쇄적이고 규제적인 이민 정책을 펴왔으나, 여러 상황의 변화로 인해 다소 개방적인 방향으로 이민 정책이 변화하게 되었다. 그러나 엄격한 시민통합 요건을 부과함으로써 이민 정책의 개방적 변화 움직임을 상쇄하고 있는 것을 확인할 수 있다. 즉 이전보다 시민권 부여 방식이 완화되었지만 시민통합 요건을 강화함으로써 이를 차단하는 효과를 올림과 동시에 이민자들의 사회통합 효과도 높이고자 한 것이다. 물론, 독일의 시민권 부여 방식이 이전보다 개방적인 방향으로 움직인 것은 사실이지만, 여전히 배타적이고 규제적인 점은 주목해야 할 것이다.

2) 네덜란드의 이민자 통합 정책

차별배제 모형의 대표적 국가로 알려져 왔던 독일과는 반대로, 총인구의 21%에 달하는 인구가 외국인인 네덜란드는 그동안 전형적인 다문화주의 모형으로 분류되어온 국가이다. 그동안 다문화주의에 기반한 통합 정책을 적극적으로 펼치다가 90년대 말 시민통합 정책으로 가장 먼저 선회하면서 유럽 여러 국가의 이민자 통합 정책에 영향을 미친 국가이기도 하다.

네덜란드 역시 2차 대전 이후 외국인 이주자가 본격적으로 유입된 경험을 가지고 있다. 우선, 탈식민지로 인한 이주자 유입을 들 수 있는데, 2차 대전 이후 과거 식민지였던 수리남과 네덜란드 앤틸레스 제도에서 다수의 현지인들이 네덜란드에 이주하였다(고상두 2012; 설동훈·이병하 2013; 유숙란 2011). 이후 1960~1970년대에는 노동력 부족 해소를 위한 초청노동자 정책으로 지중해 연안 국가에서 이주 노동자들이 네덜란드로 대거 유입되었다. 사실 70년대 초까지만 해도 이주 노동자들이 계약이 끝나면 본국으로 돌아갈 것으로 기대했기에 네덜란드에서는 공식적인 이민자 통합정책이 존재하지 않았다(설동훈·이병하 2013; Vink 2007).

그러나 오일쇼크 이후 공식적으로 노동이민이 중단된 이후에도 이주 노동자 다수가 가족을 동반하여 네덜란드에 정착하게 되자 이들에 대한 대책을 논의하게 되었고, 1979년 네덜란드의 정부정책위원회가 '종족적 소수자'라는 보고서를 내놓으면서 이후 네덜란드의 다문화주의 통합정책의 기반을 마련하게 되었다(설동훈·이병하 2013; 유숙란 2011; Muus 2004). 이 보고서에 기반한 1981년 '종족적 소수자' 정책은 이민자를 종족·문화 공동체 집단의 구성원으로 규정하고 이들의 문화적 권리를 강조하였다(설동훈·이병하 2013; 유숙란 2011; Muus 2004). '종족적 소수자' 정책은 이민자들이 한 집단으로서의 정체성을 지키면서 네덜란드 사회에 참여하는 것을 장려하는 정책으로, 모국어 교육 지원, 문화 및 종교 행사 지원, 이민자 집단별 방송국 설립, 정치적 자문기구 설립 등을 지원하는 것을 그 내용으로 하고 있다(고상두 2012; 설동훈·이병하 2013; 유숙란 2011). 이러한 네덜란드의 다문화주의 정책은 네덜란드 사회의 대표적 특징인 '지주(pillar)'에서 비롯된 것이라 할 수 있다(고상두 2012; 설동훈·이병하 2013). 네덜란드 사회는 종교·이념 집단별로 '지주'를 형성하고, 이 지주들 간의 합의에 의해 서로 충돌할 가능성이 있는 여러 집단으로 구성된 사회가 운영된다고 볼 수 있는데, 네덜란드의 다문화 정책은 이민자 집단도 하나의 '지주'로 간주하는데서 비롯된 것이라 할 수 있다.

그러나 다문화주의에 근간을 두고 있는 네덜란드의 이민자 통합 정책이 이민자들을 네덜란드 사회에 통합시키지 못하고 오히려 네덜란드 주류사회로부터 격리되는 결과를 초래했다는 비판이 나오게 되었다(고상두 2012; 설동훈·이병하 2013; Muus 2004). 이에 따라 90년대부터 네덜란드의 이민자 통합 정책은 동화주의적 요소를 도입하는 방향으로 전화하게 된다(고상두 2012; 설동훈·이병하 2013; Joppke 2007; Goodman 2010, 2012). 즉 이민자를 소수집단으로 간주하여 이들의 문화적 정체성을 강조하는 초기의 통합정책에서 벗어나, 1990년대부터는 이민자를 '개인'으로 보고 이들의 사회·경제적 참여를 강조하는 정책으로 전환하게 된 것이다(유숙란 2011).

1998년 도입된 '이민자 통합법'은 '네덜란드어'와 '네덜란드 사회'에 대한 지식 습득을 의무로 하는 것을 주 내용으로 하는 법으로 이민자들의 언어·사회 교육을 통해 노동시장 진입을 용이하게 하는 것을 목적으로 하고 있다(Goodman 2010, 2012). 이렇게 이민 수용국의 언어 및 사회 지식 습득을 의무화하는 시민통합적 요소는 네덜란드에서 점차 강화되었으며, 보다 규제적인 방향으로 전개되었다. 2006년에는 해외사회통합법이 시행되어 네덜란드로 입국하려는 외국인에게 언어시험과 사회시험을 치르도록 의무화했으며, 2007년에는 외국인 거주자 사회통합법이 시행되어 이미 입국하여 네덜란드에 거주하고 있는 외국인에게도 사회통합시험을 치르도록 하였다(고상두 2012). 또한 2011년부터는 외국인이 네덜란드에 체류하려면 3년 안에 네덜란드어를 마스터해야 하는 등 시민통합적 요소는 계속 강화되고 있다고 볼 수 있다.

이렇듯 네덜란드의 경우 70~80년대까지만 해도 시민권 부여 방식이나 다문화 허용 여부로 보아 전형적으로 다문화주의에 바탕을 둔 이민정책을 실시하던 국가였지만, 최근 시민통합적 조건을 강화하면서 개방적 시민권 부여 방식으로 인한 사회통합의 한계를 극복하고자 하는 선두국가로 떠오르고 있으며, 유럽의 많은 국가들이 네덜란드의 시민통합 정책을 도입하고 있다.

3) 스페인의 이민자 통합 정책

스페인은 비교적 오래된 이주 역사를 가진 국가이다. 그러나 오랫동안 다른 국가에 이민자를 보내던 이민 송출국에 속하는 국가였으며, 이민자를 받아들이기 시작한 것은 최근의 일이라 할 수 있다. 포르투갈, 이탈리아, 그리스 등 대다수 남유럽 국가들이 그렇듯이 스페인 역시 1980년대 중반이 되어서야 이민자를 받아들이기 시작했으며, 90년대 들어서 이민 수용국으로 자리매김하게 되었다(Bruquetas-Callejo 2008; Goodman 2010). 특히 90년대는 스페인에서 노동력 수요가 급증하면서 이주 노동자가 대거 유입된 시기였다(King et al. 1997). 이주 노동자가 대거 유입된 것은 두 가지로 설명할 수 있는데, 우선, 스페인 내의 이농현상으로 농촌의 노동력이 부족해지면서 노동력 수요가 증가한 것으로 설명할 수 있으며, 두 번째로는 스페인 산업 분야에서 저렴한 노동력을 통한 가격 경쟁력 확보를 목적으로 한 스페인 기업들의 이주 노동력 수요가 증가한 것으로 설명할 수 있다(Bruquetas-Callejo 2008). 스페인에 유입된 이민자들의 출신은 다양하게 나타난다. 그 중에서 가장 큰 이민자 집단은 모로코와 에콰도르 출신 이민자 집단이며, 루마니아, 콜롬비아, 영국 출신 이민자도 꽤 높은 비중을 차지한다. 이 중 영국에서 온 이민자의 경우 은퇴 이후 스페인에 거주하는 경우가 상당수를 차지한다(Bruquetas-Callejo 2008).

스페인에 이민자 관련 규정이 처음으로 마련된 것은 1985년 첫 번째 이민자법이 통과되면서이다. 1985년 처음으로 이민자법이 제정된 것은 사실 이민자 유입으로 인한 것이었다기보다는 스페인이 1986년 유럽공동체(EC) 가입을 염두에 두고 유럽공동체 기준에 맞추기 위한 것이 가장 큰 요인이라 할 수 있다(Bruquetas-Callejo 2008). 1985년 이민자법이 제정됨에 따라 외국인이 스페인에 합법적으로 체류할 수 있는 법적 조건이 명시된 것으로 볼 수도 있지만, 반대로 외국인의 스페인 체류를 규제하는 장치가 생긴 것으로 볼 수도 있다.

스페인의 국적 부여 방식은 원칙적으로 속인주의에 바탕을 둔 방식으로 이는 현재까지도 지속되고 있다. 또한 스페인에 거주하는 외국인이 스페인 국적을 취득하기 위해서는 합법적으로 10년 연속으로 거주하여야 한다. 1985년 이민자법에는 특히 1년 단위로 체류허가를 갱신하도록 하는 조항이 마련되었는데, 이것은 스페인 이민자 정책이 규제적이고 일시적 체류를 선호하는 방향으로 마련되었다는 것을 의미한다. 물론 이후 몇 차례 이민자법이 개정되었지만, 원칙적으로 스페인의 시민권 정책의 규제적 성격은 현재까지도 이어지고 있다. 스페인의 규제적 성격의 이민자 정책은 저렴한 외국인 노동력을 필요로 하는 스페인 경제 상황과는 사뭇 모순되는 것이며(Fuentes and Javier 2005), 동시에 스페인에 불법이민자를 양산하는 원인이 되기도 한다(Bruquetas-Callejo 2008).

한편, 스페인의 경우 이민 수용국으로서의 역사가 그다지 길지 않기에 스페인 정부가 이민자 통합에 관심을 거의 보이지 않았다고 볼 수 있다. 1994년 이민자 통합 정책이 처음 실시되었지만 그 효과는 그다지 크지 못했다는 평가이다(Bruquetas-Callejo 2008). 이후에도 몇몇 통합 정책이 실시되었지만, 유럽의 다른 국가에 비하면 이민자 통합에 대한 관심은 약하다고 볼 수 있다. 특히 네덜란드를 필두로 유럽의 다른 국가에서 나타나는 시민통합적 요소도 거의 나타나지 않고 있다. 물론, 스페인에서도 시민권 획득을 위해 언어점수를 요구하고 있기는 하지만, 스페인의 사례는 네덜란드와 같은 국가에서 이민자들의 통합을 위해 시민통합 정책을 확대하는 것과는 분명하게 구분되는 사례이기 때문에 시민통합 수준이 매우 낮은 편이라고 볼 수 있다. 즉 스페인의 경우는 매우 규제적이고 배타적인 시민권 부여 방식을 사용하고, 시민통합적 정책이 거의 부재한 이민자 통합 유형에 속한다고 할 수 있다.

4) 스웨덴의 이민자 통합 정책

네덜란드와 마찬가지로 대표적 다문화주의 모형에 속하는 국가로 알려진 스웨덴의 경우 총인구의 21.5%가 이주자 배경을 지닌 대표적 이민국가라 할 수 있다(스웨덴 통계청 2015). 사실 1970년대 이전까지만 해도 스웨덴에 들어온 이민자 대부분은 스칸디나비아 국가 출신이어서 문화적으로 거의 동질적이었다. 그러므로 이민자 통합 정책을 별도로 수립할 필요성이 거의 없었다고 볼 수 있다(유숙란 2011). 그러나 1960년대부터 그리스, 터키 등 지중해 연안 국가로부터 이주 노동자가 유입되고, 스웨덴의 관대한 난민정책으로 난민이 대거 들어오게 되면서 이민자 집단이 다양화되기 시작하였다. 특히 1970년대 그리스, 터키 등 남부 유럽에서 온 이주 노동자들이 가족초청을 통해 스웨덴에 계속 정착하게 되면서 이민자에 대한 통합 정책이 필요하게 되었다(유숙란 2011).

　　이러한 배경 하에 1975년 채택된 '이주자 및 소수자 정책'은 다문화주의에 기반을 둔 정책으로 스웨덴이 대표적 다문화모형에 속하는 국가로 자리 잡는 데 큰 역할을 한 정책이다. '이주자 및 소수자 정책'은 스웨덴에 거주하는 이주자를 '개인'이 아닌 '소수집단'으로 규정하며 스웨덴의 다른 소수 종족집단과 동등하게 간주하도록 한 정책으로(유숙란 2011; Borevi 2010), 모국어 교육, 독자적 TV 방송국, 신문, 잡지, 문화 활동 등에 대한 지원을 주 내용으로 하고 있다. 이 정책으로 스웨덴에서는 이민자 집단의 문화적 정체성 및 권리가 보장되는 다문화주의가 뿌리내리게 되었다.

　　물론, 스웨덴에서도 난민의 대거 유입과 가족재결합으로 인한 이주자 급증으로 90년대 이후 기존의 다문화 정책을 재검토하는 시도도 있었다. 이러한 시도로 기존에 이민자 집단을 중심으로 한 통합 정책이 이민자 개인을 중심으로 한 통합 정책으로 전환되기 시작하였다(Borevi 2010). 이러한 배경 하에 수립된 1997년 통합 정책은 이민자의 집단적 정체성보다는 개인에게 통합의 책임을 부과하는 방향으로 전환된 것을 의미한다(유숙란 2011). 이후 2001년 개정된 국적법은 이민자를 대상으로 시민통합 강좌와 통합시험을 실시하는 것을 그 내용으로 하고 있다.

　　언뜻 보면 스웨덴의 경우도 네덜란드와 마찬가지로 다문화주의 정책에서 시민통합을 강조하는 방향으로 전환한 것처럼 볼 수도 있을 것이다. 그러나 스웨덴의 경우 이민자를 대상으로 하는 언어 및 사회지식에 대한 시민통합 시험을 의무로 강요하지 않고, 언어가 체류증을 획득하기 위한 필수 조건도 아닌 점을 고려하면, 시민통합 요건 강도는 네덜란드나 독일에 비해 매우 낮음을 알 수 있다(Borevi 2010). 스웨덴의 경우 개정된 국적법에서도 여전히 이중국적을 허용할 뿐만 아니라, 사회의 종족적·문화적 다양성을 여전히 인정하며, 시민통합 요건 강도도 여전히 약한 것을 고려하면, 규제적이고 강제적 성격의 시민통합 정책을 실시하고 있는 네덜란드 사례와는 전혀 다른 사례임을 알 수 있다. 결국, 스웨덴은 시민권 부여 방식이 여전히 개방적이며, 시민통합 강도는 낮은 수준인 이민자 통합 유형으로 구분할 수 있을 것이다.

4 결론

본 장에서는 이민으로 인해 나타나는 여러 문제로 고민하던 유럽의 여러 국가에서 2000년 이후 도입하고 있는 '시민통합'에 기반한 이민자 통합 정책의 내용은 무엇이고, 이로 인해 유럽 국가들의 이민자 통합 정책에는 어떠한 변화가 생겼는지를 독일, 네덜란드, 스페인, 스웨덴의 사례를 통해 살펴보았다. 이민자를 통합하는 데 있어 기존의 다문화주의 정책의 한계를 인식한 여러 유럽 국가들은 이민자를 적극적으로 수용국 사회에 통합하는 쪽으로 정책을 선회하기 시작하였다. 특히 많은 국가들이 수용국의 언어와 사회에 대한 지식 습득을 의무화함으로써 이민자들이 수용국 사회에 보다 잘 통합할 수 있는 방향으로 이민자 통합 정책을 세우는 움직임을 보이고 있다.

최근 유럽 국가들이 앞 다투어 '시민통합' 정책이라 불리는 이러한 정책을 도입하자, 많은 연구자들은 이민과 관련하여 동일한 문제에 직면한 유럽 국가들이 거의 비슷한 이민자 통합 정책을 선택하고 있다고 보고 있다. 이들은 유럽에서 다문화주의가 후퇴하고, 이민자 통합 정책이 동화주의로 수렴하고 있다고 주장하고 있다. 그러나 본 장에서는 모든 유럽 국가에서 채택하고 있는 것처럼 보이는 '시민통합' 정책도 그 강도나 강제성 여부에 따라 다양하게 나타나며, 이들 국가들의 역사적 배경이나 기존의 이민 정책까지 고려하면 이민자 통합 정책이 국가마다 다양하게 나타날 수 있다고 보고, 독일, 네덜란드, 스페인, 스웨덴 사례를 선택해 살펴보았다.

각국의 '시민권 부여 방식'과 '시민통합 요건 강도'를 동시에 고려해 살펴본 결과, 이민자 통합 정책에 있어 유럽 국가 간에 뚜렷한 차이가 나타나는 것을 확인할 수 있었다. 독일의 경우, 배타적 시민권과 엄격한 시민통합 요건이 적용되는 것을 확인할 수 있었고, 네덜란드의 경우 개방적 시민권과 시민통합 요건이 강하게 적용되는 것을 확인할 수 있었다. 반대로 스페인의 경우 시민권 부여 방식이 배타적이면서 시민통합 요건은 미미하게 나타나고 있으며, 스웨덴의 경우 개방적 시민권과 약한 시민통합 요건이 나타나는 것을 확인할 수 있었다.

물론, 최근 프랑스에서 발생한 테러 사건으로 인한 이슬람 혐오 현상, 난민의 대거 유입으로 인한 이민자들에 대한 반감 등으로 인해 앞으로 많은 유럽 국가에서 이민자 정책이 훨씬 규제적인 방향으로 수렴될 수도 있을 것이다. 그러나 유럽 각국의 정치문화, 각국 이민의 역사적 배경, 경제 상황 등 여러 요인이 다양하게 나타나고 있는 한 이민자 정책의 국가 간 차별성은 사라지지 않을 것으로 보인다. 한편, 이 글에서 소개한 여러 사례 중 어느 사례가 이민자 통합에 효율적인 것인지 판단하는 것도 쉬운 문제는 아닐 것이다. 과거에 다문화주의가 가장 바람직한 방향으로 여겨졌지만 이민자 통합에 있어서 다문화주의의 한계를 깨닫고 '시민통합' 정책 쪽으로 전환했듯이, '시민통합' 정책이 과연 이민자 통합에 있어 가장 바람직한 정책인지는 향후 유럽 여러 국가의 이민자 통합 결과를 살펴보아야 알 수 있을 것이다.

　이미 언급했듯이 유럽 대다수 국가들의 경우 원래 이민국가가 아니었지만, 2차 대전 이후 노동이주자나 가족재결합 등으로 인한 이민자의 대거 유입으로 자연스럽게 이민 국가가 되었다. 한국도 현재는 이민 국가가 아니지만, 노동이주자나 결혼이주자 등의 유입으로 점차 이민 국가가 될 수 있기에 유럽의 이민자 통합 사례는 한국에 큰 함의를 줄 수 있을 것이다. 다양한 배경을 지닌 유럽 각국이 이민자 문제를 어떠한 식으로 해결하고, 이민자 통합을 위해 어떠한 정책을 수립하는지를 살펴보는 것은 한국에 가장 적합한 이민자 통합 정책을 모색하는데 도움을 줄 것으로 기대할 수 있을 것이다.

▌ 참고문헌

고상두. 2012. "이주자 사회통합모델의 비교분석: 네덜란드, 독일, 한국의 사례." 『한국정치
　　학회보』, 46(2): 241-264.

김용찬. 2008. "서유럽 국가 이주민 통합 정책의 수렴경향에 관한 연구: 영국, 프랑스, 독일
　　사례 분석." 『대한정치학회보』, 16(1): 89-108.

박명선. 2007. "독일 이민법과 통합정책의 외국인 차별에 관한 연구." 『한국사회학』, 41(2):
　　271-303.

박채복. 2007. "독일의 이주자 정책: 사회적 통합과 배제의 딜레마." 『한독사회과학논총』,
　　17(1): 293-319.

설동훈·이병하. 2013. "다문화주의에서 시민통합으로: 네덜란드의 이민자 통합정책." 『한국
　　정치외교사논집』, 35(1): 207-238.

유숙란. 2011. "이주자 통합정책 유형과 통합정책 전환에 대한 분석: 스웨덴과 네덜란드의 사
　　례를 중심으로." 『국제지역연구』, 20(2): 65-96.

한영빈. 2015. "독일의 이주통합정책: 패러다임 전환과 성과에 대한 고찰." 『다문화사회연
　　구』, 8(1): 39-69.

Akkerman, Tjitske. 2012. "Comparing Radical Right Parties in Government: Immigration
　　and Integration Policies in Nine Countries (1996~2010)." *West European Politics*,
　　35(3): 511-529.

Borevi, Karin. 2010. "Dimensions of Citizenship: European Integration Policies From a
　　Scandinavian Perspective." in Bo Bengtsson, Per Strömblad and Ann-Helén Bay
　　(eds.). *Diversity, Inclusion and Citizenship in Scandinavia*. Newcastle: Cambridge
　　Scholars Publishing.

Brubakker, Rogers. 1992. *Citizenship and Nationhood in France and Germany*. Cambrige,
　　Mass.: Havard University Press.

Brubaker, Rogers. 2001. "The Return of Assimilation?" *Ethnic and Racial Studies*, 24(4):
　　531-548.

Castles, Stephen. 2002. "Migration and Community Formation under Conditions of
　　Globalization." *International Migration Review*, 36(4): 1143-1168.

Castles, Stephen and Mark J. Miller. 2003. *The Age of Migration*. Hampshire: Palgrave
　　Macmilan.

Emerson, Michael. 2011. *Interculturalism. Europe and its Muslim in Search of Sound
　　Societal Models*. Brussels: CEPS.

Ersanilli, Evelyn and Ruud Koopmans. 2010. "Rewarding Integration? Citizenship Regulations and the Socio-Cultural Integration of Immigrants in the Netherlands, France and Germany." *Journal of Ethnic and Migration Studies*, 36(5): 773-791.

Freeman, Gary P. 2006. "National Model, Policy Types, and the Politics of Immigration in Liberal Democracies." *West European Politics*, 29(2): 227-247.

Fuentes, Moreno, and Francisco Javier. 2005. "Evolution of Spanish Immigration Policies and Their Impact on North African Migration to Spain." *Studies in Culture, Policy and Identities*, 6(1): 109-35.

Goodman, Sara Wallace. 2010. "Integration Requirements for Integration's Sake? Identifying, Categorising and Comparing Civic Integration Policies." *Journal of Ethnic and Migration Studies*, 36(5): 753-772.

Goodman, Sara Wallace. 2011. "Controlling Immigration through Language and Country Knowledge Requirements." *West European Politics*, 34(2): 235-255.

Goodman, Sara Wallace. 2012. "Fortifying Citizenship: Policy Strategies for Civic Integration in Western Europe." *World Politics*, 64(4): 659-698.

Joppke, Christian. 2007. "Beyond National Models: Civic Integration Policies for Immigrants in Western Europe." *West European Politics*, 30(1): 1-22.

Joppke, Christian. 2004. "The Retreat of Multiculturalism in the Liberal State: Theory and Policy." *The British Journal of Sociology*, 55(2): 237-257.

Joppke, Christian. 2001. "The Legal-domestic Sources of Immigrant Rights The United States, Germany, and the European Union." *Comparative Political Studies*, 34(4): 339-366.

King, Russell, Anthony Fielding, and Richard Black. 1997. "The International Migration Turnaround in Southern Europe." *Southern Europe and the New Immigrations*. 1-25.

Koopmans, Ruud. 2013. "Multiculturalism and Immigration: A Contested Field in Cross-National Comparison." *Annual Review of Sociology*, 39: 147-169.

Koopmans, Ruud, Ines Michalowski, and Stine Waibel. 2012. "Citizenship Rights for Immigrants: National Political Processes and Cross-National Convergence in Western Europe, 1980~2008." *American Journal of Sociology*, 117(4): 1202-1245.

Muus, Philip. 2004. "The Netherlands: A Pragmatic Approach to Economic Needs and Humanitarian Considerations." in Wayne A. Cornelius, Takeyuki Tsuda, Philip L. Martin and James F. Hollifield (eds.). *Controlling Immigration: A Global Perspective*. Stanford, CA: Stanford University Press.

Vink, Maarten Peter, and Rainer Bauböck. 2013. "Citizenship Configurations: Analysing the Multiple Purposes of Citizenship Regimes in Europe." *Comparative European Politics*, 11(5): 621–648.

Vink, Maarten Peter. 2007. "Dutch 'Multiculturalism' beyond the Pillarisation Myth." *Political Studies Review*, 5(3): 337–350.

Tiradafilopoulos, Tiradafolos. 2011. "Illiberal Means to Liberal Ends? Understanding Recent Immigrant Integration Policies in Europe." *Journal of Ethnic and Migration Studies*, 37(6): 861–880.

제8장

EU의 혁신 거버넌스
- EU의 지역정책과 OMC의 적용을 중심으로

제8장

EU의 혁신 거버넌스
- EU의 지역정책과 OMC의 적용을 중심으로

고 주 현 (연세대학교)

유럽연합의 정책결정 거버넌스는 국가라는 주된 행위자 이외에 다양한 행위자들이 여러 층위에서 반복적이고 심층적인 논의를 통해 공동의 정책을 결정한다는 측면에서 다른 지역 및 국가들과 구별되는 특징을 보인다.

유럽연합의 회원국 정부들은 문제해결을 위해 고유한 정책을 시행하면서 동시에 정부 간 협력을 병행하여 상호학습과 정책이전 메커니즘을 통해 국가수준에서 정책조정을 수행한다. 개별적인 정책과정에서 볼 때 유럽수준의 정책과정은 집행위원회를 포함한 초국가적 행위자와 회원국이 깊이 개입한다. 특히 국내수준의 다양한 선호와 압력 그리고 사적 기업 행위자들이 광범위하게 포함되어 유럽차원에서 수평적인 정책결정이 이루어지기도 한다.

거버넌스 논의와 관련하여 EU 지역정책은 다층적 거버넌스 모델이 적용되는 주요 정책 부문이다. 또한 지역발전에 있어 모니터링을 통한 학습과 분권화된 조정 등 혁신의 역할을 강조하며 전통적 방식과 다른 혁신적인 거버넌스 요소들을 지역정책에서 확인할 수 있다. 지역혁신 정책은 지역의 다양한 행위자들의 참여를 유도하는 것을 정책적 기조로 하고 있다. 또한 지역혁신정책은 민주적이고 수평적인 제도적 거버넌스 체제를 통해 정책을 수립하고 실행하고자 한다. 구체적으로 지역 내 이해당사자들이 지역의 실정에 맞는 지역혁신전략을 서로 간의 대화와 협의를 바탕으로 상향적으로 도출하고자 한다. 지역의 기술 및 혁신능력 발전 이니셔티브 구축을 위한 기본적 틀을 마련하기 위해 정책을 집행하는 집행위원회의 지역정책위원회와 수혜대상 지역이 계획의 입안단계에서부터 대화와 협의과정을 거치도록 한다. 따라서 지역혁신계획은 역내 주체들 간의 대화를 촉진시킬 수 있는 전략수립과정이다. 이를 위한 대표적인 유럽수준의 정책조정기제가 '개방형조정방식(OMC: Open Method of Coordination)'이다.

OMC는 리스본 전략의 효율적 실행을 위한 정책조정기제로 경제와 고용부분을 넘어 사회보장, 교육 및 훈련, 기업정책, 혁신정책 및 연구기술개발, 지역정책분야로 확대 적용되어오고 있다.[1] OMC는 또한 회원국의 다양성과 EU 공동의 통일성 간의 균형을 모색할 수 있도록 하는 구체적인 메커니즘으로 정책과정상의 융통성에 중점을 두고 있으며 자발성, 보조성, 참여 및 다수준 간의 통합이라는 원리에 기반하고 있다. 즉 OMC는 유럽연합의 보조성의 원칙 하에 공동체의 다양성을 인정하고 정책적 정당성을 유지하면서 참여자 간 네트워크 구조를 통해 다자적 수렴을 이끌어내도록 시도된 것이다.

이와 같은 혁신적 정책조정기제가 도입된 배경에는 전통적인 지역정책의 수단들이 역내 빈곤 지역에 대한 구조적, 재정적 지원으로 제한됨에 따라 실제적인 역내 지역 간 경제적 격차 감소에 기여하지 못했다는 비판이 제기된 것을 들 수 있다. 이로 인해 우수 지역 정책 사례를 상호 학습하고 보다 연성적인 조정 방식에[2] 의해 정책 이전을 강조하는 등의 수평적 네트워크 구축을 도모하는 혁신적 거버넌스를 촉진하였다. 또한 유럽연합의 지역정책과 같이 다양한 행위자가 수평적 네트워크를 포함한 다층적 거버넌스를 이용해 지역의 문제를 해결하고자 하는 노력은 유럽통합의 심화로 제기되는 민주성 결핍의 취약점을 극복하기 위한 대안이 될 수 있다.

본 장은 이와 같은 측면에 유의하여 유럽연합의 혁신적 거버넌스를 보여주는 사례로 지역정책과 OMC의 적용을 살펴보고자 한다. 2절에서는 유럽연합의 다층적 거버넌스와 혁신 거버넌스의 발전 과정을 소개하고 학계의 논의들을 정리하고자 한다. 3절에서는 유럽연합 지역정책의 발전 과정을 살펴보고 특히 혁신적 거버넌스인 OMC가 도입된 1990년대 이후부터 최근까지의 정책변화에 주목하고자 한다. 그 중에서도 EU 지역정책의 파트너십 원칙과, 지역 간 상호학습 및 정책이전 장려, 지역정책에 대한 OMC 확대 등 혁신 거버넌스의 노력들을 검토할 것이다.

1 EU의 다층적 거버넌스

유럽연합의 정책결정을 위한 거버넌스는 유럽차원의 초국가기구와 회원국 중앙 정부 및 지방·지역 정부의 3자 간 파트너십과 같은 다층적 성격을 갖는다. 유럽연 합을 제외한 지역들은 근대사회 출현 이후 최종적인 정치적 단위로 간주되어온 국 민 국가의 주권이 여전히 절대적인 반면 유럽연합의 경우에는 보다 다양한 층위 간 행위자의 협의적 정책 메커니즘이 작동한다.

특히 유럽연합에서는 층위별, 종류별로 다양한 행위자들이 등장하고 이들 사이 에 서로 긴밀한 협력관계가 만들어지면서 전통적인 국가와 확연히 다른 구조적 특 징이 드러난다. 즉 유럽연합은 행위자들 사이에 공유된 주권을 바탕으로 하는 수평 적, 수직적 네트워크로 작동하고 있다. 유럽연합은 이와 같은 제도적 특징들로 인 해 네트워크 정치체로 지칭되기도 한다. 다국가, 사회세력, 하위집단 및 초국가 기 구 등 여러 층위의 정치적 행위자들이 서로의 이해관계에 따라 주요한 정책결정과 정에 지속적으로 개입하는 복합적 정책결정과정이 이루어지는 구조이며, 이와 같은 유럽연합의 거버넌스를 다층적 네트워크 거버넌스로 볼 수 있다.

일반적으로 유럽연합의 다층적 거버넌스 체계는 다음의 특징들을 갖는다. 우선 여러 층위의 행위자들이 정책결정 역량을 공유한다. 또한 다층적 거버넌스 체계에 참여하는 행위자들은 전통적인 정부 간 관계와 같이 계층적이지 않다. 나아가 회원 국 간의 정책결정은 지속적이고 광범위한 협상과정을 통해 이루어진다(Kaiser and Prange 2004).

다층적 거버넌스 개념이 기존의 국가중심 모델에 대한 대안으로 제시되었다는 점과 또한 다층적 거버넌스는 보충성의 원칙에 보다 충실하고 국가하위 당사자들의 참여를 고양한다는 점에서 새로운 거버넌스 양식이라고 할 수 있다.

다층적 거버넌스라는 개념은 권위가 하나의 중심에 축적되어 있는 것이 아니라 여러 층으로 나뉘어져 있고 각각이 지닌 정치적 자원에 상호의존적인 협력의 관계 를 갖는 구조라고 이해할 수 있다. 다시 말해 한 국가의 중앙정부가 정책결정 과정 에서 독점적인 영향력을 갖는 것이 아니라 EU 집행위원회나 유럽의회, 유럽법원 등 초국가기구나 지방정부와의 분권화를 통해 권한을 공유한다. 개별 국가 역시 통 합된 단일의 행위자가 아니며 국가 내 지방정부 및 기업들은 한 국가의 국경을 넘어 다른 국가 내 동일한 이해관계를 갖는 이들과 협력을 추구하게 되었다. 특히 지역정책의 특징과 관련해서는 지역정부의 영향력이 과거에 비해 매우 증대되었다.

유럽연합에서 다층적 거버넌스의 태동은 단일시장계획에 뒤이은 재분배정책의 확장에서 비롯된다. 단일시장계획은 점증하는 글로벌 경제의 압력에 대응하여 탈규제와 새로운 초국가 규제로 시장을 재조정하여 유럽차원의 산업경쟁력 강화를 꾀한 것이다. 그러나 유럽 차원의 단일규제는 지역 간 사회경제적 발전정도가 상이한 현실에서 그 격차를 더욱 확대할 수 있다. 따라서 유럽연합은 시장통합계획과 함께 시장기제가 야기하는 경제사회적 불균형을 시정하는 재분배정책을 전면적으로 개혁한다. 개혁의 핵심은 구조기금을 위시한 각종 사회기금을 한데 묶어 결속정책을 만들고 기금 수혜지역을 확대하는 것이다. 실제로 1988년 구조기금 개혁을 통해 기금의 수혜지역은 배 이상 확대되고 1993년 2차 개혁으로 수혜지역은 50% 이상 증가했다(Hooghe and Marks 2001: 106).

동시에 유럽연합은 그 동안 회원국 간 정치적 협상영역에 위치한 지역정책 결정과 시행 방법을 전면적으로 개혁한다. 이전의 지역정책은 각료 이사회의 합의를 배경으로 집행위원회가 실행방안을 세워 개별 회원국에 그 시행을 위임하고 결과를 보고받는 방식으로 진행되었다. 그러나 1998년 개혁 이후 지역 및 결속정책은 정책입안 단계부터 지방정부가 관여하여 이후 정책시행도 집행위원회와 해당 지방정부가 공동으로 시행한다. 이러한 재분배정책의 개혁은 의도한 목적을 넘어 광범위한 변화를 가져왔다. 개혁이 진척되면서 유럽연합은 집행위원회, 회원국 정부 및 지방정부가 정책네트워크를 통해 공동으로 정책을 결정하고 시행하는 새로운 통치형태가 형성된다.

한편 지방정부는 유럽연합의 정책과정에서 공적 권한이 확장된 반면 단일시장에서 새로운 경쟁에 노출된다. 유럽차원의 단일규제로 인해 지방정부는 국가의 산업정책이나 규제조치에 전적으로 의지할 수 없게 되었다. 지방정부는 유럽적 정책과정에서 지역적 이해를 관철하는 것이 보편적 현상이 되었다. 지방정부는 국경을 넘어 지역 간 연합을 통해 유럽적 정책과정에 개입하거나 극단적인 경우 지방정부 간 경쟁구조를 형성한다. 기금배분의 우선순위 결정과 같은 재분배정책 논의 과정에서 지역 간 경쟁은 보다 뚜렷하게 진행된다. 나아가 지방정부의 권한과 이익추구 방식이 변화하면서 회원국 내의 기존 중앙-지방 간 권력관계도 변화를 가져온다(Choi and Caporaso 2002: 490).[3]

한편 다층적 통치체제에서 정책결정은 여러 층위에 걸쳐 산재한 각 정부가 경쟁적인 선호구현을 통해 이루어진다 하여도 지방정부가 국가의 전통적인 기능을 대체하는 것은 아니다.

2 EU의 혁신 거버넌스와 OMC

EU는 혁신정책의 개발과 지원을 위한 혁신 네트워크의 강화와 지역혁신정책의 수단들을 집행위원회 차원에서 도입했다. EU 집행위원회의 혁신정책 수단들은 다양하지만 그 특징 중 하나는 여러 회원국들의 현황과 성과를 비교하고 인센티브를 제공하는 소위 수평적 조정에 있다.

나아가 유럽연합의 혁신적 거버넌스에 관한 논의는 OMC와 밀접히 연관된다 (Scharpf 2003: 86-99; Heritier 2003: 106).[4] 마스트리히트 조약에서 경제정책의 조율을 위해 사실상 처음 도입된 OMC 방식은 암스테르담 조약에서 고용정책에 공식 적용되었다. 이어 리스본 정상회담에서 다른 정책영역들로 확대되었다(Kaiser and Prange 2004).[5] 2000년 리스본 이사회는 OMC를 통해 유럽을 세계에서 가장 경쟁력 있고 역동적인 지식기반 경제지역으로 만들고, 지속가능한 경제를 통해 일자리를 확대하고 사회통합을 이루어내고자 했다. 이는 경제적 문제를 가장 핵심적인 정책과제로 삼았다는 것을 의미한다. 이러한 경제적 목적이 기존의 전통적인 경성적 입법이 아닌 회원국가 간 협력과 조정에 의해 성취될 수 있다고 보았다. 따라서 OMC와 같은 연성적 규제에서의 권력은 법적 제재가 아닌 상호압력 및 평가에서 비롯된다. 이를 통해 회원국 간 우수사례에 대한 벤치마킹 등을 통해 정책 목표를 달성하게 된다. 또한 OMC는 개별 회원국뿐만 아니라 시민단체, 노동계, 지방정부 등 공사부문에 걸쳐 다양한 이해관계자들을 포함하는 '숙의적 민주주의'를 구현하고자 하는 특징을 지니고 있다(김학노 2009).

따라서 OMC 방식은 회원국 정부들이 포괄적인 정책 목적에 합의하고 그것을 효과적으로 실행하는 구체적 방안은 각국 정부에 맡기는 방식이며 지속적인 반복의 절차를 그 특징으로 한다(Scharpf 2003: 101). 집행위원회의 제안과 유럽이사회의 가이드라인을 토대로 각국 정부는 매년 국가별 행동계획(NAP: National Action Plan)을 수립하여 이에 대한 적절한 조치와 함께 연차 보고서를 제출한다. 평가는 기존에 합의한 '벤치마크'를 기준으로 이루어지며 그 결과는 차년도 연차 계획과 보고서 및 가이드라인에 반영된다. 다시 말해 OMC는 상세 실행지침의 제시가 아닌 각국이 효과적이고 적절한 실행안을 찾도록 도와주는 거버넌스 방식이다(Laffan and Shaw 2005: 15). 또한 OMC는 정책의 목적 및 구체적 실행지침, 회원국가 간 학습 및 벤치마킹 등에 대해 국가들이 상호협동을 통해 수립하는 것을 원칙으로 하는 상향식의 자율적 정책조정으로 볼 수 있다. 그렇기에 OMC는 모든 국가에 적용하는 하나의 공통 정책을 수립하는 것이라기보다는 회원국가 간 정책 경험 및 우수사례를 공유하고 효율적인 정책개발을 모색하는 것이다. OMC의 가장 큰 장점 중 하나는 국가 간 차별성을 인정하고 차별성에 근거한 집행상의 유연성을 도모할 수 있다는 것이다. 즉 하향식 결정이 아닌 연성적 조정형태를 통해 합의된 정책내용은 정책수용의 거부감을 줄일 수 있게 된다(Scott and Trubek 2002).

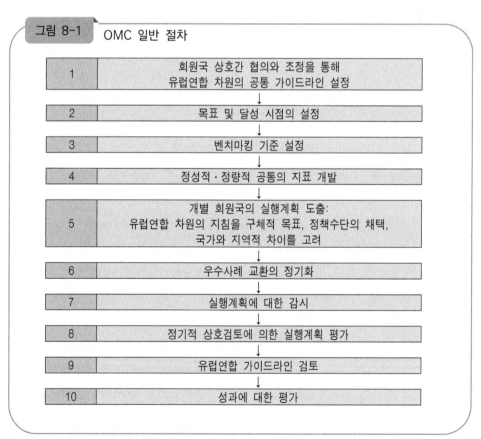

그림 8-1 OMC 일반 절차

1	회원국 상호간 협의와 조정을 통해 유럽연합 차원의 공통 가이드라인 설정
2	목표 및 달성 시점의 설정
3	벤치마킹 기준 설정
4	정성적·정량적 공통의 지표 개발
5	개별 회원국의 실행계획 도출: 유럽연합 차원의 지침을 구체적 목표, 정책수단의 채택, 국가와 지역적 차이를 고려
6	우수사례 교환의 정기화
7	실행계획에 대한 감시
8	정기적 상호검토에 의한 실행계획 평가
9	유럽연합 가이드라인 검토
10	성과에 대한 평가

출처: 홍성우(2009. 9)

에리띠에는 OMC의 혁신적 거버넌스 요소로 자발주의, 보충성, 참여의 세 가지 특징을 강조한다. 공식적 제재 없이 구속력 없는 목표와 연성법적 조정방식에 의지하고 EU 기구보다는 회원국이나 민간부문에서 실제 조치를 채택하고 관련 당사자들이 정책의 목적과 수단을 정하는 데 참여하는 것이 혁신 거버넌스의 특징이다 (Heritier 2003: 106). 반면 이와 같은 새로운 거버넌스와 구별되는 거버넌스 방식으로 공동체 방식이 있다. 공동체 방식이란 집행위원회의 법안제안 권한, 각료 이사회와 유럽의회의 입법 및 예산 권한, 그리고 유럽법원의 사법 권한에 입각하여 구속력 있는 법률이나 행정조치들로 모든 회원국들에게 대체로 동일한 규칙을 부과하는 방식을 의미한다. 공동체 방식이 유럽차원에서부터 하향식 명령과 동일한 규제를 부과하는 점과 비교해 볼 때 OMC 방식은 자발주의와 보충성 및 참여 원칙에 보다 충실하다는 점에서 혁신적 특징을 갖는다고 할 수 있다.

유럽차원에서는 EU 기구들과 회원국들이 함께 큰 틀의 목적과 규칙에 합의하고 하위 수준의 여러 행위자들은 이 기본 규칙을 자신의 환경에 맞추어 상위 수준에서 합의한 목적을 수행하기 위해 자신에게 적합한 수단을 자유롭게 선택한다. 나아가 미리 합의한 지표에 입각하여 각자의 실행 성과를 측정하고 이를 다른 지역들과 공유한다. 정기적 성과보고와 상호평가를 통해 여러 층위의 행위자들이 서로 비교하고 학습할 수 있다. 나아가 이와 같은 심의과정에서 협의된 사항들은 기본 목적과 수단 및 관련 절차에도 반영된다. 따라서 OMC는 '분권적 거버넌스'와 '다양성을 통한 학습'의 장점을 잘 조화할 수 있으며 제도화에 대한 부담을 최소화하는 동시에 새로운 아이디어나 정책경로를 시험할 수 있다(Hooghe and Marks 2001: 12-27). OMC를 기존의 공동체 결정방식과 비교했을 때 혁신적인 거버넌스로 볼 수 있는 이유가 여기에 있다(Sabel and Zeitlin 2008: 272-305).

3 EU 지역정책과 파트너십의 원칙

유럽통합의 초기부터 균형 있는 지역발전의 이슈는 중요한 문제로 인식되어 왔다. 유럽공동체를 탄생시킨 로마조약의 서문에는 'EEC의 회원 국가들이 다양한 지역들 간에 존재하는 격차와 발전이 뒤떨어진 지역의 후진성을 감소시킴으로써 각국 경제의 통합을 강화하고 조화로운 발전을 이루기를 갈망한다'고 규정되어 있으며

제2조에는 경제활동에 있어서 '지속적이고 균형된 확장'에 대해 언급하고 있다. 단일유럽의정서에서도 경제적·사회적 결속을 강조하고 있다. 이와 같이 지역이라는 하부단위의 문제는 통합이 가속화될수록 그 중요성을 더해갔고 EU 차원의 지역정책과 그로 인한 하위 정부의 활성화로 인하여 EU 내 각 회원국 국민들은 기존의 국민 국가 외에도 초국가기구와 국가 하위단위의 정치체, 곧 지방정부의 통치를 동시에 받게 되는 다층통치체제에 놓이게 되었다.

1974년에 시작한 지역정책은 회원국 간 또는 지역 간 경제발전의 격차를 줄임으로써 영토적, 사회적 결속을 고양하는 것을 목적으로 한다. 따라서 지역정책은 결속정책으로 불리기도 한다. 구체적으로 지역정책은 구조기금과 결속기금으로 구성되어 있으며, 구조기금은 다시 유럽지역발전기금과 유럽사회기금 등으로 나누어진다. 구조기금은 1988년, 1993년, 1999년 및 2006년 등 수차례에 걸쳐서 개혁이 단행되었고, 이들 개혁을 통해 '목표'를 재정의하여 왔다.

유럽지역개발기금(ERDF: European Regional Development Fund)은 1975년 설립되었으며 1980년대 중반 이후에야 기금의 확충과 활성화가 가능했다. 그 원인은 1986년 스페인, 포르투갈이 EC에 가입한 후 유럽공동체 내 지역 간 격차가 보다 심화되어 통합의 원만한 진전을 위해서는 지역격차 해소가 시급한 문제로 부각되었기 때문이다. 그러나 보다 중요한 이유로 일부 국가의 입장에서 단일시장과 같은 경제통합의 심화가 국내 낙후된 지역에서는 혜택보다 피해를 가져다 줄 수 있다는 점을 우려하였고 따라서 지역격차문제가 해결되지 않는다면 이들 국가들은 통합의 추진을 반대할 가능성이 있을 것이라는 우려가 제기되었던 것을 들 수 있다. 따라서 ERDF의 활성화는 현실적인 국가 간 협상의 결과로 볼 수 있다. 이후 지역격차의 감소와 경제·사회적 결속의 강화에 대한 조항이 단일유럽의정서에 포함되었고, 이러한 목표는 ERDF, 유럽사회기금, 결속기금 등 세 가지 구조기금에 의해 추진되었다(Scott and Trubek 2002).

1988년 브뤼셀의 유럽이사회에서 유럽연합 예산 개혁안이 최종 합의되면서 ERDF는 유럽농업지도기금이나 유럽사회기금 등 다른 구조기금과 같은 하나의 틀 속에서 운용되게 되었고 구조기금의 사용목표 가운데 지역개발정책의 목표가 구체적으로 명문화되었다. 이에 따라 EU 집행위원회는 각국의 중앙정부, 지방, 지역 정부와 3자 간의 파트너십에 기초하여 지역정책을 입안하는 데 참여할 수 있게 되었다. 집행위원회는 실제로 석탄이나 철강과 같은 사양 산업에 초점을 맞추어 각국의 중앙정부를 배제한 채 지역·지방 정부들과의 컨소시엄을 구성하기도 하였다(김학노 2009).

1988년 개혁에서 집행위원회는 구조기금을 통해 경제적·사회적 결속을 연계시키는 네 가지 원칙을[6] 확립하게 되는데 그 중 하나가 파트너십의 원칙으로 집행위원회와 각국의 중앙정부, 지방·지역 정부 중 적절한 주체를 선정하여 준비단계부터 집행까지 긴밀한 협조를 갖게 했다. 이 때부터 지역정책 분야의 다층적 거버넌스 경향이 점차 나타났다.

파트너십의 원칙은 집행위원회가 지방·지역 정부와 함께 중앙정부의 파트너로 등장하게 되었음을 공식화한 것으로 볼 수 있다. 이러한 원칙 하에서 초국가기구는 국민 국가를 배제하고 지방·지역 정부와 직접 연계하여 지역개발과 자금지원의 문제를 협의할 수 있게 되었으며 실제로 이러한 방식에 의해 지방·지역 정부의 참여를 증진시키는 효과를 가져왔다(Laffan and Shaw 2005).[7]

EU 지역정책에서 혁신적인 거버넌스 요소가 발달한 데에는 파트너십 원칙이 기여하였다. 1988년 구조기금의 개혁에서 도입된 파트너십 원칙은 지역정책의 수립, 운영 및 모니터링에 있어 집행위원회, 각국 정부, 지방·지역 정부들 사이에 상호보완적이고 밀접한 협력체계를 구축하도록 권장한다. 이 원칙이 도입되기 이전의 지역정책은 각료 이사회의 합의를 바탕으로 집행위원회가 실행방안을 세우고 개별 회원국에 그 시행을 위임하여 결과를 보고받는 방식으로 진행되었다. 그러나 파트너십 원칙이 도입된 이후 지역정책은 정책의 입안단계에서부터 지방정부가 관여하고 정책의 시행단계에서도 집행위원회와 지방정부가 공동으로 참여한다. 파트너십 원칙은 이후 1993년과 1999년 개혁을 통해 지역정부뿐 아니라 기업, 대학, 노조와 같은 사회적 동반자들과 환경문제나 양성평등을 위한 시민사회단체들에도 확대되었다(Hooghe and Marks 2001: 84).

파트너십 원칙은 EU 차원보다 국가하위 차원에서 잘 나타난다. EU 차원에서는 결속정책의 예산문제를 놓고 정부 간 협상이 치열하다(김학노 2009). 따라서 지역정책은 영국에 대한 환급금과 같은 문제가 가장 첨예한 부문이기도 하다. EU 차원의 정부 간 협상과정에 집행위원회도 적극적 목소리를 낼 수 있으나 이 수준에서는 파트너십 원칙이나 혁신적인 거버넌스 요소가 잘 보이지 않는다. 그러나 회원국 정부들 사이의 협상은 지역정책의 큰 틀만 정하고 구체적인 지역발전계획을 수립하고 실행하는 데에는 국가하위 차원의 당사자들이 많이 참여할 수 있다.

파트너십 원칙은 참여적 지역 거버넌스를 구축하는 동시에 혁신적 거버넌스를 통해 사회적 학습을 도모하는 데 기여한다. 이 원칙에 따라 집행위원회와 회원국 정부의 대표뿐 아니라 지방당국과 사회적 동반자들이 함께 '파트너십 위원회'를 구성한다. 파트너십 위원회는 지역별 프로젝트를 평가하고 선정하는 데 있어서 상당한 자율성과 공동책임을 갖는다. 이들은 정책의 우선순위 선정, 프로그램 기획, 기금의 배분, 실제 운용에 대한 모니터링, 프로그램의 평가까지의 전 과정에 참여할 수 있다. 파트너십 원칙은 주요 행위자들 사이에 수직적, 수평적 네트워크를 통한 분권적 조정을 수립하는 데에도 기여한다. 지역 단위의 정책주체들이야말로 자기 지역이 필요로 하는 것이 무엇이며 과거의 경험을 통해 어떤 조치들이 긍정적인 성과를 얻었는지를 가장 잘 알고 있다. 파트너십을 통해서 지역전략을 세우고 실행해 나가면 여기에 참여하는 행위자들은 그 전략이 자기 자신의 것이라는 주인의식을 갖게 된다. 이러한 주인의식은 지역전략의 성공적인 실행에 기여할 뿐만 아니라 행위자들 사이의 건설적인 소통과 조정에도 기여한다.

파트너십 원칙은 지역정책에 명시적으로 수립되어 있기에 회원국 정부가 이를 무시하기란 쉽지 않다. 지방정부의 권한이 회원국마다 상이하지만 회원국의 제도적 차이가 파트너십의 적용을 반드시 좌우하는 것도 아니다. 아울러 EU 지역정책의 영향으로 회원국의 중앙과 지방의 관계가 변화하기도 한다(Kaiser and Prange 2004).[8]

4 EU 지역혁신 프로그램

EU 지역정책이 지역발전 문제의 구조적 원인에 대한 처방으로 전환하게 된 시점은 1990년대 초반에 들어서다. EU 지역혁신정책은 지역차원에서 사회적 학습이 일어나고 널리 전파되는 지역혁신체계를 구축하는 데 중점을 두고, 다양한 행위자들 사이에 쌍방향 학습을 촉진하는 제도와 네트워크를 구축하는 데 주력한다. 따라서 주로 지역 내 다양한 사회주체들 사이에 상호학습행위를 장려하는 선도 프로그램들을 시행하였다(안두순 2006: 14). 그 대표적 사례로 1990년에 시작한 STRIDE (Science and Technology for Regional Innovation in Europe), 1994~1999년의 RTP 및 RIS/RISI(Regional Information Society Initiatives) (이후 이들은 RIS/RIS+로 지속), RITTS

(Regional Innovation and Technology Transfer Strategies and Infrastructure), 2000~2006년의 RPAI(Regioanl Programmes of Innovative Actions), 2001/2002~2005년 1차, 2005~2008년의 2차 RIS－NAC(Regional Innovation Strategies in Newly Associated Countries), 1999년 이후의 PAXIS(Pilot Action of Excellence on Initiative Start-ups), 그리고 2013~2016년까지의 RIM PLUS 프로그램 등이 있다.9)

그 중에서 1990년 집행위원회 산하 지역정책 총국이 지역혁신 능력 향상을 목적으로 도입한 '지역혁신을 위한 과학 기술 기반 확충 이니셔티브(STRIDE: Science and Technology for Regional Innovation in Europe)'는 열위지역의 혁신 및 제도적 능력 기반 확충을 지원하기 위해 마련된 것이다. 대표적으로 지역의 기술, 혁신 및 연구 인프라 확충, 한 국가 내 타 지역 및 EU 내 타 국가에서 시행 중인 연구 및 기술 개발 프로그램의 참여를 통한 선진사례 학습 기회 제공, RTD 센터와 지역기업들 간의 협력 고취 등을 들 수 있다.

그러나 STRIDE 프로그램은 낙후지역 발전을 위한 물적 기반 확충에 집중함으로써 지역혁신 능력 및 제도적 능력 기반 구축에는 근본적 한계를 노출하였다(김학노 2009). 가장 큰 원인은 혁신 예산규모의 편차가 크고 예산 비율도 상대적으로 적었기 때문으로 결과적으로 대부분의 주변부 낙후지역들은 지식과 숙련의 향상을 위한 역내 네트워크 발전을 꾀하기보다는 물적 하부구조를 구축하는 사업에 역점을 둠으로써 보다 장기적 관점에서 지역의 내생적 발전능력 확보에 실패하였다.

STRIDE 프로그램에 대한 이러한 평가로 인해 낙후지역 발전정책은 보다 근본적이고 장기적인 시각에서 추진되어야 할 뿐만 아니라, 낙후지역의 혁신 능력 기반 구축은 단순히 구조기금을 통한 금전적 지원만으로는 불가능하다는 논의들이 제기되었다. 즉 낙후지역 발전을 위한 지역정책은 혁신의 기초가 되는 지식 기반 강화 및 학습 능력 향상에 초점을 두고 추진될 필요성이 있음을 인식하기 시작했다. 즉 단선적인 지역정책에서 벗어나 개별 지역이 처한 특수한 상황과 현실을 충분히 감안한 개별 지역에 특화된 혁신정책이 추진되어야 할 필요성이 강조되었다. 나아가 이러한 시각은 지역경제를 구성하는 다양한 이해당사자들을 포괄하는 보다 수평지향적인 네트워크 중심의 지역 거버넌스 체제를 구축해야 함을 의미한다(Gibson and Heitor 2005).

이러한 경험을 토대로 STRIDE 프로그램 이후에 수립된 지역혁신 프로그램들은 기존의 지역정책 패러다임으로부터 탈피하여 낙후지역의 지역혁신 능력을 고취시키기 위한 실질적인 제도적 기반을 구축하는 데 초점을 두고 있다.

특히 다양한 공식적, 비공식적 네트워크를 통해서 지역 간 협력과 사회적 학습을 도모하는 노력을 기울인다. 우선 집행위원회가 지역 간 협력을 도모하기 위해 재정을 부담하는 조직들로, 결속기금에 따른 제 2 목표 지역 결사체와 제 1 목표 지역 결사체가 있다. Leader(농촌 네트워크), Urban(도시재개발), Interreg(접경지대 협력)는 공동체 발의사업이 재정을 부담한다. 지리적 특색이나 공통 문제를 가지고 있는 지역들의 네트워크도 있다. 예컨대 국경지대 지역연합, 주변부 해안지역 회의체, 사양산업지역연합(RETI: the Association of European Regions of Industrial Technology), 알프스산맥 지역연합, 피레네산맥 지역연합 등이 이에 해당한다(Hooghe and Marks 2001: 88-89).

나아가 역동적인 성과를 내는 지역들 사이에 상호 정보와 우수사례를 교환하기 위해 다양한 네트워크를 조성하기도 했다. ERISA(European Regional Information Society Association), IANIS+(Innovative Actions Network for the Information Society), IRC (Innovation Relay Centers), PAXIS 프로그램, Sustainable Regions 등의 네트워크를 통해 지역들은 우수사례를 교환하고 새로운 아이디어와 실행방법을 공유한다. 이외에도 지역들 사이에 보다 직접적인 양자 협력을 통해서 지역 간 학습을 도모하기도 하는데 RIS-NAC을 통해 이루어지는 방문학습과 자매결연 방식이 이에 해당한다 (European Commission 2006: 22-27; 2007b: 22-26).

EU 지역정책 총국은 STRIDE 프로그램을 통해 습득한 교훈을 토대로 1994년 했다. RTP 프로그램의 핵심은 지역혁신능력을 향상시키기 위해 지역 내 핵심 정책 주체들과 제도들 −지방정부, 기업, 유관기관 등 간의 상호학습과 파트너십을 촉진시키는 것에 초점을 두고 있다. RTP 프로그램은 EU 회원국 내 전체 낙후지역을 대상으로 지역혁신 전략을 실행하기에 앞서 소수의 선별된 지역에 적용하는 방식이다 (Henderson 2000). 또한 프로젝트는 지역경제의 중심축이 되는 조직이 맡음으로써 지역 특수성을 반영한 거버넌스 체제가 운영된다. 예컨대 웨일즈의 경우는 웨일즈 지역개발청(Welsh Regional Development Agency)이 네덜란드의 림부르 지역은 주정부 (provincial government)가 주관하여 전략을 실행한다.

표 8-1   1990~2006 지역혁신전략 프로그램 비교

	1990~1993	1994~2000		1998~2006
사 업 명	STRIDE *Science and Technology for Regional Innovation in Europe*	RTP *Regional Technology Plan*	RIS *Regional Innovation Strategies*	RITTS *Regional Innovation and Technology Transfer Strategies and Infrastructures*	PAXIS *Pilot Action of Excellence on Initiative Start-ups*
목 적	낙후지역의 혁신, 제도적 능력기반 확충 지원	지역혁신능력 향상을 위해 지역기구들 간의 **상호 학습을 촉진**시키는 것	지역혁신을 위해 지역 내 **핵심 경제행위자들 간 파트너십 촉진**	역내 기업들에 직·간접적 기술이전 및 기술혁신 촉진	역내 혁신산업 기반 강화를 위한 스타트업 지원
내 용	지역의 기술, 혁신 및 연구 인프라 확충, 국가 내 혹은 타 국가지역의 선진 기술지역 연구기술개발 프로그램 참가, 학습기회 제공	EU 회원국 전체 낙후지역을 대상으로 지역혁신 전략을 실행하기에 앞서 **8개 선별 지역에 적용**함으로써 향후 지역혁신정책 수립을 위한 모델로 적용	지역 내 핵심 경제행위자들 간 **파트너십 촉진**	지역 혁신 인프라 구축 및 혁신과 기술이전을 지원하기 위한 정책과 전략을 평가, 개발, 최적화	역내 우수한 특정 클러스터로부터 학습효과를 얻을 수 있는 우수사례 교류에 기초한 우수지역 네트워크
특 징 / 평 가	낙후지역 발전을 위한 물적기반 확충에 기여하였으나 지역혁신능력과 제도적 능력기반 구축에는 실패 지역들 간 혁신예산의 사용규모편차가 크고 예산비율도 적음	혁신의 기초가 되는 지식기반 강화 및 학습 능력 향상에 초점이 맞추어져야 한다는 필요성에 공감	거시적, 유연한 정책적 틀로 장기적 차원에서 **지역혁신을 위한 제도적 능력구축**	미시적, 구체적인 정책적 틀을 통해 단기적 차원에서 지역에 혜택	네트워크 내 개인 간 접촉을 통한 역동성으로 기업가적 혁신과 혁신기업들을 지원하는 유럽차원의 상호보완적 협동정책 탄생

출처: European Commission

RTP는 기술 외적인 측면을 더욱 강조하기 위해서 지역혁신전략(RIS: Regional Innovation Strategy)으로 개명하였다. RTP/RIS는 이미 고정되어 있는 전략을 실행하는 것이 아니며 정책주체들 사이의 전략적 사고를 배양하고 전략형성과정의 수립을 지원하는 프로그램이다. 이를 통해 이전에 서로 단절되어 있던 지역의 행위자들 사이에 상호 대화와 협의를 진작한다. RTP/RIS는 지역의 행위자들이 대화를 통해 각자의 정책 우선순위와 문제해결방안을 검토하고 기업을 비롯한 다른 행위자들의 필요사항과 지원방법들에 대해 서로 소통하고 이해하게끔 한다. 다시 말해 지역의 행위자들 사이에 대화와 학습을 지속할 수 있는 네트워크를 형성함으로써 집단적 학습이 가능하도록 도모한다.

이와 같은 지역혁신 프로젝트들은 지역발전에 대한 기본전제들을 토대로 구축되었다. 특히 각 지역 내 경제주체들의 실제 수요를 반영한 상향적 개발을 지향하며 지역 내 이해당사자들 간 상호이해와 합의를 바탕으로 한다. 나아가 지역의 장기 발전 계획과 경쟁력 향상의 목표 달성을 위한 중단기적 실행계획으로 민관의 통합적인 노력이 전제된다. 지역혁신 프로젝트는 혁신능력 향상을 위해 지역의 경계를 초월한 범국가적이고 범지역적인 국제적 협력을 지향한다.

1998년 시범 사업으로 도입된 지역혁신을 위한 스타트업 지원 프로그램인 PAXIS를 이후로 이와 같은 지역혁신 프로그램은 2007~2013년 EU 차원의 연구기술지원 예산 삭감으로 다소 주춤하였다. 이 시기 혁신산업 지원은 FP7의 큰 틀 안에서 역내 연구, 기술 발전을 통한 지역의 경쟁력 강화와 삶의 질 개선을 목표로 이루어졌다. 그러나 유럽연합은 이어 유럽의 경제성장과 혁신 성과 확대를 목표로 한 Europe 2020 전략을 발표하고 이를 통해 지역 혁신 기반 강화와 새로운 혁신 지표 개발을 통한 R&D 투자 확대를 수립하고 연구 혁신 사업에 대한 접근을 용이하게 하기 위해 혁신체인의 활성화와 역내 투자율을 높이는 방안들을 마련했다. Horizon 2020은 Europe 2020 전략의 효율적 실행을 위한 다년간 프로그램으로 2014년부터 2020년까지 총 800억 유로 규모의 예산을 가지고 운영되고 있다. 그 중에서 산업 총국(DG Enterprise)을 통해 140억 유로가 정보통신, 나노, 생명 기술 등의 연구 혁신 기반 강화를 위한 사업에 투입되고 있으며, 유럽기술플랫폼(ETP: European Technology Platform)을 창설하고 혁신적 산업 기술에 관한 연구자 간 교류와 정보 교환을 촉진하는 시스템을 구축하였다.

나아가 지역혁신 모니터 플러스(RIM Plus)를 설립하여 역내 지역 간 주요 혁신적 산업 경향의 노하우와 지식 공유를 위한 플랫폼을 제공하고 있다. 현재 운영 중인 RIM Plus 2015~2016 프로그램은 선별된 지역과 주제에 관한 보다 심화된 혁신 정보를 제공하는 것을 목표로 고도화된 산업 기술과 파일롯 프로젝트에 관한 정보를 제공하고, 기존의 200개 지역 혁신 프로그램에 관한 리포트 외에 30개 지역의 심화 리포트를 제공하고 있다.

표 8-2   2013~2020 EU 지역혁신 프로그램

	2013~2014	2015~2016	2014~2020
사업명	RIM Plus *Regional Innovation Monitor Plus*	RIM Plus 2015~2016	ETP *European Technology Platform*
목적	역내 지역의 주요 혁신산업 정책에 대한 **노하우와 지식공유를 위한 플랫폼 제공**	2010년 시작한 RIM 프로젝트의 연장으로 선별된 지역과 주제에 관한 보다 **심화된 혁신 정보 제공**	Horizon 2020의 혁신 사업 **정보 교류 네트워크와 파트너십 도모 촉진**
내용	역내 20개, 국가 200개 지역에서의 지역 혁신 정책 수단과 정책 보고서 등의 온라인 공유기반 사업 지역혁신 정책에 관한 수범 사례 확산을 위한 단일 채널 제공 주제별 특화된 지역 전문가 네트워크, 지식 공유 허브 혁신과 관련된 이해당사자들의 상호 소통을 위한 플랫폼	지역 혁신 정책 수단에 관한 지식기반 고도화된 산업 활동에 관한 정책 보고서 제공 지역 혁신 시설에 관한 프로파일 제공 기존의 200개 지역 리포트 외에 30개 지역의 심화 리포트 제공 특히 고도화된 산업 기술과 파일롯 프로젝트에 관한 정보 제공	혁신적 산업 기술에 관한 연구자 간 교류와 정보 교환을 촉진하는 시스템을 구축
주관 부서	DG Internal Market, Industry, Entrepreneurship and SMEs		

출처: European Commission[10]

5 EU 지역정책과 혁신 거버넌스

상기하였듯이 지역정책은 다층적 거버넌스 모델이 개발되고 가장 발달한 분야이다. 그러나 '재분배' 성격이 강하고 제도적 이해관계가 복잡하게 얽혀있는 분야역시 지역정책이기에 새로운 거버넌스가 발달하기 힘든 영역으로 분류될 수 있다(Heritier 2003: 107-114; 123-124). 그럼에도 불구하고 아래의 세 가지 사항들은 지역정책의 혁신적인 특징들을 보여준다.[11] 첫째, 지역정책에서 수립된 파트너십 원칙에 의해 자율적이고 다층적인 조정방식이 나타난다. 둘째, 지역정책이 혁신정책과수렴하면서 지역 내 그리고 지역 간 '사회적 학습'을 도모하였고 특히 각 지역 상황에 맞는 새롭고 효율적인 정책 운용을 장려하고 그 결과로부터 서로 학습하도록 도와준다. 셋째, EU 지역정책에 수평적이고 협력적인 새로운 거버넌스 방식을 본격적으로 도입하고 모색하려고 노력한다. 그 예로 혁신정책의 OMC 방식 확대, 지역정책 자체에 대한 OMC 도입 논의, 2007~2013년 기간 동안 지역정책에 도입된 새로운 '전략적 접근'을 들 수 있다.

지역정책은 그동안 지역 내에서 그리고 지역 간 다양한 행위자들 사이에 쌍방향 학습을 통해 혁신역량을 강화하는 기제를 발전시켜 왔다.

원래 지역정책은 대부분의 구조기금을 상대적으로 낙후한 지역의 물리적 하부구조를 구축하는 데 사용하였으며, 이는 '하부구조 격차'가 지역 간 불균형의 보다근원적인 원인이라고 인식한 데 기인한다. 그러나 점차 R&D 개발과 하이테크 활동이 몇몇 핵심지역에 집중되어 있다는 점에서 혁신 격차가 지역 간 불균형의 주요요인으로 주목되었다. 이에 따라 물리적 하부구조뿐 아니라 기술훈련 같은 인적 자본의 개선 등에 보다 많은 기금을 투입하기 시작했다. 이후 EU의 지역정책은 지역불균형을 해소하는 가장 중요한 방안의 하나로 지역 수준의 혁신 역량 강화를 진작해왔다. 열위 지역의 발전과 지역 간 경제 발전의 격차를 줄이기 위한 방안으로 혁신 개념을 주목하게 된 것이다.

특히 리스본전략을 통해 혁신이 유럽 비전의 핵심도구로 제시되면서 EU 지역정책은 혁신과 경쟁력 강화를 더욱 강조하였다. 2005년 리스본전략을 재정의함에따라 2007~2013년 기간 동안 구조기금의 목표를 '수렴', '지역 경쟁력 및 고용' 그리고 '유럽의 영토적 협력' 등으로 단순화 했다(European Commission 2007a: 10-25;

Council of the European Union 2006: 25-26; DTI 2006: 7-8). 또한 리스본전략과 연계하여 2007~2013년 결속정책의 전략적 가이드라인으로 유럽의 지역들에 대한 투자가치를 상승시키기 위한 혁신과 기업가정신 및 지식경제의 성장과 적극적인 고용창출을 우선순위로 명시했다(Council of the European Union 2006b: 14-28; European Commission, 2005b: 12-29).

지역정책과 혁신정책의 수렴으로 지역 내에서 사회적 학습을 도모하는 동시에 지역 간 사회적 학습을 진작하고 지역 차원의 실험과 상호학습을 보다 적극적으로 장려하게 된 것이다.

지금까지 살펴본 지역혁신정책의 특징들은 다음과 같이 요약할 수 있다. EU 지역혁신정책은 구체적 혁신기술을 제시하기보다 지역 차원의 혁신역량을 강화하기 위한 '체계'의 구축을 권장하고 지원한다. '지역혁신 체계'란 기업과 소비자, 대학이나 연구기관, 혁신지원기관 등의 민간기관 및 정부부처와 같은 다양한 사회주체들이 긴밀히 상호협의하고 지속적인 학습과정에 참여하는 것을 의미한다. 혁신정책을 추진하는 데 있어 지역이 최선의 층위이자 적절한 수준이라는 것과 혁신을 추구하는 행위자들이 상호학습 과정에 스스로 참여하는 체계 구축이 특정 혁신 기술의 보급보다 더 중요하다는 것이 기본 전제이다(Hassink 2001: 1377). 체계 접근은 혁신 기술이 연구실험실에서 기업으로 직접 전달되기는 어렵기에 연구자와 기업 간 기술의 효율적 이전을 가능하게 하는 매개적 수단이 반드시 필요하다는 인식에서 비롯된다. 분리된 개별 기업들 내에서의 혁신은 매우 드문 현상이며 따라서 기업과 공공 분야 및 민간 연구단체 등 다양한 혁신주체들 사이의 네트워크가 중요하다. 동시에 상호작용에 의한 사회적 학습을 통해 지역공동체는 혁신 활동을 발전시킬 수 있다고 본다(안두순 2005: 180; 194).

EU 지역정책은 지역 내 및 지역 간 사회적 학습을 도모하는 데 그치지 않고, 지역들이 스스로 새로운 아이디어와 전략을 '실험'할 것을 적극 권장하고 있다. 집행위원회는 회원국이나 지역들이 지역혁신체계를 수립하는 데 있어서 혁신적 아이디어를 적극 추진할 것을 장려하고 지난 수십 년간 지역 차원의 실행 결과를 폭넓게 공유하려는 노력을 기울였다. 2007~2013년 기간의 지역정책 계획에는 이러한 혁신 아이디어의 실험을 위한 별도의 예산이 마련되어 있지 않다. 하지만 회원국들과 지역들로 하여금 새로운 아이디어와 접근 방식을 시험하는 데 적은 자원이라도 지속적으로 사용하게 하고 그들의 실행프로그램에서 실험을 위한 접근방법 및 실행

방식 등을 기술하도록 권장하고 있다(Hubner 2006; European Commission 2006: 5).

　유럽연합은 각 지역이 사업주체들로 하여금 다른 지역의 성공적인 사업시행결과를 우수사례로 활용함으로써 해당 지방의 사업주체들로 하여금 혁신 과정에 참여하도록 유도할 수 있기 때문이다. 이와 같은 이유로 지역혁신정책은 위험부담이 있는 선도적 아이디어를 지원한다. 유럽 차원에서 재정부담과 위험부담을 어느 정도 공유한다는 측면에서 지역 당국들이 새로운 조치를 시험적으로 취하기가 용이할 수 있었고 이로 인해 과거 전통적인 절차와 프로그램의 범위를 벗어나는 새로운 기회의 모색이 가능했다.

6 결론

　EU 지역정책은 새로운 거버넌스 방식을 본격적으로 모색하고 부분적으로 도입하고 있다. 이를 혁신정책의 OMC 방식 확대, 지역정책에 대한 OMC 도입, 파트너십 원칙과 같은 새로운 전략적 접근 등의 측면에서 살펴보았다.

　지역정책은 혁신정책과 수렴하면서 OMC의 영향을 받게 되었다. 혁신정책에서 OMC를 적용하는 방식은 다양한데, 여러 회원국들의 현황과 성과를 비교하고 인센티브를 제공하는 수평적 조정이 주로 사용된다. 이를 위해 모범사례의 비교와 분석을 통한 벤치마킹 방식을 적용한다(안두순 2005: 182-183). 나아가 다양한 혁신활동과 기관들의 네트워크를 구축하고 조정한다. 주요 경쟁국들과의 혁신격차를 줄이기 위해 유럽연구지대(ERA: European Research Area)를 수립하기도 하였으며 이를 통해 기존에 활동하고 있는 우수 혁신센터들 간 네트워크 형성에 주력한다.

　지역정책과 OMC의 수렴으로 유럽이사회는 유럽차원의 기본 목적을 공통으로 수립하고, 각 회원국이 각자의 지역들과 수립한 전략을 수집하여 집행위원회의 지원을 받아 상호검토와 다면 감시를 수행하며 나아가 우수사례를 학습 및 교환할 수 있다. 효율적인 지역정책의 수립을 위해 회원국 정부와 지역정부를 포함한 여러 행위자들의 참여와 구체적인 지식은 필수적이며 이를 통해 분권적 조정과 상호학습 기제의 강화가 가능했다. 결속정책이 적용될 다양한 지역의 환경들이 서로 상이하고 그 구체적인 상황을 잘 아는 것은 어디까지나 해당 국가와 지역이기 때문이다.

　상기하였듯이 유럽연합은 권위를 하나의 중심에 축적시키지 않고 여러 층위의 정치적 자원 간 상호의존적인 협력관계를 구축하는 노력을 지속적으로 보여 왔다. 이는 유럽연합이 직면한 여러 가지 도전들에 대한 극복의 과정으로 볼 수 있으며, 한편으로 민주성 결핍의 해소를 위한 노력의 일환으로도 볼 수 있다. 특히 사회·지역 결속 강화를 위해 혁신 네트워크를 강화하고 지역혁신정책을 도입하였으며 파트너십의 원칙 하에 OMC를 적용하여 유럽기구와 회원국 및 다양한 정책 참여자들 간 수평적 정책 조정을 이루어내고 있다.

▌미주

1) 2000년 3월 리스본 유럽연합이사회를 통해 수립된 리스본 전략은 EU의 발전전략 목표를 경쟁적이고 역동적인 지식기반경제의 구축으로 설정했다. 두 가지 정책목표로 경제적 성장을 위한 경쟁력 향상 정책과 사회통합을 위한 복지향상 정책을 강조하고 있다.

2) 개방형조정방식과 강제성이 결여된 정책조정방식은 낙인찍기(naming and shaming)나 동료압박(peer pressure) 등의 연성법적 조정방식에 기반하여 공동의 정책목표를 추구하고자 한다. 홍성우(2009: 2-3)는 연성적 정책조정 메커니즘이 경성적 정책조정에 비해 회원국의 수용여부에 자율성을 부여하며 정책순응 여부에 대한 비강제적 구속과 회원국 간의 모범사례를 통한 정책학습 등의 특성을 갖는다고 본다.

3) 지방정부의 증가된 권한에 대해 비판적인 견해도 존재한다. 지방정부의 권한에 대해 회의를 갖는 시각에서는 지방정부의 공적 권한에 대한 실증적 연구는 지역정책과 같은 재분배정책에 한정된다고 주장한다. 일부 학자들은 규제정책 결정과 실행과정에서 지방정부의 참여사례를 제시하지만 이는 환경 및 일부 산업정책으로 국한된다.

4) 예컨대 샤프는 '보다 긴밀한 협력'과 'OMC'를 새로운 거버넌스의 대표적 사례로 제시한다. 에리띠에 역시 새로운 거버넌스의 주요 사례로 민간부문에서의 자발적 합의와 함께 OMC를 제시한다.

5) 암스테르담 조약의 고용전략(Employment Strategy of the Amsterdam Treaty)에 의해 소개되고 2000년 리스본 유럽연합 이사회에 의해 재확인된 OMC는 거버넌스의 새로운 형태일 뿐 아니라 유럽통합을 심화하고자 하는 새로운 개념으로 간주될 수 있다.

6) 구조기금 지원의 네 가지 원칙은 파트너십의 원칙 이외에 집중의 원칙, 추가성의 원칙과 프로그램 사업 지원의 원칙이 있다.

7) 보충성의 원칙 역시 지방정부의 영향력 강화를 설명해준다. 보충성의 원칙은 마스트리히트 조약 조항 3B에 규정된 것으로 '하위체에 의해 만족할 만하게 추구될 수 있는 기능의 수행을 상위체가 담당해서는 안 되며, 반면에 하위체는 그가 충분히 만족시킬 수 없는 기능의 수행에 있어 상위체의 도움을 받는다'는 것이다. 다시 말해 정치적 결정이 가능한 한 정치제도의 낮은 단위, 시민적 생활에 가까운 단위에서 내려져야 한다는 원칙을 천명한 것으로 이해할 수 있다.

8) 이탈리아의 경우 1990년대 중반 이후에 들어서면서 재경부 내에 결속정책국이 형성되는 등 제도적 변화가 일어났고 특히 2000년대에 들어서는 지방정부가 결속정책에서 중심적 위상을 차지하게 되었다고 한다(김시홍 2006). 지역 차원의 경제발전 전통이 상당히 약한 프랑스나 네덜란드에서도 EU 지역정책의 영향으로 지역 차원의 비중이 커지고 지역개발전략을 더욱 중시하게 되었다.

9) 국가혁신체계적 접근의 대표적 사례로 PAXIS는 유럽 내 우수한 특정 클러스터로부터 학습효과를 얻을 수 있는 모범사례 교류에 기초한 모범지역의 네트워크이다. 네트워크 내에서 개인 간 접촉을 통한 역동성은 기업가적 혁신에 대한 의식제고와 혁신기업 창출을 지원하는 유럽차원의 상호 보완적 협동정책을 탄생시킨 시발점이 되었다. 이

런 의미에서 PAXIS의 활동은 OMC의 일환으로 해석할 수 있다. 지역혁신 프로그램에 대한 상세한 내용은 안두순(2006)과 김학노(2009)를 참조하라.

10) http://europa.eu/growth/tools – databases/regional – innovation – monitor/content/ regiona – innovation – monitor – plus (검색일자 2015년 10월 18일)

11) 예컨대 맥파인은 다음과 같은 이유로 지역정책을 OMC 방식과 대조하여 전통적인 공동체 방식에 해당하는 것으로 명시한다. 첫째, 지역정책을 위한 법적 근거가 명확하며 별도의 구조기금 예산이 마련되어 있다. 둘째, 국가하위 행위자들의 참여를 명시한 파트너십 원칙이 있다. 셋째, 6년을 단위로 하는 다년도 프로그램을 운영하는 점에서 일정한 시간적 틀을 가지고 있다. 마지막으로 구속력 있는 규칙들이 있으며 자금을 지원받기 위해 회원국들은 집행위원회의 승인을 받아야 한다.

▮ 참고문헌

강원택. 2000. "유럽통합과 다층 통치체제: 지역의 유럽 혹은 국가의 유럽?" 『국제정치논총』. 40(1).

김시홍. 2006. "이탈리아의 유럽화: 결속정책을 중심으로." 『국제지역연구』. 10(1).

김학노. 2009. "유럽연합 지역정책의 거버넌스 방식." 『한국과 국제정치』. 25(2).

송병준. 2005. "유럽연합의 다층적 통치에서 새로운 지역행위자에 대한 연구." 『유럽연구』. 22.

안두순. 2005. "유럽연합의 산업정책 및 혁신정책의 의의와 역할." 『유럽연구』. 21.

_____. 2006. "혁신의 경제학 관점에서 본 EU의 혁신정책." 『경상논총』. 36.

이철우·이종호. 2002. "EU의 지역정책 변화와 지역혁신정책의 함의." 『국토연구』. 34.

홍성우. 2009. "네트워크 거버넌스에서의 정책조정수단 분석." 『한국거버넌스학회보』. 16(2).

Choi, Young Jong and James A. Caporaso. 2002. "Comparative Regional Integration." in Walter Carlsnaes (ed.). *Handbook of International Relations*. London: Sage.

Council of the European Union. 2006a. "Council Regulation (EC) No 1083/2006 of 11 July 2006 Laying Down General Provisions on the European Regional Development Fund, the European Social Fund and the Cohesion Fund and repealing Regulation (EC) No 1260/1999." *Official Journal of the European Union*, L 210: 25-78.

_____. 2006b. "Council Decision of 6 October 2006 on Community Strategic Guidelines on Cohesion (2006/702/EC)." *Official Journal of the European Union*, L 291: 11-32.

Department of Trade and Industry(DTI). 2006. Draft National Strategic Reference Framework, EU Structural Funds Programmes: 2007~2013. London: Regional European Funds Directorate, DTI.

European Commission. 1995. Green Paper on Innovation, COM(95) 688 final.

_____. 2000. Structural Actions 2000~2006: Commentary and Regulations. Luxemburg: Office for Official Publications of the European Communities.

_____. 2001. European Governance: A White Paper, COM(2001) 428 final. Brussels(July 25).

_____. 2004. A New Partnership for Cohesion: Convergence, Competitiveness, Cooperation. Luxemburg: Office for Official Publications of the European Communities.

_____. 2005a. Third Progress Report on Cohesion: Towards a New Partnership for

Growth, Jobs and Cohesion, COM(2005) 192 final.

_____. 2005b. Cohesion Policy in Support of Growth and Jobs: Community Strategic Guidelines, 2007~2013, COM(2005) 0299. Brussels(July 5).

_____. 2006. Innovative Strategies and Actions: Results from 15 Years of Regional Experimentation, European Commission Working Document, Directorate-General regional Policy.

_____. 2007a. Cohesion Policy 2007-13: Commentaries and Official Texts. Luxemburg: Office for Official Publications of the European Communities.

_____. 2007b. Innovative Strategies and Actions: Results from 15 Years of Regional Experimentation, European Commission Working Document.

_____. 2007c. Cohesion Policy 2007-13: National Strategic Reference Frameworks. Luxemburg: Office for Official Publications of the European Communities.

_____. 2008. European Innovation Scoreboard 2007: Comparative Analysis of Innovation Performance. Luxemburg: Office for Official Publications of the European Communities.

Gibson, V. David and Manuel V. Heitor (eds.). 2005. *Regional Development and Conditions for Innovation in the Network Society*. Indiana: Purdue University Press.

Henderson, Dylan. 2000. "EU Regional Innovation Strategies: Regional Experimen-talism in Practice?" *European Urban and Regional Studies*, 7(4).

Héritier, Adrienne. 2003. "New Modes of Governance in Europe: Increasing Political Capacity and Policy Effectiveness?" Tanja A. Borzel and Rachel.

Hooghe, Liesbet and Gary Marks. 2001. Multi-Level Governance and European Integration. Lanham: Rowman & Littlefield Publishers.

Hübner, Danuta. 2006. "Innovating through EU Regional Policy." Conference on 'Regions for Economic Change: Innovating through EU Regional Policy.' Brussels (June 12).

Kaiser, Robert and Heiko Prange. 2004. "Managing Diversity in a System of Multi-level Governance: The Open Method of Co-ordination in Innovation Policy." *Journal of European Public Policy*, 11(2).

Laffan, Brigid. 1996. "The Politics of Identity and Political Order in Europe." *Journal of Common Market Studies*, 42(1).

Laffan, Brigid and Colin Shaw. 2005. "Classifying and Mapping OMC in Different Policy Areas." New Modes of Governance Project, reference number: 02/D09.

Landabaso, Mikel and Benedicte Mouton. 2005. "Towards a Different Regional I nnovation Policy: Eight Years of European Experience through the European Regional Development Fund Innovative Actions."

Marina van Geenhuizen, David Sabel, Charles F. and Jonathan Zeitlin. 2008, "Learning from Difference: The New Architecture of Experimentalist Governance in the EU." *European Law Journal*, 14(3).

Scharpf, Fritz W. 2003. "Legitimate Diversity: The New Challenge of European Integration." in Tanja A. Borzel and Rachel A. Cichowski (eds.). *The State of the European Union: Law, Politics, and Society*, Vol. 6. Oxford: Oxford University Press.

Scott, Joanne and David M. Trubek. 2002. "Mind the Gap: Law and New Approaches to Governance in the European Union." *European Law Journal*, 8(1).

제9장

EU의 에너지 안보와 민주주의
- 러시아 천연가스에 대한 대응을 중심으로

제9장

EU의 에너지 안보와 민주주의
- 러시아 천연가스에 대한 대응을 중심으로*

이 대 식 (삼성경제연구소)

1 러시아 천연가스와 EU의 에너지 안보

2014년 이후 우크라이나 사태로 EU와 러시아 간의 갈등이 깊어지면서 EU의 에너지 안보 문제가 더욱 주요한 이슈로 부상하고 있다. 특히 러시아에 대한 의존도가 30%에 이르는 천연가스의 수급 문제는 단시일 내에 그 대체 공급원을 구할 수 없기 때문에 EU에게는 뜨거운 감자가 아닐 수 없다. EU는 장기적으로는 러시아에 대한 의존도를 획기적으로 낮출 수 있는 대안을 찾는 한편, 단기적으로는 러시아와의 에너지 외교가 파경에 이르지 않도록 조절할 필요가 있다. 더구나 러시아 가스에 대한 EU 회원국별 이해관계가 천차만별이기 때문에 이 문제를 에너지 안보 차원에서만 풀기는 더욱 힘들다. 러시아 가스에 대한 의존도가 거의 100%에 가까운 발트 3국 등 동유럽 국가들은 러시아에 대한 강력한 경제제재와 함께 대러시아 의존도를 빠른 시일 내에 낮추기 위한 방안을 요구하고 있다. 반면 독일, 프랑스 등 러시아 가스에 대한 의존도가 비교적 낮은 서유럽 국가들은 발트해저를 통한 러시아-유럽 간 가스관 '북류(Nord Stream)' 확충으로 우크라이나 변수를 최소화하여 러시아 가스 수급을 안정화할 뿐만 아니라 오히려 수입 물량을 늘리려 한다.

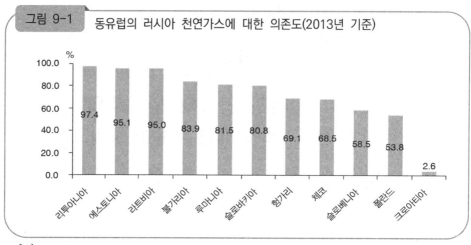

그림 9-1 동유럽의 러시아 천연가스에 대한 의존도(2013년 기준)

출처: UNCTAD

　　따라서 러시아 가스 수입과 관련된 에너지 안보 문제는 다양한 이해관계를 가진 EU 역내 회원국 간의 민주주의적 의사결정의 문제와도 불가분의 관계에 있다. 사실 EU의 에너지 공급 안정화와 회원국 간의 민주주의적 의사결정 간의 갈등은 21세기 EU의 통합과 에너지 정책 수립에 있어서 가장 중요한 이슈 중에 하나다. 달리 표현하자면 에너지 공급에서의 안정성과 자유화 문제 간의 갈등과 조화는 러시아 가스 공급뿐만 아니라 EU의 역내외 에너지 정책에서 핵심 이슈가 되고 있다. 기본적으로 EU 집행위원회는 공급의 안정성과 자유경쟁은 모순되는 요소가 아니라 상호협력적 관계에 있다고 보고 있다. 예를 들어, 공급자 간의 자유경쟁이 보장되면 에너지 공급은 자연스럽게 안정되지만, 공급자 어느 일방의 독점에 의하여 자유경쟁이 위축될 경우 에너지 공급 안정화가 파괴된다고 판단한다. 따라서 EU의 에너지 정책의 분수령을 이루었던 2006년의 '유럽 에너지 전략(A European Strategy for Sustainable, Competitive and Secure Energy)'은 경쟁과 안정성을 핵심 요소로 제시하고 있다. 또한 2010년에 수립된 소위 '20-20-20전략'1)이라고 불리는 '에너지 2020'과 그 실행계획인 '에너지 로드맵 2050'에서도 가장 핵심적인 이슈는 공급 안정과 자유화의 문제다(채형복 2013). EU는 에너지 안보를 위해 에너지 공급의 다양화를 추진하고 있다. 발트해뿐만 아니라 카스피해, 중동, 아프리카, 지중해, 북해 등 다양한 지역으로부터 가스를 공급받기 위한 인프라를 구축하고 있다. 또 다른 한편으로는 1, 2, 3차 에너지 패키지 제정을 통해 EU 역내 에너지 시장에서 전기와 천연가스 회사의 수직계열구조의 분리 즉 생산과 공급의 독점 체제의 해체를 추진하고 있다. 그러나 문제는 에너지 안보와 민주주의 간의 관계가 그리 단순하지 않다는 점에 있다. 에너지 공급의 안정화와 자유화는 상호 조화적이면서도 또 다른 민주주의의 문제를 배태하고 있다. 우선 위에서 이미 언급한 것처럼 러시아와 같은 역외 공급자의 독점문제에 대해서도 EU 회원국 간의 의견이 일치하지 않고 있다. 일부 국가는 러시아 가스 공급 라인의 확대 및 다양화가 유럽의 에너지 안보에 위배된다고 생각하지 않는다. 그러나 동유럽 등 일부 국가들은 우크라이나 관통 가스관 외에 또 다른 공급 라인의 증설은 에너지 안보에 심각한 문제를 일으킨다고 판단하고 있다. 다음으로 역내 에너지 공급에서도 독일과 프랑스와 같은 거대 전력기업을 소유한 국가들은 에너지 시장의 자유화, 즉 에너지 기업의 생산과 운송 간의 계열 분리에 반대하는 입장을 취하고 있으며 자연독점이 오히려 공급의 안정성을 담보해준다고 믿고 있다. 따라서 이러한 EU 내 에너지 안보와 경쟁에 대한 상이한 입장들을 조율하는 것도 또한 EU가 풀어야 할 민주주의적 과제 중에 하나다. 이 글에서는 EU가 처한 이러한 에너지 안보와 민주주의 간의 복잡한 관계 현황을 러시아 가스 공급 문제를 통해 조망하고 이 문제가 2009년에 체결된 리스본 조약의 구조 하에서 해결될 가능성에 대해서 살펴보고자 한다. 이를 위해서 먼저 러시아 천연가스를 둘러싼 EU의 에너지 안보의 심각성을 살피고 이 문제를 해결하기 위해 EU가 추진하고 있는 수입선 다변화, 역내 가스 재분배, 러시아 가스기업에 대한 규제 강화 등의 정책들을 고찰한다. 이어 에너지 공급안정화를 위해 EU가 추진하고 있는 역내 독점 규제 법안과 러시아 천연가스 수입 규제 정책 등을 둘러싼 EU 회원국 간의 갈등을 조망한다. 끝으로 리스본 조약 체제 이후 에너지 관련 EU의 법제를 살펴보고 복잡한 에너지 안보 및 민주주의 문제를 해결할 수 있는 제도적 가능성에 대해 알아보고자 한다.

2006년, 2009년에 이어 2014년 다시 우크라이나를 통한 러시아 가스 공급 문제가 EU를 괴롭히고 있다. EU로서는 가스 공급의 안정을 위해 러시아 가스에 대한 의존도를 낮출 수밖에 없는 실정이다. 그러나 유감스럽게도 2012년 이후 EU의 대러시아 가스 의존도는 오히려 다시 늘어나고 있다. EUROGAS의 자료에 의하면 EU의 총 가스 수입에서 러시아가 차지하는 비중이 2004년 36%를 기록한 이후 점차 내려가 2010년 25%로 떨어졌지만 이후 다시 상승하여 2013년에는 30.7%, 2014년에는 소폭 떨어졌지만 여전히 이전보다 높은 29.6%를 기록했다. EU의 의지와는 상관없이 현실 에너지 시장에서 러시아 가스에 대한 의존도가 줄어들지 않고 있다.

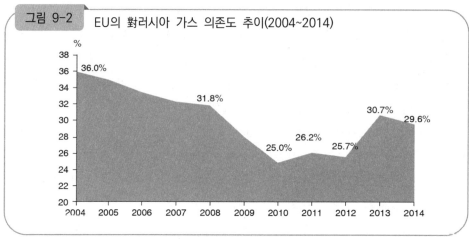

그림 9-2 EU의 對러시아 가스 의존도 추이(2004~2014)

출처: Eurogas

이를 여실히 반영하는 것이 러시아가 우크라이나에 대한 가스 공급을 중단한 직후인 2014년 10월 EU가 실시한 스트레스 테스트 결과다. 러시아가 6개월간 EU에 대한 가스 공급을 중단할 경우 각국이 얼마나 버틸 수 있는가에 대한 조사에서 핀란드와 에스토니아는 가스 부족분이 수요의 60%에 이를 것으로 추정되는 등 불가리아, 루마니아, 발트 3국 등 다수의 국가들이 심각한 에너지 위기에 직면하는 것으로 나타났다. 폴란드, 헝가리, 슬로바키아는 12주, 독일은 10주, 불가리아 8주, 체코 6주, 발트 3국은 모두 1주, 그리스와 크로아티아는 단 0.5주만 버틸 수 있는 것으로 드러났다.

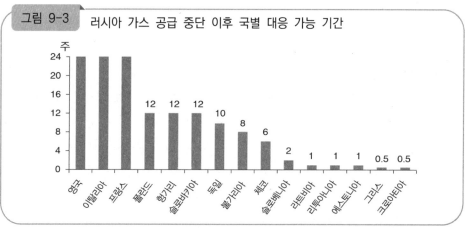

그림 9-3 러시아 가스 공급 중단 이후 국별 대응 가능 기간

출처: EU 집행위원회(2014), https://ec.europa.eu/energy/sites/ener/files/documents/2014_stresstests_com_en.pdf

이렇듯 러시아 천연가스에 대한 EU의 의존도가 여전히 높은 가운데 2014년 이후 우크라이나 사태로 인한 상호 경제제재 등 EU와 러시아 간의 지정학적 갈등으로 러시아 가스 공급 불안이 가중되면서 EU의 에너지 안보가 위기에 처해 있다. 무엇보다 대유럽 러시아 가스 수출이 현격하게 줄어들고 있다. 2014년 러시아 가스프롬의 對EU 가스 수출량이 전년 대비 13.8% 감소하여 최근 20년 내 최저치인 1,213억㎥을 기록했다. 물론 이상 온난화와 경제 저성장으로 유럽의 수요가 11% 감소한 것이 큰 이유 중에 하나다. 그러나 순전히 경제적인 이유 외에도 우크라이나 가스관을 둘러싼 EU와 러시아 간의 지정학적 갈등도 주요한 원인 중에 하나다. 우크라이나 사태 이후 EU 회원국들이 자체 보유한 러시아 가스를 우크라이나로 역수출하자 러시아는 이에 대한 보복으로 역수출에 참여한 국가로의 공급을 2014년 말에 40~60%나 감축했다. 야말-유럽 라인과 북류(Nord Stream) 라인 쪽은 비교적 소폭 감소하여 독일이 6%, 폴란드가 7% 정도 주는 데 그쳤다. 그러나 우크라이나를 통과하는 가스 공급량은 크게 줄었다. 이탈리아는 14.4%, 프랑스는 13.2%, 오스트리아는 24.5%, 체코는 35%, 슬로바키아는 19%씩 감소했다.

가스프롬은 이미 2012년부터 우크라이나 가스관으로 인한 수급 불안을 해소하기 위하여 우크라이나를 통한 가스 공급을 최소화하는 정책을 세우고 2014년부터 이를 본격화하기 시작했다. 그 결과 전적으로 우크라이나 통과 가스 수입에 의존하던 체코와 슬로바키아가 가장 큰 영향을 받았다. 2014년 체코는 북류(Nord Stream)의 지선인 Opal라인을 통해 100%를, 슬로바키아는 체코를 통해 50%를 공급받았다. 결과적으로 2014년 가스프롬의 우크라이나 통과 가스 공급량은 620억㎥로 전년 대비 28% 감소했다. Fitch는 2015년에 500억㎥로 떨어질 것으로 전망했다(Бар суков 2015).

물론 우크라이나 통과 가스 공급량 축소는 EU뿐만 아니라 러시아에게도 적지 않은 손실을 안겨주고 있다. 가스프롬은 2014년 판매 부족분 55억 달러와 약정 공급 부족액에 대한 벌금 4억 달러 등 약 60억 달러의 손실을 감내해야 했다(Interfax 2015). 2015년 3월 5일 이탈리아 총리 마테오 린치와 Wintershall CEO의 모스크바 방문 직후 가스프롬이 다시 공급량을 100% 회복하기로 공표한 것은 러시아의 복잡한 속내를 잘 반영하고 있다. 이 결정으로 유럽의 가스 허브 가격이 1천㎥당 240달러 급락했다. 3월 6일 영국 NBP 가격은 1MMBTU당 44.7펜스(1천㎥당 240.4달러) 하락했다(TCH.ua 2015). 그럼에도 불구하고 가스 공급을 통한 러시아의 對유럽 압박은 장기화될 것으로 예상된다. 2015년 1월 가스프롬 회장 알렉세이 밀러는 EU 집행위원회 에너지부 신임 부의장 마로샤 셉쵸비치(Marosh Shefchovich)와의 면담에서 수년 내로 신설될 터키로의 가스관이 우크라이나 가스관을 100% 대체할 것이라고 경고했다(Teffer 2015). 우크라이나와 유럽도 러시아 천연가스로 인한 에너지 안보 위기를 해결하기 위해 대응책 마련에 부심하고 있다. 우크라이나는 당장 2015년에 가스 수입량의 60%를 유럽에서 구입할 예정이다. 2014년 10월 출범한 융커 신임 EU 집행위원회의 중점 과제 중의 하나로 '에너지 안보'를 설정하고 그 일환으로 '에너지 연합(Energy Union)'을 구축하여 창구 단일화를 통해 러시아 등 제3국과의 에너지 구매 협상력을 제고하고 러시아 가스에 대한 대체 공급원을 보다 적극적으로 모색할 계획이다. 또한 러시아와의 갈등이 계속될 경우 러시아로부터 PNG 수입량을 매년 약 450억㎥(LNG 3천만 톤)씩 축소해 나갈 예정이다(Tanquintic-Misa 2015).

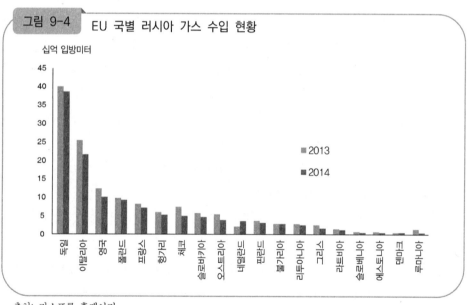

그림 9-4 EU 국별 러시아 가스 수입 현황

출처: 가스프롬 홈페이지

2 천연가스 공급 안정을 위한 EU의 대응정책

1) 에너지 역내 재분배(역내 가스 공급망 건설 및 상호 개방)

러시아 가스에 대한 의존도가 여전히 심각한 수준이지만 EU가 짧은 시간 안에 의존도를 낮추는 것은 그리 녹록하지 않다. EU가 역내에서 우선적으로 추진하고 있는 가스 공급망 상호개방 및 저장 시설 확충은 역내 국가 간의 가스 수급 균형을 맞추어 개별 국가의 공급 부족분을 어느 정도 해결할 수 있다. 2011년에 완공된 폴란드와 체코 양국 간 가스관은 2017년 용량이 100억㎥까지 확대될 예정이다. 2014년 3월에는 헝가리와 슬로바키아 간에도 연 50억㎥ 용량의 가스관이 완성되었고 2017년에는 폴란드와 슬로바키아 간에도 같은 용량의 가스관이, 2018년에는 폴란드와 라트비아 간 가스관이 완공될 예정이다. 러시아 가스에 대한 의존도가 거의 100%에 가까운 동유럽 국가들은 국가 간 가스관 연결을 통해 유럽 최대 천연가스 수입국인 독일의 잉여 저장분을 활용하여 러시아의 공급 불안에 대처할 수 있다. 또한 가스 공급 불안에 대비하여 라트비아 등에 대규모 천연가스 저장고를 건설하여 2013년 현재 EU의 연간 소비량(4,620㎥)의 16%에 불과한 예비 가스의 규모를 더욱 확대할 예정이다. 그러나 역내 국가 간 가스관 건설과 저장 시설 확충으로 역내 수급을 안정화시키는 것은 근본적으로 제한적일 수밖에 없다. 우선 국가 간 역수출 및 저장 대상 가스가 대부분 러시아 가스이기 때문에 유럽 역내 총량으로 본다면 결코 공급이 늘어나는 것이 아니다. 더구나 2014년 러시아가 유럽의 역수출 국가에 대한 차별적인 공급 감축을 시행할 경우 상황은 더욱 악화될 뿐이다. 그리고 국가 간 가스관 건설 또한 단기간에 수행되기 힘든 과제이다. 가장 가스 공급이 불안한 국가인 불가리아는 우크라이나 통과 러시아 가스 외에는 별도의 가스관도 저장고도 없지만 세르비아와의 가스관 연결, 그리스 LNG 터미널로터의 가스 추가 공급 등의 계획은 여전히 먼 미래의 이야기일 뿐이다.

그림 9-5　남부 가스 회랑 계획안

출처: BP 홈페이지

2) 수입선 다변화 정책

가. 대체가스관 건설

2015년 2월 25일 EU는 '장기 에너지 청사진'을 발표하고 외교수단을 총동원하여 아제르바이잔, 투르크메니스탄, 알제리 등 러시아를 대체할 수 있는 가스 공급국과의 전략적 에너지 파트너십을 구축한다는 강한 의지를 표명했다. 그 핵심 프로젝트 중 하나인 투자 규모 450억 달러의 '남부 가스 회랑 SGC(Southern Gas Corridor)'는 이미 2014년 EU 집행위원회에 의해 최우선 과제로 선정되었다. SGC는 카스피해 연안의 아제르바이잔, 투르크메니스탄 등 중앙아시아 및 이집트 등 중동 국가들로부터 그리스, 이탈리아 등 유럽 동남부 지역으로 이어지는 총연장 3,500km의 가스관이다. 우선 이미 구축된 샤흐 데니즈(아제르바이잔의 카스피해 연안 가스전) – 조지아와 터키 동부 지역 간의 '南코카서스 가스관 SCPX(South Caucasus Pipeline Extention)'에 길이 1,850km의 터키 종단 가스관 TANAP(Trans Anatolian Natural Gas Pipeline)을 신축 연결하고 이로부터 그리스, 알바니아, 이탈리아로 이어지는 남유럽 종단 가스관 TAP(Trans Adriatic Pipeline)을 추가 건설한다는 프로젝트다. 2019 완성 예정인 이 프로젝트는 우선 연간 100억㎥ 규모의 아제르바이잔 가스에서 시작하여 점차 주변 지역으로 공급원을 넓혀 최대 160억㎥까지 그 규모를 확대할 예정이다. EU는 TAP

(Trans Adriatic Pipeline)을 이미 '공동 이해 프로젝트(Project of Common Interest)'로 선정하여 EU의 경쟁법의 제약을 받지 않고 2019년까지 신속하게 완공되도록 조치했고 지난 2015년 3월 TANAP의 착공식이 거행되었다(Gorst 2015).

SGC 외에도 투자 규모 20억 달러의 알제리와 이탈리아를 잇는 가스관 GALSI (Gasdotto Algeria Sardegna Italia) 프로젝트가 있다. 알제리의 Hassi R'mel 가스전에서 지중해를 거쳐 이탈리아의 피옴비노에 이르는 총연장 1,505km의 가스관으로 연간 80억㎥의 가스를 공급할 수 있는 프로젝트다.

그러나 이 두 프로젝트는 규모에서나 실행 가능성에서 난점에 부딪친 상태이다. 우선 이 프로젝트가 성공적으로 수행된다 하더라도 EU 전체의 러시아에 대한 의존도를 낮추기에는 규모가 턱없이 부족하다. 약 200억㎥은 최저치로 감소한 2014년 EU의 러시아 가스 수입량(1,213억㎥)의 16%에 불과하다. 게다가 두 프로젝트 모두 까다로운 환경문제를 극복해야 한다. 이탈리아 남부 푸글리아 지방의 정치인들은 환경 문제로 TAP 통과에 반대하고 있고 GALSI도 지중해의 환경오염 우려로 인해 갈등을 일으키고 있다. 2005년에 이미 경제성 검토가 끝나고 2014년에 완공될 예정이었던 GALSI는 환경문제 외에도 양측의 경제 정치 문제로 지금까지 기약 없이 연기되고 있는 상황이다. TAP은 중도 폐기된 나부코 프로젝트와 똑같은 장애물을 남겨 놓은 상태다. 러시아 사우스스트림의 대항마로 추진되었던 나부코 프로젝트는 아제르바이잔, 투르크메니스탄, 이라크, 이란 등으로부터 연간 310억㎥을 공수할 계획이었으나 이들 관련국과 EU의 공조 실패로 파기되었다. 세계 4위 매장량을 자랑하는 투르크메니스탄의 참여를 유도해야 했으나 투르크메니스탄 가스의 주요 수입국인 러시아의 장외 정치력을 결국 넘지 못했다. 물론 최근 경제난을 겪고 있는 2015년 2월 러시아가 투르크메니스탄 가스의 수입량을 대폭 축소하기로 결정하여 (105억㎥('14) → 40억㎥('15)) 투르크메니스탄이 유럽으로의 수출에 적극적인 관심을 가지기 시작한 것은 고무적이다(RBC.RU. 2015). 그러나 이보다 더 심각한 국제법상의 걸림돌이 남아 있다. 北카스피해 연안국인 러시아, 아제르바이잔, 카자흐스탄 간에 적용되는 '해저 분할, 해수 공유' 원칙에 의해 러시아의 동의 없이는 투르크메니스탄의 가스가 카스피해 해수를 통과할 수 없다(тэкно///блог 2015). 결국 현재 EU가 진행하고 있는 가스관 신규 건설이 러시아 가스에 대한 의존도를 현저히 낮추는 데 기여하기는 여러 가지 이유로 역부족이라고 볼 수 있다.

나. 미국산 LNG 수입 가능성

우크라이나 사태 발발 직후인 2014년 3월 26일 오바마는 미국의 LNG가 러시아에 대한 EU의 가스 의존도를 낮출 수 있는 유력한 무기가 될 것이며 이를 위해서라도 양측 간의 TTIP 협상을 조속히 마무리할 것을 권고했다(Pasquale DE MICCO 2014). 현재 미국에서 진행되고 있는 28개 LNG 수출 프로젝트의 수출 용량은 연간 3,931.3억㎥로 미국 전체 천연가스 소비량의 1/3과 현재 전 세계 LNG 교역량 이상의 규모이다(Energlobe 2014). 기존에는 유럽을 포함하여 미국과 FTA를 체결하지 않은 국가들에게는 수출이 금지되었다. 그러나 2012년 12월 미국 에너지부(DOE)는 FTA 미체결국가들에 대한 수출을 허용하기로 결정했다. 2014년 초까지 FTA 미체결국으로의 수출 허가를 받은 유일한 프로젝트는 루이지아나의 사빈패스(Sabine Pass)로 연간 수출용량이 248.3억㎥ 정도이다. 여기에다 미국 에너지부(DOE)로부터 FTA 미체결국으로의 수출 허가를 받았으나 연방 에너지규제위원회로부터 허가를 기다리고 있는 프로젝트 6개를 합치면 이들의 총수출용량은 1,104.2억㎥에 달한다. 이 중에서 미국 서부에 위치하여 아시아 수출에 집중할 오레곤의 쿠스베이 프로젝트를 제외하면 2016년부터 2020년 사이에 EU로 수출 가능한 미국 셰일 가스의 양은 산술적으로는 1,021.4억㎥로 2014년 EU의 러시아 가스 수입량(1,213억㎥)의 84.2%에 해당한다. 물론 6개 프로젝트의 수출 대상지역이 EU에만 한정되지 않고, 이 프로젝트들에 대한 재정 조달도 확정되지 않은 상태에다 불안정한 글로벌 가스 시황, 미국 내 수출 반대 여론[2])에 따라 프로젝트가 취소될 가능성도 있어 실제 수치는 훨씬 줄어들 수도 있다. 그러나 일단 수출 가능량에서 미국산 LNG가 EU의 탈러시아 정책의 주요 변수가 될 가능성은 있다. 특히, 최근 미국과 EU 정치권의 脫러시아 에너지 공조가 본격화되면서 미국의 셰일가스가 EU로 공급될 가능성은 매우 커지고 있다. 이미 2012년 미공화당 의원 리처드 루가(Richard Lugar)가 의회에서 나토의 對러시아 및 對이란 가스 의존도를 낮추기 위한 지원 제안서 'LNG for NATO'를 발표했고 EU가 이에 화답하여 나토뿐만 아니라 EU 全회원국으로 지원 대상이 확대될 것을 분명히 하였다. 특히 2014년 우크라이나 사태 이후 미국 의회의 '에너지 및 상업 상임위'가 같은 해 4월 LNG 수출 프로젝트 승인 시간의 단축을 촉구하는 법안을 승인한 데 이어 DOE가 5월에 FTA 미체결국에 대한 수출 프로젝트 승인 절차를 3단계(DOE → FERC[3]) → DOE)에서 2단계(FERC → DOE)로 간소화하기

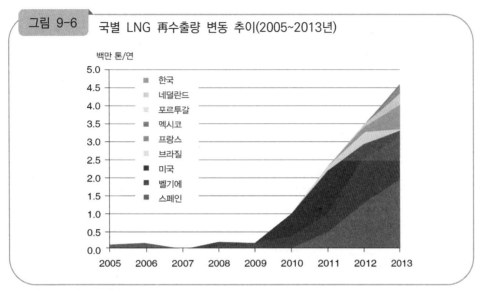

그림 9-6   국별 LNG 再수출량 변동 추이(2005~2013년)

백만 톤/연

한국
네덜란드
포르투갈
멕시코
프랑스
브라질
미국
벨기에
스페인

출처: IHS, 미국 에너지부

로 결정하여 유럽에 대한 미국산 LNG 수출이 한층 앞당겨질 것으로 보인다. 실제
로 바로 한 달 뒤인 6월에 Cameron 프로젝트가 예상보다 빨리 승인이 난 데 이어
Freeport, Cove point 프로젝트 등이 수출 허가를 받으면서 2014년 12월 기준으로
FTA 미체결국으로의 수출이 확정된 프로젝트는 4개로 수출용량이 연간 49MT(675.9
억㎥)에 이른다. 현재 미국에서 건설 중인 수출 터미널의 용량은 총 70MTPA(965.6
억㎥)이며 여기에 조만간 30MTPA(413.8억㎥)가 추가되어 총 1,370억㎥ 이상 규모의
수출 터미널이 2020년 전에 완공될 예정이다. 전문가들은 대체로 2015~2020년 기
간 미국에서 약 800억㎥의 LNG가 수출될 것으로 전망하고 있다(Umbach 2014). 현
재 호주, 아프리카, 중동 등에서 진행되고 있는 신규 가스 개발 프로젝트 등이 주로
아시아 시장을 겨냥하고 있고 2017년 이후 세계적인 LNG 공급 과잉이 예상되어
미국의 LNG가 주로 유럽으로 귀착될 가능성이 크다.

　미국 내에서 대유럽 수출에 대한 제도상의 제약이 해제된다면 그 다음 핵심적
인 문제는 미국 LNG 업체들에게 유럽 시장이 매력적일 수 있는 가격조건이 형성되
는가에 있다. 특히 글로벌 LNG의 최대 수입처인 아시아 시장의 프리미엄 가격은
그동안 미국의 LNG 수출업자들도 유럽보다는 아시아로 눈을 돌리는 이유가 되어
왔다. 심지어 같은 이유로 가스 순수입국인 EU의 일부 국가들은 수입한 LNG를 유
럽 시장에 팔지 않고 아시아로 재수출하기까지 했다. 이 때문에 2014년 11월에 발

표된 IEA의 보고서(Executive summary of IEA's 2014)에서는 EU의 러시아에 대한 가스 의존도를 낮추는 것은 당분간 힘들 것으로 전망했다. 특히 일본의 원전 사고 이후 유럽의 LNG 재수출은 폭발적으로 늘어났다. 2013년 전 세계 재수출 물량은 460만 톤인데 이를 주도한 국가가 바로 EU의 스페인과 벨기에였다. 스페인은 전 세계 재수출량의 43%(197.8만 톤), 벨기에는 25%(115만 톤)로 각각 1, 2위를 차지했다. 결국 EU는 2013년 3,280만 톤을 수입하고 그 가운데 390만 톤을 재수출했다(World LNG Report 2014). 이 물량은 2014년에는 더욱 늘어나 2013년 수출량의 두 배에 가까운 6백만 톤에 이르렀다.

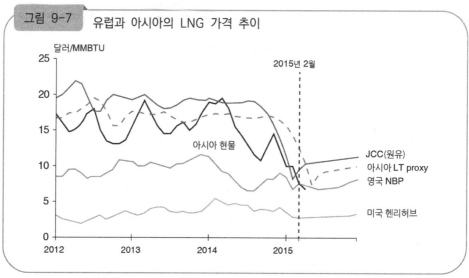

그림 9-7 유럽과 아시아의 LNG 가격 추이

주: Asia long-term proxy = 14.85% JCC(-3) + 0.50
출처: Platts, Petroleum Association of Japan, Bloomberg

그러나 최근 미국산 LNG 수출업자들의 관심이 유럽으로 급전환되고 있다(Gloystein 2015). 2014년 12월 1일 동북아시아의 LNG 가격 프리미엄이 최근 4년 내 최저치인 남서유럽의 5%대로 하락하여 유럽에서 아시아로 재판매할 이유가 거의 사라졌다(Almeida 2015). 유가에 연동된 아시아 LNG 현물 가격이 2014년 2월 이후 62%나 하락하여 아시아와 유럽의 가격이 거의 동일해졌다. 2015년 1월 26일 기준으로 동북아시아의 현지 가격은 1MMBTU당 7.50달러, 북서부 유럽은 6.75달러였다. 전문가들은 유가 연동된 일본 시장의 LNG 가격이 적어도 2018년까지는 회복되기 힘들 것으로 전망하고 있다.

아시아로의 재수출의 의미가 거의 사라짐에 따라, 2015년 2월 2년 만에 처음으로 세계 최대 LNG 재수출국인 스페인이 선적을 중단했고 벨기에의 제부르게(Zeebrugge) 터미널도 1월 1건 외에는 2월까지 추가 선적이 없었다. 이 덕분에 2015년 유럽으로의 LNG 공급량은 예년에 비해 17% 증가할 전망이다. 유럽에 공급될 미국산 LNG 가격은 IEA 추산에 따르면 1MMbtu당 9달러 이하로 예상된다(Global LNG Market Outlook 2015). 2014년 3월 독일 국경에서 가스프롬의 PNG 가격은 약 8.5달러였다. 유럽 입장에서도 미국의 LNG 가격이 전혀 부담 없는 수준이다. 전문가 평가에 따르면 아시아 LNG 가격의 하락으로 미국의 셰일가스가 없더라도 카타르 등 기존의 LNG 공급원을 통해서도 100~150억㎥의 러시아 가스를 LNG로 대체 가능한 가격 조건이 형성되었다(Барсуков 2015). 게다가 캐나다에서도 13개의 LNG 수출 프로젝트가 2017년에 완성되어 2020년까지 약 400억㎥의 수출이 가능하게 되면 그 일부가 유럽으로 들어올 수 있을 것이다. 여기에 미국의 LNG 수입까지 본격화된다면 EU가 러시아에 대한 의존도를 낮추는 속도가 급상승할 수 있을 것이다.

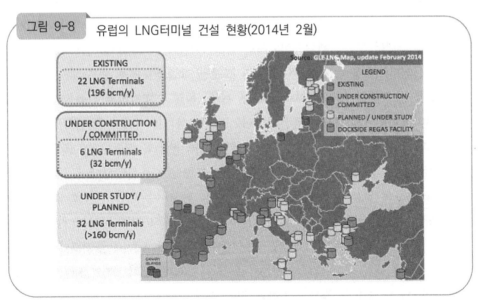

그림 9-8 유럽의 LNG터미널 건설 현황(2014년 2월)

출처: T. Deschuyteneer(2014) LNG import potential to Europe

이제 마지막 관건은 유럽이 미국과 캐나다 등으로부터 대량의 LNG를 수입할 수 있는 인프라, 즉 LNG 수입 터미널과 재기화시설을 갖추고 있느냐, 혹은 빠른 시일 내에 갖출 수 있느냐에 있다. 2014년 2월 기준으로 유럽에는 연간 1,960억㎥

을 수용할 수 있는 22개의 LNG 수입터미널이 가동 중인데 여기에 추가로 연간 320억㎥ 규모의 6개 터미널이 건설 중이며 향후 연간 1,600억㎥ 규모의 32개 터미널이 건설될 계획이다. 특히 러시아에 대한 가스 의존도가 매우 높은 동유럽 국가들이 가스터미널 건설에 가장 적극적이다. 폴란드는 2009년 'LNG터미널건설 특별법'을 제정하고 25억㎥ 규모로 2014년 스비에노스치에, 크로아티아는 2014년 북아드리아해의 크르크(Krk)섬에 각각 LNG 수입터미널을 건설할 예정이며 리투아니아는 국내 소비의 60%를 수용할 수 있는 LNG 터미널 건설에 착수했다. 결론적으로 유럽은 향후 약 2,000억㎥ 규모의 LNG를 추가로 수입할 수 있는 수입 터미널을 건설 중이며 이는 위에서 말한 미국을 비롯한 글로벌 신규 공급량에 대응할 수 있는 수준이다.

3) 러시아 천연가스 공급자에 대한 반독점 규제

2012년 9월 EU 집행위원회가 가스프롬에 대한 공개적인 조사를 시작하고 가스프롬과 러시아 푸틴 대통령이 이를 공개적으로 비난하면서 EU와 러시아 양측의 갈등이 극에 달했다. EU 집행위원회는 동년 9월 4일 중동부 유럽 소재 10개 EU 회원국에서 천연가스의 공급, 수송 및 저장과 관련된 기업들에 대한 대대적인 압수수색을 단행했다. 독일과 체코의 Gazprom과 RWE, 독일과 헝가리의 Eon, 오스트리아의 OMV, 불가리아의 Bulgargaz와 Overgas, 슬로바키아의 SPP, 폴란드의 PGNiG 등 20여개 회사들이 조사를 받은 것으로 알려졌다. 이들은 모두 세계 최대 천연가스 공급업체인 러시아의 가스프롬사와 관련된 기업들로 사실상 가스프롬을 대상으로 한 조사가 시작된 것이다. 푸틴은 9월 9일 'EC가 유로존 위기에 따른 유럽 국가들의 재정 부담을 러시아에 떠넘기려 한다'며 강력하게 비판했고 나아가 11일에는 러시아 자국의 전략적 기업이 정부 승인 없이 외국이나 외부 조사기관에 정보 공개, 자산 처분, 계약 수정 등을 하지 못하도록 하는 법령에 서명하여 사실상 가스프롬에 대한 EC의 반독점 조사를 거부할 것을 천명했다. 만약 양측의 극단적인 대립이 계속될 경우 2006년과 2009년 두 차례에 걸쳐 있었던 러시아의 가스 공급 중단 사태가 반복될 가능성까지 제기되었다.

EU 집행위원회는 가스프롬에 대한 조사를 착수하게 된 근거로 반독점 규정 위반에 해당하는 3가지 혐의를 들었다. 첫째, EU 역내에서 천연가스의 자유로운 공급을 방해했고, 둘째, 에너지 수입 다변화 국가에 대해 지나친 압력을 행사했고,[4] 셋째, 천연가스 가격을 유가와 연동시켜 장기계약을 맺음으로써 역내 소비자들에게 피해를 초래했다는 점이다. 이 세 가지 혐의는 '시장에서 지배적 지위를 차지하는 기업이 그 우월적 지위를 이용하여 자유 시장 원리를 왜곡해서는 안 된다'는 EU의 반독점법에 관련된 것이다. 이번 조사 대상 회원국 중에서 불가리아, 에스토니아, 라트비아, 리투아니아, 슬로바키아 등은 천연가스 수급의 100%를, 나머지 폴란드, 헝가리, 체코 등 3개국도 각각 82%, 83%, 69%를 가스프롬에 의존하고 있어 이 지역에서 가스프롬의 지배적 지위는 확고한 상태이다.

경쟁에 관한 법률 1조 102항의 개요

EU 시장 내에서 회원국 간의 교역에 영향을 줄 수 있는 시장지배적 사업자의 지위남용행위를 금지하며 다음과 같은 행위를 지위남용행위로 규정한다.

a. 불공정한 가격 혹은 교역 조건을 직간접적으로 강요
b. 생산, 시장, 혹은 기술개발에 제약을 가하여 소비자의 권리를 침해
c. 동일 거래에 대해 차별 조건을 적용하여 거래 상대자를 불리한 경쟁 상황에 위치
d. 계약의 결과를 이 계약과 상관없는 다른 주체들도 승인하도록 강제

첫 번째과 세 번째 혐의는 EU의 경쟁법 102항의 a, b항목과, 두 번째 혐의는 c항목과 각각 관련된 위반 사항에 해당한다. 만약 EU 집행위원회의 조사 결과 가스프롬의 102항 위반 사실이 확정될 경우 가스프롬은 총매출의 약 10%에 해당하는 금액의 벌금을 물어야 한다. 예를 들어 가스프롬의 총매출이 1,581억 달러였던 2011년 한 해에만 벌금이 158.1억 달러에 이른다. 그런데 중동부 유럽 국가들이 2004년 EU 가입 훨씬 이전인 1994년에 이미 EU 가입 조건으로 EU의 반독점 규정을 수용했기 때문에 1994년부터 합산할 경우 가스프롬의 벌금은 천문학적인 규모에 이를 것으로 추정된다.

EU가 러시아의 기존 가스관 및 신규 건설 예정 가스관에 대해 두고 있는 독점 혐의는 공급 다변화 제한 혐의다. 여기에는 對러시아 가스 의존도를 낮추려는 EU와 오히려 EU에 대한 시장 장악력을 높이려는 러시아의 정책 대결이 반영되고 있다. 2015년 말 기준으로 러시아는 EU의 반대에 부딪혀 지중해를 관통하는 남류

(South Stream) 건설을 포기한 상태이나 발틱해를 관통하는 북류(Nord Stream)의 라인 확대는 여전히 추진하고 있다. EU 집행위원회가 러시아의 가스관 추가 건설을 반대하는 구체적인 법적인 근거는 2011년부터 시행 중인 가스의 판매자가 가스 공급 수단(예: 파이프라인)을 관리하지 못하게 하는 '제3에너지 패키지(Third Energy Package)' 조항이다. 이 패키지에 따르면 가스프롬은 신규 건설 예정인 파이프라인 외에도 이미 사용 중인 파이프라인에서도 손을 떼야하는 심각한 위기에 빠진다. 이 조항을 피해갈 수 있는 유일한 예외조건은 해당 파이프라인이 이른바 '유럽관통−네트워크 (Trans-European Networks)'에 포함되는 것이다. EU 집행위원회는 '북류'를 네트워크에 포함시켰지만 '남류'에 대해서는 2011년 10월 불포함 의사를 분명히 했다. 결국 이 제3에너지 패키지의 제약을 벗어난 북류의 경우 2012년 준공에 성공했지만 그렇지 못했던 남류는 2014년 우크라이나 사태로 인한 경제제재까지 겹치면서 결국 2014년 12월에 러시아측의 포기 선언으로 건설이 중단되었다. 이제 남은 논란은 독일 등 일부 유럽 국가들이 건설을 적극적으로 추진하고 있는 '북류 2' 프로젝트다. 북류 프로젝트가 제3에너지 패키지의 제약을 추가로 받을 수 있으며 또한 이 패키지의 제약을 벗어난다 하더라도 공급 다변화를 저해하는 독점법 위반으로부터 자유롭지 못하기 때문이다.

3 EU의 에너지 안보 정책을 둘러싼 회원국의 이견과 조율안보와 민주주의의 갈등

1) 에너지 취약 소국의 이익 관철 여부

EU가 러시아의 가스 공급에 대해 강력한 규제 조치를 실행하고 있지만 실상 이러한 규제 조치가 EU 회원국 간의 완벽한 의견 일치 하에 이루어지고 있는 것은 아니다. EU 전체의 에너지 안보라는 대의 때문에 일부 국가들의 이해가 희생당할 가능성이 여전하다. 특히 인프라 및 대외 관계 등에서 가스 공급 불안이 상시적인 국가들은 러시아 가스에 대한 일방적인 규제가 결코 달갑지 않다. 예를 들어, 불가리아는 우크라이나 통과 러시아 가스 외에는 별도의 가스관도 저장고도 없지만 세르비아와의 가스관 연결, 그리스 LNG 터미널로터의 가스 추가 공급 등의 계획은 여전히 먼 미래의 이야기일 뿐이다. 불가리아와 같은 상황에 처해 있는 동유럽 국가들 중 일부는 남류 프로젝트의 성공적인 진행을 내심 바라왔다. 그러나 EU 집행위원회는 "경제제재 대상인 러시아 기업에 다른 유럽 기업들이 공사에 함께 참여하는 것은 EU법 위반이다"라는 점을 들어, 그 동안 가스관 사업에 관심을 보여 왔던 유럽 내 기업들에게 압박을 가해왔다. 더불어, EU 회원국이자 유럽 내 첫 가스관 출발지인 불가리아를 비롯한 가스관 수송로에 자리한 유럽 국가들에도 또한 러시아 가스관 설립 사업에 협력하지 말 것을 공공연하게 요구해왔다. 결국 EU와 미국의 압력으로 인해 불가리아가 남류 건설에 대해 공식적인 반대의사를 밝혔지만 우크라이나 가스 공급이 지속적으로 불안한 상태에서 불가리아의 속내는 공식적인 입장과는 전혀 다르다. 남류가 건설되었을 경우 불가리아는 상당한 양의 일자리 창출 등 여러 경제적 이득 외에도 매년 4억 유로의 경유 비용을 받도록 약속되어 있었다. 이와 같은 속앓이는 매년 2억 유로의 경유 비용을 받게 되어 있는 세르비아 등 발칸유럽 국가들에게 공통된 문제. 특히 이들 국가들은 지난 여러 번의 유럽 내 가스 파동과 그 고통 경험을 통해 우크라이나 가스 수송로의 여러 문제점을 분명히 인식하고 있다. 더불어, 이번 사업 폐기로 인해 동유럽 국가들의 가스값 인하에 대한 희망도 함께 사라지게 되었다.

실제로 러시아의 남류 프로젝트 폐기가 발표된 얼마 뒤인 12월 9일, 가스관 건설 사업에 직접적으로 관련된 불가리아, 크로아티아, 헝가리, 슬로베니아 등 동유럽 국가들과 오스트리아, 그리스, 이탈리아 등 유럽 7개국 에너지 장관들은 별도의 회동을 가지고 남류 관련 문제 해결을 위해 EU 집행위원회가 중재를 강력히 요구했다. 이들은 공동성명을 통해 "이번 러시아의 발표가 현재로서는 비공식적인 성격이라는 점을 강조하면서, EU가 러시아와 협상하여 현 상황을 명확히 정리해줄 것을 요청하는 공식 서한을 EU 집행위원회에 전달했다. 러시아 가스관 건설을 둘러싼 이러한 내적인 갈등은 단순한 에너지 안보 차원이 아니라 EU에서 발언권이 비교적 약한 이들 마이너 국가들의 이해관계가 제대로 관철될 수 있는 의사결정 구조가 EU에 구축되어 있는가라는 보다 근본적인 제도 문제를 포괄하고 있다.

2) 메이저 국가 및 소속 대기업의 반발

러시아 가스 공급에 대한 EU의 제재는 EU의 마이너 국가들에게만 불이익을 초래하는 것이 아니다. 남류 건설 프로젝트의 경우 독일, 이탈리아, 프랑스 등 EU

메이저 회원국의 여러 에너지 대기업들이 사업 참여에 관심을 보여 왔고 일정한 투자도 진행되었다. 2012년 12월 사업개시 기념식 이후로 실제로 본격적인 공사가 시작되고 특히, 2014년 6월, 러시아와 오스트리아 간에 사우스 스트림 파이프라인 건설 착수가 합의되면서 남류 프로젝트는 북류에 이어 또 하나의 유럽 내 에너지 대기업들의 성공적인 인프라 프로젝트가 될 가능성이 높았다. 남류 프로젝트가 포기된 후 러시아는 자국 내에서 진행된 공사구간을 터키로 연결하는 데 그대로 사용할 수 있어 실질적인 자본 손실은 거의 제로에 가깝지만 이 프로젝트에 상당한 시간과 자본을 투자한 유럽 기업들의 손실은 만회할 기회가 전혀 없다.

남류로 인한 유럽 메이저 국가의 대기업의 복잡한 입장은 현재 진행되고 있는 북류 2차 프로젝트에서도 그대로 노정되고 있다. 남류 프로젝트 폐기로 피해를 입은 이탈리아의 경우 '북류 2' 프로젝트가 남류 프로젝트와는 달리 지속적으로 진행되는 것에 강력히 반대하고 있어 북류 프로젝트를 적극적으로 추진하고 있는 독일과 갈등을 일으키고 있다. 2015년 12월 남류 프로젝트가 폐지된 이후 이탈리아의 파올로 젠틸로니 외무장관은 이탈리아 일간 라 레푸블리카와의 인터뷰에서 "북류 가스관과 남류 가스관 프로젝트에 명백히 모순되는 기준이 적용됐다"며 EU 집행위원회 측에 강력하게 항의했다. 이탈리아의 이러한 입장에 에스토니아, 라트비아, 리투아니아, 폴란드 등 발트해 국가 및 동유럽 국가들이 동참하고 있다. 이들 유럽 중동부 국가들은 '북류 2' 프로젝트가 완공될 경우 러시아 가스 공급의 중간 경유국으로서의 기존 역할이 축소돼 자국의 에너지 확보에 차질이 생길 것을 우려하고 있다. 2016년 1월 18일 EU 정상회의 직후 도날트 투스크 EU 정상회의 상임의장도 '북류 2' 프로젝트가 우크라이나를 경유하는 공급 루트를 변경하는 것이어서 공급선 다변화와 경쟁을 촉진하려는 EU의 에너지 규정에 위배된다며 반대입장을 나타냈다.

그러나 독일은 자국과 러시아 사이를 잇는 북류 2 가스관 건설을 승인했으며 네덜란드도 공식적으로 찬성하는 입장을 표명했다. 북류가 관통하고 있는 독일은 러시아 가스의 추가 공급 자체로 이익을 얻을 뿐만 아니라 자국의 대기업인 바스프와 에온(E.ON)이 직접 가스관 건설에 참여하고 있어 반대할 이유가 없다. 이는 앙제, OMV, 로열더치셸 등의 자국 대기업이 참여하고 있는 프랑스, 오스트리아, 네덜란드 등에도 동일하게 적용되는 입장이다.

일단 2016년 1월 21일 유럽 의회는 '북류 2' 프로젝트를 중단할 것을 결의하여 이 프로젝트도 성사되지 못할 가능성이 높아졌지만 논란은 여전히 지속될 예정이며 이 과정에서 드러난 유럽 대기업들의 강력한 영향력은 여전히 러시아 가스 공급에 대한 EU의 정책 수행에 걸림돌이 될 것으로 예상된다. 가장 대표적인 사례는 EU가 추진하고 있는 에너지 시장의 통합에 대한 이들 기업의 비협조적인 태도다. 러시아 의 가스프롬은 EU의 각 회원국들과의 개별 계약을 맺어왔고 그 계약에는 다른 EU 회원국으로의 재수출 금지 조항을 반드시 첨가해왔다. 한마디로 EU를 개별 국가들 로 해체하여 EU의 단일시장 개념을 근본적으로 부정한 것이다. EU는 2006년부터 에너지 대외정책에서 '창구단일화(Speak with one voice)'를 구축하기 위해서 노력하 고 있는데 가스 구매의 경우에도 EU 회원국가들이 더 이상 개별적으로 비회원국가 와 계약하지 않고 EU라는 하나의 주체, 즉 거대한 구매자 카르텔이 계약을 체결하 는 시스템을 준비하고 있다. 이 시스템이 완성될 경우 EU는 러시아와의 가스 가격 협상에서 매우 유리한 위치를 점할 수 있게 된다. 문제는 러시아가 유럽의 메이저 수입업체들과의 제휴를 통해 EU의 창구 단일화 정책을 실질적으로 무력화시키는 전략을 전개하고 있다는 것이다. 즉 프랑스, 독일, 이탈리아의 장기계약 사업자들을 전략적 에너지 파트너로 선정해 EU 시장의 분할 정책을 펼치는 것인데, 이미 프랑 스의 Gaz de France(2030년), 독일의 E.ON Ruhrgas(2035년), Wintershall(2030년), 이탈리아 Eni(2035년) 등 메이저 업체들과 장기계약을 연장하여 EC의 권고를 무력 화하는 데 사실상 성공했다.

이와 같이 EU가 러시아 가스 공급에 대한 일련의 규제 조치를 취하는 과정에서 마이너 회원국뿐만 아니라 메이저 회원국 및 그 소속 대기업의 이해관계를 합리적이 고 일관성 있게 조율하는 법적·제도적 틀을 마련하는 것은 에너지 안보 차원을 넘 어 EU의 시장 단일화와 통합을 위해서도 매우 중요한 관건이 될 것으로 판단된다.

3) '에너지 패키지' 제정 과정에 드러난 EU 민주주의의 한계

EU의 에너지 정책에서 민주주의적 의견 조율은 사실 EU의 매우 오랜 과제였 고 이미 이를 해결하기 위한 제도적인 고민과 수정의 과정이 진행되어 왔다. 그럼 에도 불구하고 최종적인 해법이 여전히 도출되지 못한 것은 두 가지 근본적으로 상 충된 입장이 대립되고 있기 때문이다. 그것은 에너지 주권은 개별 회원국의 고유권 한이라는 입장과 에너지 안보는 EU 전체 차원에서 해결해야 한다는 입장 간의 모 순이다. EU 출범 초기에는 전자가 우세하였다면 최근에는 후자의 입장이 EU 내에서 보다 많은 힘을 얻어 제도화되고 있다. 사실 에너지 안보 문제를 개별 회원국의 결정 권한으로 방치한 시기에는 에너지 대기업이 소속된 메이저 국가들의 영향력이 절대적일 수밖에 없었다. 그리고 그 영향력은 에너지 안보가 EU 전체 차원의 해결 과제로 전환되는 시점에서도 항상 장애 요인으로 작용했고 지금도 중요한 변수로 작용하고 있다.

1973~74년에 있었던 석유파동의 영향으로 에너지 안보의 집단적 대응의 중요성이 유럽에서 처음으로 대두되었다. EU의 전신인 EC(유럽공동체)는 1974년 "공동체를 위한 신에너지정책전략에 관한 이사회 결의(Council Resolution concerning a new energy policy strategy for the Community)" 채택하고 1985년을 목표로 에너지 공급 및 수요에 관한 공동체 차원의 가이드라인을 작성하기로 했다. 그러나 이는 에너지 주권의 개별적 귀속을 강력하게 주장하는 회원국들의 반발에 부딪혀 실효성 있는 결과에 이르지 못했다. 이러한 상황은 1992년 현재의 EU가 출범 과정에서도 크게 달라지지 않았다. 1992년 "마스트리히트조약에 독립된 에너지 챕터를 할당하려는 EU 집행위원회의 시도 자체가 에너지 정책 주권을 주장하는 회원국들의 반대에 부딪쳐 좌절되었고 그 이후 에너지 정책은 주로 환경 관련 정책의 일부로만 다루어졌다.

에너지 안보 문제가 EU의 집단적 과제로 본격적으로 대두되고 조직적 힘을 얻게 된 것은 2007년에 승인된 "에너지행동계획(Energy Action Plan) 2007~2009"에서부터다. 덕분에 드디어 2009년 리스본 조약(TEU: the Treaty on European Union)에서는 에너지 챕터가 독립적인 조항으로 법제화되었다. 리스본 조약의 194조는 역내 시장의 기능(functioning of the internal market)을 다루면서 에너지 정책에 대해서 네 가지 측면, 즉 (a) 에너지 시장의 기능 보장, (b) EU에서의 에너지 공급의 안전 보장, (c) 에너지 효율, 절약 및 신재생에너지 개발 촉진, (d) 에너지 네트워크의 상호 연결 촉진 등을 포괄하고 있다. 여기서 에너지 안보를 EU의 차원에서 보장한다는 내용은 EU 역사상 매우 혁신적인 내용이다. 또한 TFEU 제122조 1항은 에너지 안보에 대한 EU 차원에서의 회원국 간 연대를 보다 분명하게 명시하고 있다. 이 조항에 따르면 EU 이사회는 '회원국 간 연대정신에 입각하여 경제상황에 적절한 조치, 특히 특정 제품의 공급이 심각한 애로를 겪고 있는 경우 필요한 조치를 결정'할 수 있다.

그러나 여전히 에너지 믹스, 에너지 대외정책 및 에너지 자원 활용의 전제 조건은 여전히 회원국의 개별적인 권한으로 남겨져 있어 에너지 정책의 완벽한 집단적인 입안과 시행은 아직도 먼 미래의 문제로 남아 있는 것이 사실이다. 당연히 그 근본적인 원인 중에 하나가 독일, 프랑스 등 에너지 대기업이 소속된 메이저 국가 의 강력한 영향력과 로비력이다. 이는 에너지 정책의 핵심 법안 중에 하나인 에너 지 패키지의 제정 과정에서 특히 잘 드러나고 있다.

대기업의 에너지 독점을 해소하기 위한 이 에너지 시장 자유화 법안은 그 입안 초기부터 직접적인 이해 당사자인 거대 에너지기업의 유럽의회 의원 및 유럽집행위 원회 관계자에 대한 강력한 로비에 부딪쳐 본래의 입안 취지가 손상되어 왔다. 이 패키지의 핵심 대상은 EU 내에서 전기와 가스 독점 공급 문제였다. 그 핵심 내용 은 전기와 가스 시장을 고객에 대한 공급 등 경쟁 부문과 네트워크 및 인프라 운영 등 비경쟁 부문으로 구분하고 비경쟁 부문의 운영자에게 타사 인프라의 접근 허용 을 강제하고, 에너지 수입과 생산 부문에서 대체 공급을 저해하는 장벽을 제거하는 것이다. 시장의 공급 자유화, 고객의 기업 선택권 자유를 억제하는 장벽의 제거, 독 립 감시기관 신설 등을 주요 내용으로 하는 제 1 에너지 패키지는 1996년과 1998년 각각 전기와 가스 부문에 대해서 전기 자유화 지침(96/92/EC), 가스 자유화 지침 (98/30/EC)의 채택으로 입안되었다. 이 패키지에 따라 유럽의 전기와 가스의 생산 혹은 수입 및 공급, 판매를 수직계열화하여 독점하고 있는 대기업들은 생산, 수송, 판매 부문을 분리해야 했다. 그러나 실제적인 법 집행은 이 대기업들의 반발에 부 딪혀 이루어지지 않았고 EU 집행위원회는 2003년 이 제 1 에너지 패키지를 폐기하 고 보다 현실적인 힘을 가진 제 2 에너지 패키지를 입안했다. 이를 위해 두 개의 새 로운 지침, 즉 2003/54/EC(전기), 2003/55/EC(가스)과 두 개의 규칙, 즉 국제 송전계 통의 이용 조건에 관한 규칙((EC) No 1228/2003), 천연가스 수송 계통의 이용 조건에 관한 규칙((EC) No 1775/2005)이 제정되었다. 이 법안에 따라 에너지 사업자에게 기 능적인 독립의 의무가, 회원국에게는 규제기관의 설치가 의무화되었다. 구체적으로 는 2004년 7월까지 기존 계통(수송인프라) 운용자가 생산사업자로부터 분리되어 신 규 사업자가 시장에 참가할 수 있는 기회를 보장하고, 2007년 7월까지 전력, 가스 회사는 생산과 공급의 소유권 분리를 시행하여 개별 가정에서도 전력 및 가스 공급 업체를 선택 가능하도록 했다. 그러나 기존 수직통합형 사업자의 신규사업자 차별, 송전계통 공정에 대한 접속 불허 등이 실제 사업현장에서 여전히 이루어지고 있어 수직통합형 사업자의 영향력을 배제하는 법적 구속력이 있는 법안 확립의 필요성이 제기되었다.

2009년 새롭게 제정된 제3 에너지 패키지는 이러한 맥락에서 일종의 전환점이 되었다. 제3 패키지는 그 입안 초기부터 송전, 가스 수송 계통의 부분을 수직 통합 사업자로부터 분리시키는 방법이 가장 핵심적인 쟁점으로 대두되었다. 이를 위해 소비자 권한 증대, 에너지 소외집단 보호 강화, 국내 에너지 규제 기관의 권한 증대, 에너지규제자협력청(Agency for the Cooperation of Energy Regulators)의 설립 등이 분명하게 명시되었다. 2009년 7월 기존의 제2 패키지를 폐기하고 채택된 제3 에너지 패키지는 전기 및 가스의 생산 전송 및 배분, 판매 등 각 사업영역의 소유권을 2012년 3월 3일까지 완전 분리하는 내용을 전력 지침 2009/72/EC와 가스 지침 2009/73/EC 등을 통해 입안되었다.

그러나 역대 에너지 패키지 중에서 가장 야심차게 출발한 제3 패키지 조차 거대 에너지기업들의 편에 선 독일과 프랑스의 저항으로부터 자유롭지 못했다. 두 국가는 완전한 소유권 분리에 여전히 강력하게 반대했다. 결국 제3 에너지 패키지는 몇 가지 근본적으로 법 입안 취지에 반하는 예외 조항을 두면서 에너지 독점 기업들의 완전한 소유권 분리(Full Ownership Unbundling)에 역시 실패했다. 무엇보다 2009년 9월 3일 기준으로 기존 전기 및 가스 배송 인프라의 수직 통합 사업자를 소유권 분리의 의무 부과대상에서 예외적으로 배제했다. 한마디로 기존의 에너지 독점기업들은 전기와 가스의 그리드 소유권을 여전히 보유할 수 있다. 이 기업들은 기업 내에 그리드 혹은 그리드를 운영하는 독립시스템운영자(ISO: An Independent System Operator)를 운영하는 독립전송연산자모델(Independent transmission Operator Model)을 분리 설치하면 된다. 한마디로 소유는 여전히 인정하되 운용 및 관리는 내부적으로 분리 독립시킨다는 매우 복잡하면서도 모순적인 구조다. 게다가 개별 국가별로 설치하기로 한 에너지규제자협력청이 마련하는 지침도 법적 구속력이 갖지 못하는 명백한 집행 한계를 가지도록 설정되었다. 결국 제3 에너지 패키지는 사업의 완전 분리를 주장하는 EU 집행위원회와 국영독점회사와 수직 통합형 사업자의 이해를 대변하는 프랑스와 독일 등 주요 에너지 메이저 국가 간의 어정쩡한 타협의 산물인 것이다.

이와 같이 에너지 정책을 둘러싼 EU 내부의 현실적인 이견과 갈등은 회원국 간의 민주주의적 의견 조율의 한계를 노정하는 동시에 러시아 천연가스에 대한 에너지 안보에 대해서도 여전히 통일한 입장을 내오지 못하는 근본 원인으로 작용하고 있다.

4) 에너지 법안 결정 방식의 진화: 만장일치, 가중다수결, 이중다수결

그러나 비록 EU가 에너지 정책을 둘러싼 완벽한 민주주의적 합의에 도달하는 데는 실패하고 있지만 민주주의적 합의에 도달하기 위한 노력이 지속되면서 그 제도화의 수준이 일정한 진전을 보이고 있다는 점은 간과할 수 없다. 이는 1차에서 3차에까지 이르는 에너지 패키지의 진화 과정에서도 드러나지만 나아가 에너지 정책 법안을 채택하는 의결 과정에서도 잘 나타난다. EU 출범 이후 의결 과정에 대한 규정은 몇 차례에 걸쳐 변경되었는데 현행 규정은 2009년에 발효된 리스본 조약에 근거한다. 리스본 조약이 기존 조약과 차별되는 가장 큰 특징은 EU의 주요 법안 채택 과정에서 마이너 회원국을 포함한 개별 회원국의 권한을 보다 확대하는 민주주의적 경향에 있으며 특히 에너지 관련 정책에 대해서는 이는 더욱 강조되고 있다.

우선 에너지 정책은 EU와 회원국이 공동으로 관할권을 행사하는 공동 관할권 분야(Shared Competence: TFEU 제4조)에 포함된다. 배타적 관할권(제2조 1항)에 포함되었을 경우 EU만이 입법 행위를 하고, 회원국은 EU가 권한을 부여한 경우 또는 EU법(Union acts) 이행 시에만 권한을 행사할 수 있지만, 에너지 정책은 공동 관할권에 속하여 개별 회원국의 이해관계가 최대한 반영되도록 제도화되었다. 또한 공동관할권 대상 법안은 입안 과정에서 이견이 발생할 경우 EU 각료이사회와 유럽의회가 함께 결정하는 절차인 '공동결정절차'를 반드시 밟도록 하고 있어 민주적인 의결 가능성이 최대한 제고된다. 여기서 또 한 가지 중요한 리스본 조약의 진화는 각료이사회와 유럽의회의 기존의 복잡하고 비일관적인 절차를 "일반입법절차(OLP: Ordinary Legislative Procedure)"로 통합하면서 단순화하고 일반화된 것이다. 기존에는 유럽의회의 특별한 입법권한으로 여겨졌던 공동결정절차가 명시적으로 일반적인 입법절차, 즉 EU 집행위원회의 제안에 의거하여, 유럽의회 및 이사회에 의해 공동으로 채택되는 규칙, 지침 또는 결정으로 규정되었고 그 절차는 'EU기능조약, 제294조'에 의거하도록 제도화되었다. 이 절차에서 또 한가지 중요한 변화는 각료 이사회의 투표방식의 진화다. 회원국 주무장관으로 구성된 각료이사회는 기존에는 에너지 법안을 만장일치의 투표로 채택하도록 되어 있었으나 리스본 조약 제정 이후 가중다수결(qualified majority voting)에 따르도록 변경되었다. 그러나 가중다수결의 경우 인구가 많은 소수 국가로 법안 결정권이 집중될 위험이 있다. 가중다수결에

의하면 개별 회원국의 인구비례에 따라 가중치의 투표권을 보유한다. 니스(Nice) 조
약 하에 결정된 인구 비례에 의한 회원국별 투표권 분포에 의거한다면 독일, 영국,
프랑스 등 인구 대국 6개국이 연합할 경우 총투표권(345)의 거의 절반에 해당하는
투표권(170)을 행사하게 된다.

표 9-1 니스조약에 따른 가중다수결 제도의 회원국별 투표권

국가	독일	영국	프랑스	이탈리아	스페인	폴란드	루마니아	네덜란드	기타	총합
투표권	29	29	29	29	27	27	14	13	136	345

출처: 리스본 조약

리스본 조약는 가중다수결의 방식도 보다 민주적으로 개정하였다. 각료 이사회
가 가중다수결로 의사결정을 할 경우, 회원국 수의 55% 이상과 EU 전체 인구의
65% 이상의 찬성이 있어야 한다는 이중다수결제(Double Majority)를 적용하도록 한
것이다. 현행 가중다수결제도는 점진적으로 폐지되고, 2014년부터는 이중다수결제
도가 단계적으로 도입되고, 2017년에는 전면적으로 실시될 예정이다. 회원국 수의
55% 이상의 찬성 규정 덕분에 EU 내 소수 인구 대국들의 영향력을 최소화하여 인
구 소국들의 이해관계가 원천적으로 배제되지 않도록 배려되었다.

이외에도 리스본 조약은 정책 결정상에서 개별 회원국들의 권한을 강화하기 위
하여 회원국의 국내의회의 권한도 강화하였다. 그 핵심 내용은 회원국의 국내의회
가 EU 정책의 시행법에 대해 거부권을 행사할 수 있게 되었다는 것이다. 유럽의회
와 각료 이사회에 제출된 EU 법률안이 회원국 국내의회에 송부되고 국내의회는 보
충성(subsidiarity)의 원칙에 의거하여 그 법률안에 대해 심의하게 된다. 만일 회원국
의 국내의회 의원들의 1/3 이상이 반대하면, 해당 법률안은 EU 집행위원회로 환송
되어 재검토되며 이를 'yellow card' 절차라고 한다. 만일 국내의회 의원들의 1/2
이상이 법안에 대해 반대하면, 해당 법안은 폐기되거나 혹은 집행위원회가 동 법안
을 계속 추진하는 경우 집행위원회는 동 사유를 합리화하는 의견을 이사회와 유럽
의회에 제출해야 하고, 이사회와 유럽의회가 결정 시 이를 고려해야 하며 이를
'orange card' 절차라고 한다. EU 개별 회원국의 국내의회에 의한 거부권 행사가
가능하게 됨으로써 EU 정책결정체제 내로 개별 회원국, 특히 마이너 회원국이 온

전한 권한 주체로 진입하게 되었다.

이와 같이 그 명백한 한계에도 불구하고 EU는 에너지 안보문제, 시장 자유화 등 대내외 에너지 정책 수립에 있어 마이너 회원국을 비롯한 구성 회원국들의 민주적 권한을 최대한 보장하기 위한 제도적·법률적 진화를 계속하고 있다.

4 결론

우크라이나 사태로 인해 러시아와의 관계가 악화되면서 EU의 에너지 안보 문제가 초미의 관심사가 되고 있다. 동시에 러시아 에너지 수급 문제를 둘러싼 EU 회원국 간의 갈등은 가뜩이나 경각에 처한 EU의 통합 확대에도 심각한 위협이 되고 있다. EU는 러시아 에너지에 대한 공동대응과 함께 그 과정에서 회원국 간의 갈등을 조율하는 민주주의적 절차를 제도적으로 정착시키는 어려운 과제에 직면해 있다. 특히 사실상 EU의 정책이 독일, 프랑스, 영국 등 메이저 국가와 그에 속한 에너지 대기업의 지배적인 영향력 하에 있어 이로 인해 마이너 회원국들의 피해가 불가피하다는 사실은 이 난제를 풀어가는데 심각한 장애물이 되고 있다. 본문에서 살펴본 바와 같이 EU는 한편으로는 반독점법으로 러시아 가스공급자에 대한 규제와 통제를 시도하고 다른 한편으로는 리스본 조약에 의해 에너지 정책 입안과 시행과정에서 개별 회원국들의 권한을 최대한 반영하기 위한 제도적 개선을 추진하고 있다.

그러나 상기한 EU의 노력이 소수 메이저 국가와 대기업의 영향력을 제한하기에는 여전히 한계가 있다는 사실도 부정할 수 없다. 법적 보장에도 불구하고 남류 프로젝트와 같이 경제적·정치적·외교적 영향력에 의해 불가리아 등 EU의 마이너 국가들이 자국의 이해에 반한 결정을 하는 경우가 여전히 비일비재하기 때문이다. 또한 법 제도상으로도 여전히 일관되지 못한 부문이 있는 것도 사실이다. 예를 들어, 에너지 기업의 소유권 분리는 한편으로는 경쟁법에 해당되어 EU의 배타적 권한 분야에 속하지만 동시에 에너지 관련 정책으로서 공동관할권 대상이 되는 법 해석의 모순 가능성을 배태하고 있다. 이와 동시에 러시아 에너지와 관련되어 현재 진행되고 있는 EU의 강경한 정책은 정치 외교적인 상황이 급변할 경우 얼마든지 완화 혹은 강화될 수 있어 실제로 EU 회원국의 일상적인 에너지 수급문제에 기반한 일관된 정책 결정인지에 대한 의문이 있는 것도 사실이다. 또한 에너지 대기업의 이익에 기반한 메이저 회원국의 국가 이기주의적인 행태도 EU의 에너지 시장 단일화 및 민주주의적 법 개선에도 불구하고 여전히 지속되고 있다. 프랑스 정부는 프랑스 수에즈사와 가스공사(GDF)와의 합병을 강인하게 추진하여 이탈리아 전력공사(ENEL)에 의한 프랑스의 에너지 환경 기업 수에즈사 매수 움직임을 저지하고 있으며, 스페인 정부는 민영화를 준비하고 있던 스페인 전력공사(Endesa)가 독일 E-on에 의해 매수될 가능성이 보이자 민영화 방침을 철회하고 외자도입을 방지하는 규제를 도입했다. 이렇듯 EU의 메이저 회원국에 의해 EU의 시장통합 정책에 역행하는 국가 이기주의가 지속되는 한 EU의 에너지 안보와 민주주의의 제도화는 여전히 요원한 과제로 남을 것이다.

▎ 미주

* 이대식. 2015. "EU의 탈러시아 가스정책의 한계와 가능성." 『슬라브학보』, 30(3): 165
  -193에 게재된 논문을 수정 보완한 것이다.
1) 2020년까지 유럽의 온실가스배출량을 20%까지 감축하고 신재생에너지 비중을 전체의
   20%까지 늘리고 에너지 소비량은 20%까지 감축한다는 계획이다.
2) 미국 제조업자들은 'America's Energy Advantage'라는 로비 연합을 만들어 미국 내
   가스 가격 상승을 이유로 가스 수출 반대 운동을 전개하였다. 환경 단체는 수출 허가
   이전에 다년간의 셰일가스전의 환경 영향평가를 선행할 것을 주장한다.
3) 연방에너지규제위원회(Federal Energy Regulatory Commission).
4) 사실 러시아에 대한 반독점법 위반 조사는 가스 수급의 다변화를 시도한 리투아니아
   가 가스프롬으로부터 가격 차별을 받은 후 EU에 제소하면서 시작된 것이다.

▌참고문헌

채형복. 2013. "EU 공동에너지정책의 현황과 법적 과제." 서울: 한국법제연구원.

Барсуков Ю. "Газпром"теряет Европу [Электронный ресурс] / Коммерсантъ. Р ужим доступа: http://kommersant.ru/doc/2668750(검색일: 2015.8.10.)

тэкно.///блог. 2015. Каспийский регион: энергетические перспективы (2015.3.4.). тэкно.///блог. Ружим доступа : http://teknoblog.ru/2015/03/04/34348(검색일: 2015.8.1.)

Interfax. 2015. Неудачная попытка остановить реверс на Украину стоила "Газп рому" $5 млрд [Электронный ресурс]/ Ружим доступа: http://www.interfax.ru/business/430933(검색일: 2015.8.10.)

RBC.RU. 2015. Moody's: Решение "Газпрома" с ократить импорт из Туркмении и Узбекистана уменьшит доходы Intergas Central Asia на 40%. [Электронны й ресурс] / RBC.RU. Ружим доступа: http://quote.rbc.ru/news/fond/2015/02/17/34314445.html

TCH.ua. 2015. Из-за заявлений России в Европе резко обвалились це н ы на га з [Электронный ресурс] / TCH.ua. Ружим доступа: http://ru.tsn.ua/groshi/iz-za-zayavleniy-rossii-v-evrope-rezko-obvalilis-ceny-na-gaz-414406.html

Almeida, Isis. 2015. EU LNG Reloads Set to Drop From Record as Asian Premium Shrinks. Bloomberg. (2015.2.4.).

T. Deschuyteneer. 2014. LNG Import Potential to Europe.

Energlobe. 2014. U.S. LNG Exports to the Rescue of Europe? (2014.6.12.).

European Commission. 2014. Communication from the Commission to the European Parliament and the Council on the Short Term Resilience of the European Gas System. Preparedness for a Possible Disruption of Supplies from the East during the Fall and Winter of 2014/2015. (2014.10.16.).

Executive summary of IEA's 2014 Review of EU Energy Policy. (2014.11.). IEA. http://www.iea.org/Textbase/npsum/EU2014SUM.pdf(검색일: 2015.8.10.)

Gloystein, Henning. 2015. U.S. Gas Exporters Eye Baltic Region, Poland as Asian LNG boom fades. Reuters. (2015.2.26.).

Global LNG Market Outlook 2014~15. (2015). BG Group. http://www.bg-group.com/assets/files/cms/BG_LNG_Outlook_2014_15.pdf(검색일 2015.8.1.)

Gorst, Isabel. 2015. Construction of Tanap Pipeline Begins in Turkey as EU and Russia Spar for Upper Hand. *Financial Times* (2015.3.18.).

Pasquale DE MICCO, "A Cold Winter to Come? The EU Seeks Alternatives to Russian Gas." DIRECTORATE-GENERAL FOR EXTERNAL POLICIES POLICY DEPARTMENT of EU Parliament, DG EXPO/B/PolDep/Note/2014_183, 2014.

Tanquintic-Misa, Esther. 2015. No Longer Asia But Europe Is LNG's Hottest Market. (2015.2.27.). International Business Times. http://www.ibtimes.com.au/no-longer-asia-europe-lngs-hottest-market-1425649(검색일: 2015.8.10.)

Teffer, Peter. 2015. Russia to cut EU gas transit via Ukraine. (2015.1.15.). euobserver. https://euobserver.com/news/127216(검색일: 2015.8.10.)

Umbach, Frank. 2014. U.S. LNG Exports to the Rescue of Europe? Energlobe. (2014.6.12.).

World LNG Report - 2014 Edition. 2014. International Gas Union.

┃ 찾아보기

저 자 소 개

임유진
연세대학교 정치학 박사
現 경희대학교 미래사회통합연구센터 학술
    연구교수

권혁용
미국 Cornell 대학교 정치학 박사
現 고려대학교 정치외교학과 교수

김득갑
서강대학교 경영학 박사
現 삼성경제연구소 글로벌연구실 연구전문위원
前 연세-SERI EU센터 부소장

이연호
영국 University of Cambridge 정치학 박사
現 연세대학교 정치외교학과 교수,
    연세대학교 동서문제연구원 연세-EU
    Jean Monnet Centre 소장
前 연세-SERI EU센터 소장

이재묵
미국 University of Iowa 정치학 박사
現 한국외국어대학교 정치외교학과 조교수

이정훈
영국 University of Cambridge 산업공학경영
    박사
現 연세대학교 정보대학원 교수

김인춘
미국 University of Michigan 사회학 박사
現 연세대학교 동서문제연구원 연구교수

홍지영
연세대학교 지역학 박사
現 연세대학교 동서문제연구원 전문연구원

고주현
이화여자대학교 지역학 박사
現 연세대학교 동서문제연구원 연세-EU
    Jean Monnet Centre 연구교수

이대식
서울대학교 러시아문학 박사
現 삼성경제연구소 수석연구원

EU 자본주의와 민주주의

초판발행	2017년 2월 17일
중판발행	2017년 7월 31일
공저자	이연호 외
펴낸이	안종만
편 집	김효선
기획/마케팅	조성호
표지디자인	조아라
제 작	우인도 · 고철민
펴낸곳	(주) 박영사
	서울특별시 종로구 새문안로3길 36, 1601
	등록 1959. 3. 11. 제300-1959-1호(倫)
전 화	02)733-6771
f a x	02)736-4818
e-mail	pys@pybook.co.kr
homepage	www.pybook.co.kr
ISBN	979-11-303-0408-3 93340

정 가   17,000원